KB184662

ART THERAPY DESIGN WORKBOOK

심리치료에 적용 가능한

미술치료 도안 워크북

| 김소울 · 국민대학교 미술치료연구회 공저 |

학지사

감사의 글

이 책의 도안은 제가 이전부터 제작하여 사용하던 도안과 국민대학교 미술치료연구회 회원인 강민주, 김효정, 박근영, 임다솔, 최명인 선생님들께서 약 1년에 걸쳐 새로 제작한 도안들이 포함되어 있습니다. 제작한 도안들은 각자 자신의 임상현장에서 내담자분들과 함께 다루어지고, 다듬어 가며 지금에 이르게 되었습니다. 자발적으로 역할을 분담해 가며 도서가 완성되기까지 애써 주신 연구회 회원분들께 감사드립니다. 또한 제작된 도안을 최종적으로 통일된 형태로 재작업해 주신 국민대학교 미술치료연구회 이지은 선생님께도 감사의 말씀을 전합니다.

다양한 활동을 지원해 주신 국민대학교 디자인대학원 미술치료 전공 정진원 주임교수님, 늘 든든하게 도움을 주시는 플로리다마음연구소 미술치료사 선생님들, 그리고 도안에 다양한 피드백을 주신 내담자분들 모두 감사합니다.

마지막으로 이 책의 출판에 적극적인 지원을 아끼지 않은 도서출판 학지사에 감사의 말씀을 전합니다.

2024년 10월

대표저자 김소울

프롤로그

미술치료사들은 다양한 미술매체를 상담현장에서 사용합니다. 그리고 심리치료 분야 전문가들도 여러 예술치료적 기법을 상담현장에 적용하기도 합니다. 일반적으로 사용되는 도화지, 물감, 색연필, 색종이와 같은 전통적인 기본 미술재료들은 내담자들에게 높은 자유도를 주기에, 상담자들은 내담자에게 도화지나 캔버스를 드로잉/색채매체와 함께 주제에 따라 자유롭게 그리도록 디렉션을 제공합니다. 그러나 어떤 내담자들은 아무것도 없는 하얀 종이에서 시작하는 것을 어려워하기도 하고, 처음부터 그리고 자르는 표현을 부담스러워하기도 합니다.

도안은 미술치료에서 하나의 매체로 간주됩니다. 상담자가 더 효율적인 상담을 위해 사용 가능한 보조도구의 역할을 하는 것입니다. 그려진 도안을 통해 내담자는 모든 것을 다 책임져야 한다는, 혹은 좋은 결과물을 만들어야 한다는 부담감을 내려놓을 수 있으며, 상담자는 도안을 통해 더 쉽게 내담자에게 필요한 접근을 할 수 있습니다.

이 책에는 미술치료 현장에서 다양한 내담자에게 활용하였던 도안들이 포함되어 있습니다. 하나의 도안마다 그린 의도와 사용 가능한 디렉션, 그리고 질문들이 제공되고 있습니다. 그러나 대부분의 미술치료 프로그램이 그러하듯 하나의 도안과 프로그램은 내담자에 따라 다양한 방식으로 응용될 수 있습니다. 또한 설명된 디렉션과 전혀 다른 방향으로 사용될 수도 있습니다. 도안은 상담자와 만나는 내담자의 필요에 따라, 상담자의 역량에 따라 더 의미 있는 방식으로 변형되어 사용될 수 있습니다.

일반적으로 미술치료사들이 프로그램 계획을 할 경우, 내담자에 맞춰 목표에 부합하는 뾰족한 방향성을 준비합니다. 이 책에 수록된 도안과 프로그램 설명은 특정 내담자를 대상으로 구성된 것이 아니기에 현장에 계시는 분들께서 내담자에 맞춰 변형하여 사용할 것을 전제로 작성되었습니다.

다양한 도안을 가지고 있는 것은 다양한 상황에서 사용할 수 있는 언어가 늘어남을 의미합니다. 다만, 언어가 숙달되지 않는다면 당황스러운 순간이 일어날 수 있기에 내담자와 만나기 전에 상담자가 직접 도안을 경험해 보기를 추천합니다. 실제로 참여해 보면 눈으로 읽고, 머리로 상상해 보았던 상황과 다른 결과를 만날 수도 있기 때문입니다.

1장은 오리고 붙여서 만들 수 있는 도안들로 구성되어 있습니다. 각 장의 모든 도안을 사용하기 위해서는 최소한 12색 이상의 색연필이 필요합니다. 물론 그 이상의 색연필이어도 무관합니다. 또한 오일파스텔이나 마커와 같은 다른 색채도구들이 있다면 도안에 따라 사용하실 수 있습니다. 다만, 1장에서 제공되는 도안들은 오려서 사용하는 도안들이기에 가위와 풀이 필수적입니다.

2장은 그려진 그림에 내담자가 투사하여 이야기를 이끌어 가고 그림을 완성해 갈 수 있는 도안들로 구성되어 있습니다. 그림은 기본적으로 추가작업을 하도록 제작되었으나, 상황에 따라 그림을 실제로 그리지 않고 내담자가 언어로 빈 부분을 채워 갈 수도 있습니다.

3장은 다양한 방식으로 활용할 수 있도록 확장성 있는 도안들로 구성되어 있습니다. 그렇기에 제공된 프로그램에서 벗어날 수 있는 자유도가 가장 높습니다. 특정한 프로그램을 위한 도안도 있지만 다방면으로 활용 가능한 도안들이 주로 포함되어 있습니다.

이 책에 수록된 도안 위에 많은 내담자분께서 마음의 이야기를 입혀 주실 것입니다. 다양한 도안을 활용하는 것은 내담자와의 대화를 좀 더 다채롭게 만들 것이고, 더 깊이 이해할 수 있는 단서를 제공할 것입니다.

차례

Chapter 2
투사(projection) / 145

Chapter 3

확장(practical use) / 287

Chapter 1

컷아웃(cut-out)

이 장은 오려 내어 조합을 하거나, 다른 곳에 붙이거나, 접어서 사용할 수 있는 도안들로 구성되어 있습니다. cut-out 기법은 오리기 기법 중 하나로, 가위나 칼로 종이를 오려 원하는 평면과 입체를 표현하는 방식을 뜻합니다.

cut-out은 20세기 초반 야수파 운동의 리더였던 프랑스의 작가 앙리 마티스(Henri Matisse)가 언급하면서부터 공식적으로 하나의 미술기법으로 자리 잡았습니다. 마티스가 70세가 되었을 때, 그는 이미 세계적으로 유명해진 작가였습니다. 그러나 그는 암진단을 받게 되었고, 수술 후 13년간을 휠체어에 의지하며 지내게 됩니다. 수술 후 붓을 들고 캔버스에 물감으로 그리기가 어려워졌던 그가 찾은 새로운 접근은 종이 오리기였습니다.

마티스는 cut-out을 "가위를 이용해 그림을 그리고 형태를 조형하는 것"이라 표현하였습니다. 이 장에서는 주어진 형태를 자르는 도안이 제공되지만, 추가적으로 색지를 잘라 붙여 표현하거나 별도의 종이에 그린 드로잉을 잘라 도안을 더 풍부하게 만들 수도 있습니다.

도안을 이용할 때는 다음을 참고해 주세요.

1. 일반적으로 150~200g의 A4 용지에 복사하여 사용하는 것을 추천합니다. 잉크젯, 혹은 레이저젯 프린터에 A4 사이즈 도화지를 넣으면 복사가 가능합니다. 복합기에 따라 200g이 넘는 두꺼운 도화지는 출력이 불가능하기도 합니다. 그림 복사가 아닌 문서 복사로 설정해야 배경이 하얗게 나옵니다.
2. 두께가 있는 색지에 출력하여 사용하는 것이 좋을 때도 있습니다. 특히 프로그램 운영 시간이 부족할 경우, 오리는 과정에서 생각보다 많은 시간이 소요될 수 있기에 일부 도안은 색이 포함된 채로 제공할 수도 있습니다. 그러나 시간이 충분하다면 흰 도화지에 자유로운 표현을 하는 것을 추천합니다.
3. 도안을 잘라 내고 난 후 남은 도화지를 이용해 추가적인 그림을 그리고 잘라 사용할 수 있습니다.
4. 오일파스텔, 혹은 색연필이 밀도 높게 칠해진 부분에는 풀이 잘 붙지 않으니 풀이 붙는 부분까지 칠하지 않도록 주의해 주세요.

나를 지키는 울타리

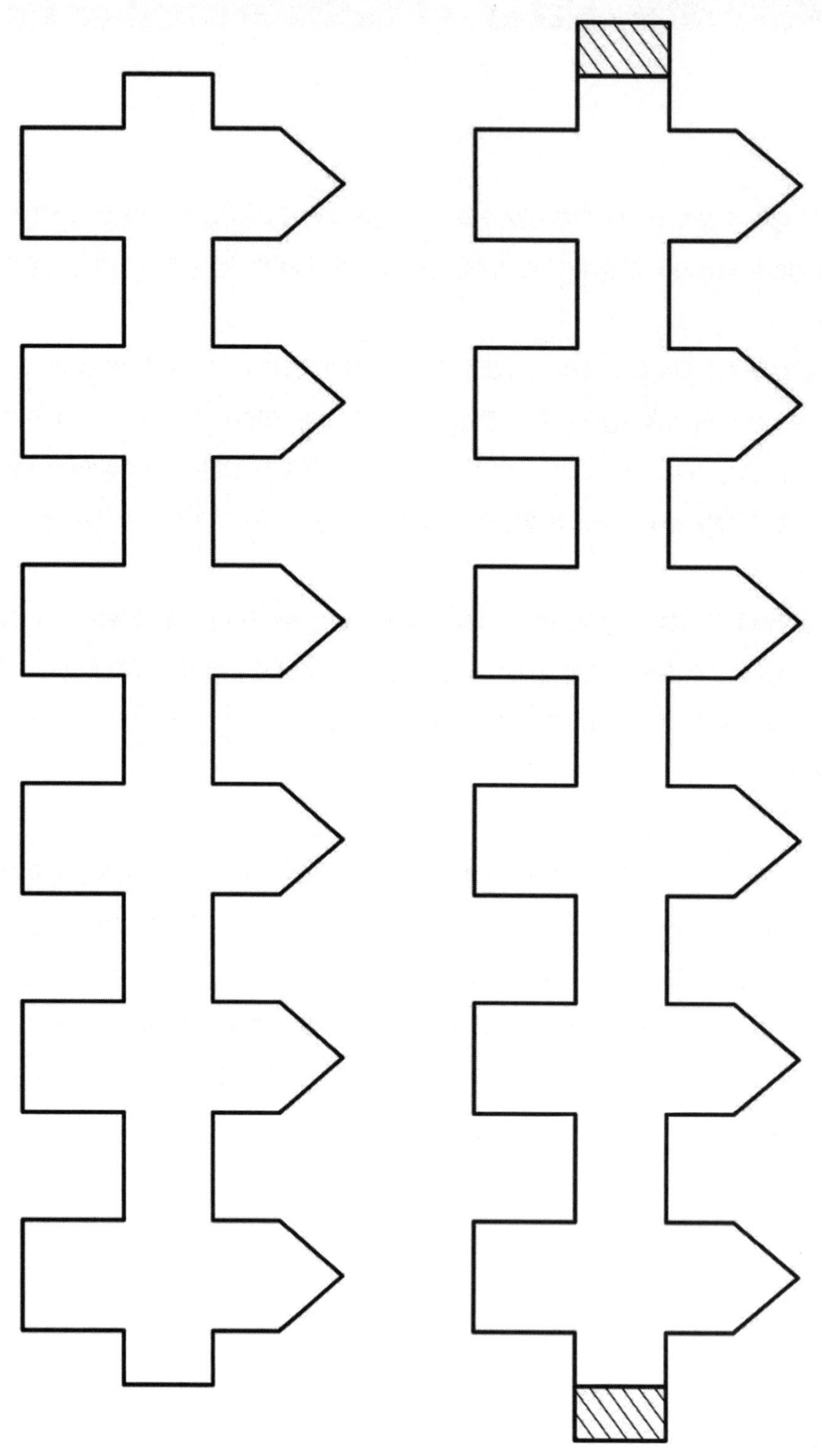

나를 지키는 울타리

자신을 안전하게 지켜 줄 수 있는 것들을 찾아봄으로써 심리적 안정감을 느끼고 정서적으로 이완할 수 있습니다.

디렉션

1. A4 용지 가운데에 내가 편안함과 안전함을 느끼는 장소들을 표현해 주세요(나중에 울타리를 칠 수 있도록 미리 동그라미를 그려 놓고 그 안에 작업하는 것도 추천. 컬러 클레이로 안전한 공간을 제작할 수도 있음). 실제 장소를 구체적으로 표현해도 좋고, 과거의 장소나 상상의 장소 모두 가능합니다.
2. 울타리 도안에 나를 지켜 줄 수 있는 것들을 그리고, 원하는 색과 패턴으로 울타리를 완성해 주세요. 만약 다양한 재료나 스티커가 있다면 함께 사용하셔도 좋습니다.
3. 나를 지키기 위해서 스스로에게 하고 싶은 말들을 울타리 뒷면에 적어 주세요.
4. 내가 그린 안전한 장소를 지키기 위해서 주위에 울타리를 설치해 주세요.
5. 잠시 동안 울타리 안의 안전한 장소가 주는 편안하고 긍정적인 감정에 집중합니다. 오늘 활동으로 찾은 나만의 안전한 장소를 잊어버리지 말고, 삶 속에서 불안감이 올 때 마음속으로 생각해 주세요.

토론 및 질문

- 안전한 장소
  - 내가 안전하다고 느끼는 곳의 특징을 설명해 주세요.
  - 그 장소가 안전하다고 느끼는 이유는 무엇인가요?
  - 과거에 그 장소에 대한 특별한 기억이 있나요?
- 나를 지킬 수 있는 울타리
  - 나를 지킬 수 있는 울타리를 소개해 주세요.

- 스스로를 지키기 위해서 울타리에 적은 메시지는 무엇인가요?
- 그 곳에 내가 서 있다고 상상해 보겠습니다. 나는 어떤 기분인가요? (시간이 가능할 경우, 종이에 그리거나 아이클레이로 조형하여 울타리 안의 내 모습을 표현할 수 있음)
- 울타리 안의 안전한 장소에서 나는 무슨 생각을 하고 있나요?

● 안전한 장소에 울타리를 친 것처럼, 내 삶에서 스스로를 지킬 수 있는 울타리와도 같은 것들은 어떤 것이 있을까요? 또 어떤 도움을 받을 수 있을까요?

내가 살아가는 세상, 내가 살고 싶은 세상

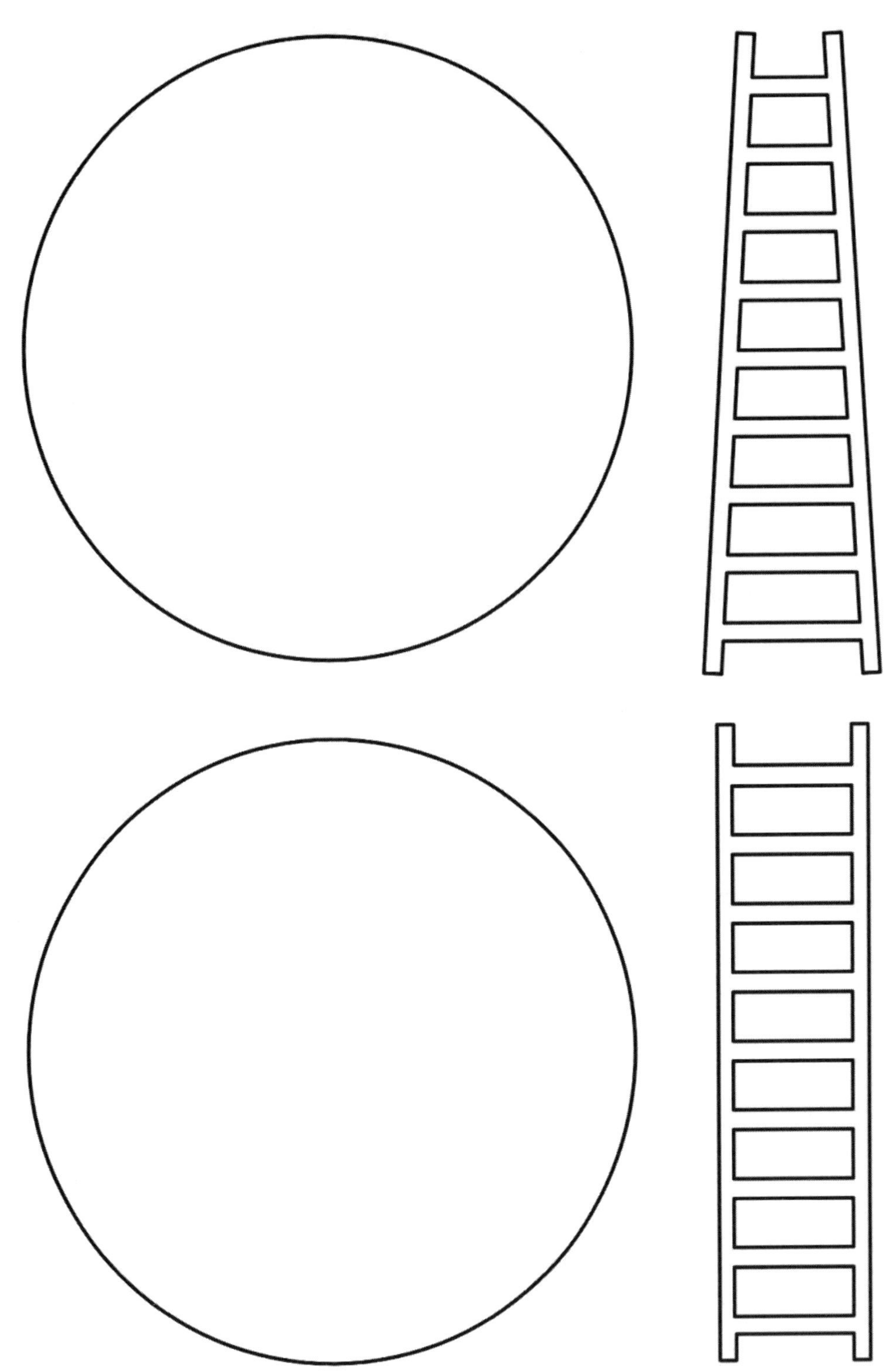

내가 살아가는 세상, 내가 살고 싶은 세상

세상을 살아가며 느끼는 느낌이나 갖게 되는 생각을 알아보고, 내가 원하는 세상의 모습을 떠올려 표현할 수 있습니다.

디렉션

1. 도안에 원 두 개와 사다리 두 개가 있습니다. 한 개의 원에는 내가 살아가는 세상을, 나머지 원에는 내가 살고 싶은 세상을 생각했을 때 떠오르는 것들을 그려 주세요.
2. 그 두 개의 세상이 이어지고 변화하기 위해 필요한 것들을 떠올리며 사다리를 표현해 주세요. 별도의 종이에 필요한 것들을 그리고 오려서 사다리에 붙여 줄 수 있습니다.
3. 내가 생각하는 세상이 동그란 모양이 아니라면, 빈 종이에 내가 생각하는 세상의 모양을 새로 그려 줄 수 있습니다(사다리도 내가 원하는 모양으로 새로 그려 줄 수 있음).
4. 세상과 사다리를 색칠하고 표현해 준 뒤 테두리를 오려서 배치해 붙여 줄 수 있습니다(사다리 사이의 공간까지는 자를 필요 없음).

토론 및 질문

- 내가 살아가는 세상은 어떤 모양인가요? (세모, 네모, 동그라미 등 내가 느끼는 감정의 모양일 수 있음)
- 내가 살아가는 세상에는 무엇이 있을까요? (가족, 친구, 반려동물, 학교, 공부, 게임 등)
  - 그와 반대로 내가 앞으로 살고 싶은 세상에는 무엇이 있을까요? (진학, 취업, 안정적인 직장, 새로운 가정, 결혼 등)
- 그 두 개의 세상이 연결되어 변화하기 위해 필요한 것들에는 무엇이 있을까요?
  - 내가 살고 싶은 세상으로 변화되었을 때 내가 얻는 것은 무엇일까요?
- 두 개의 세상에서 공통되게 보여지는 것은 무엇이 있을까요? (공통되게 보여지는 이유를 생각해 보고 그 소중함에 대해 이야기해 볼 수 있음)

  - 공통되지는 않지만 유사하다(비슷하게) 느끼는 것은 무엇이 있을까요?
- 두 개의 세상에서 완전히 다르게 보여지는 것은 무엇이 있을까요?
- 살고 싶은 세상으로 변화하기 위해 나의 주변 인물이 할 수 있는 행동은 무엇이 있을까요?
  - 그리고 내가 앞으로 할 수 있는 계획이나 실천 방안에는 무엇이 있을까요?

사다리 도안은 한 장소와 장소를 이어 주는 개념, 어디론가 올라가는 그리고 내려가는 개념이 포함된 활동에 사용될 수도 있습니다.

소망 케이크

소망 케이크

마음을 긍정적인 감정으로 채워 주는 것들과 자신이 좋아하는 것들을 탐색하는 활동을 하기에 좋습니다. 자신의 장점을 찾아야 하는 사람, 그리고 스스로 응원과 격려가 필요한 사람들에게 추천합니다.

디렉션

앞에 있는 케이크는 나만을 위한 소망 케이크입니다. 지금부터 나를 위한 케이크를 만들어 보겠습니다.

1. 나의 마음을 긍정적인 감정으로 채워 주는 것들을 케이크에 그려 주세요. 내가 좋아하는 음식, 사람, 자연물 등 그 어떤 것도 괜찮습니다.
2. 하트 도안에 나의 장점 세 가지를 적어 주세요. 특별한 것이 아니어도 좋습니다. 예를 들어, '나는 자주 웃는 편이다' '다른 사람을 배려하려고 노력한다'와 같은 것들이 될 수 있어요.
3. 깃발 도안에 스스로를 위한 응원의 말을 적어 주세요.
4. 채운 하트와 깃발을 잘라 케이크 위에 붙여 완성해 주세요.
5. 내가 좋아하는 것들과 장점, 응원으로 케이크를 가득 채웠습니다. 이제 좋아하는 색으로 촛불에 색을 칠해 불을 붙이고, 원하는 소망을 하나씩 이야기해 주세요.

토론 및 질문

- 내가 떠올리기만 해도 기분이 좋아지는 대상은 어떤 것들이 있나요? 그것들은 나에게 어떤 의미가 있나요?
- 나는 어떤 장점들을 가지고 있나요?

- 스스로에게 어떤 말로 응원을 해 주고 싶나요? 나에게 지금 이 응원이 필요한 이유는 무엇일까요?
- 어떤 소원을 빌었나요? 그 소원이 이뤄지기 위해서 나는 어떤 노력을 할 수 있을까요?

나의 마음을 전해요

나의 마음을 전해요

과거, 현재, 미래의 나 자신과 타인에게 나의 마음을 전하는 활동입니다. 나의 과거, 현재, 미래의 모습을 다루고 난 뒤 마무리할 때 사용할 수도 있습니다. 혹은 타인과의 관계에 대한 상담이 진행되었을 때 사용해도 좋습니다. 질문하기, 감정 전달하기, 응원하기 등이 가능합니다.

디렉션

1. 과거의 나에게 해 주고 싶은 말을 적어 주세요.
2. 현재의 나에게 해 주고 싶은 말을 적어 주세요.
3. 미래의 나에게 해 주고 싶은 말을 적어 주세요.
4. 그 사람(나의 어떤 마음을 전하고 싶은 누군가)에게 하고 싶은 말을 적어 주세요.

토론 및 질문

- 과거의 나에게 어떤 이야기를 해 주고 싶나요? 그 이유는 무엇인가요?
- 현재의 나에게 어떤 이야기를 해 주고 싶나요? 그 이야기를 스스로에게 전한 지금, 나는 어떤 기분인가요? 어떤 생각을 하고 있나요?
- 미래의 나에게 어떤 이야기를 해 주고 싶나요? 미래의 나는 지금으로부터 어떻게 변화되어 있을까요? 미래의 나는 이 이야기를 어떻게 받아들이고 있을까요?
- 내가 이 이야기를 전한다면 그 사람은 어떤 감정일까요? 무슨 생각을 하게 될까요?

Extra Activity

- 집단 작업의 경우 돌아가며 집단원에게 응원의 메시지를 전달합니다.

곰 세 마리가 한 집에 있어

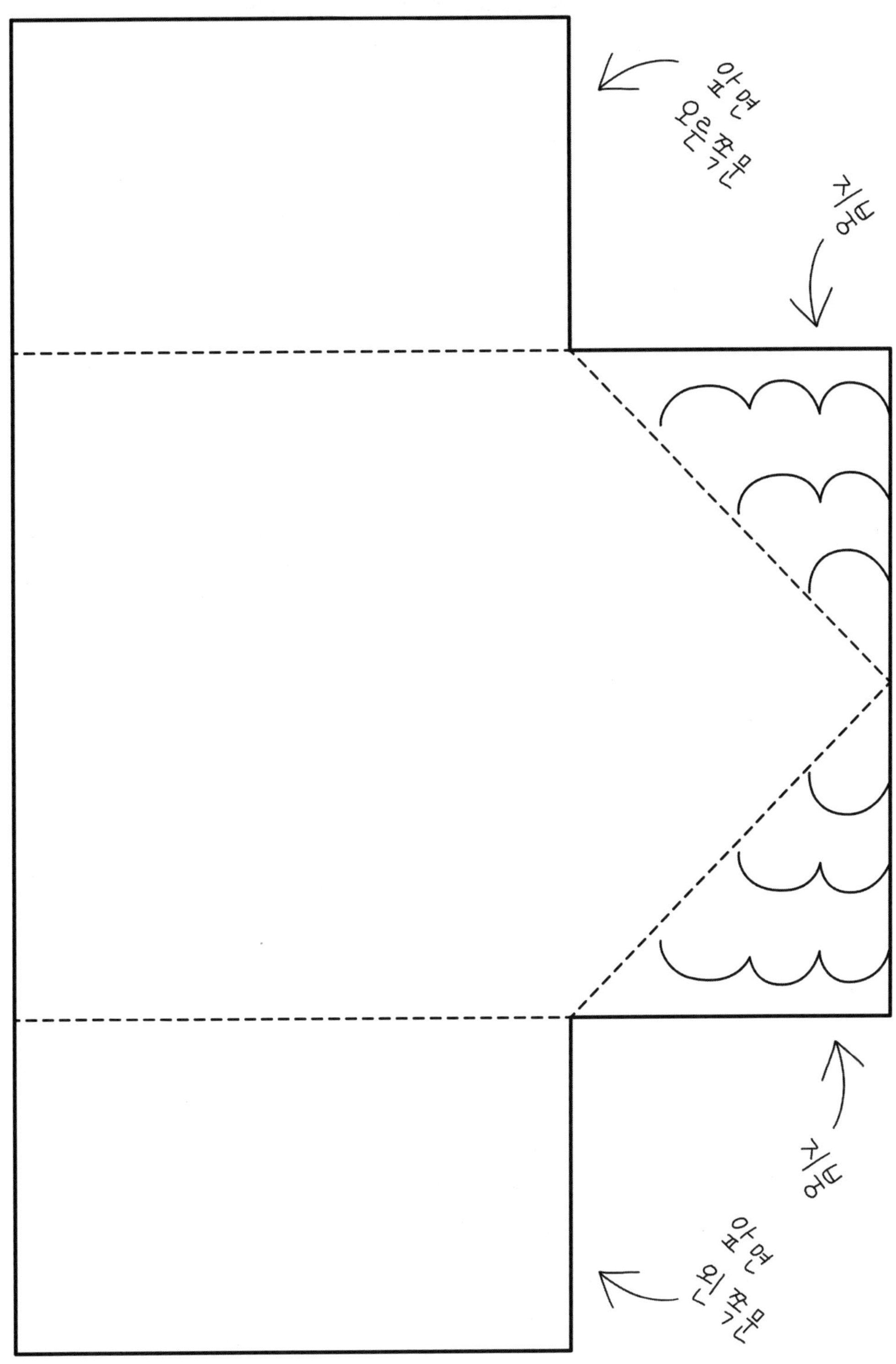

곰 세 마리가 한 집에 있어

자신의 가족 구성원에 대해 탐색하고, 가족과의 관계에 대해 알아보는 작업에 사용할 수 있습니다.

디렉션

1. 집 도안을 실선을 따라 오리고 점선 형태를 접어서 집의 형태로 만들어 주세요.
2. 나의 가족은 어떤 사람들로 구성되어 있나요? 가족을 그려 주세요. 구성원을 사람으로 표현해도 되고 동물로 표현해도 좋습니다. 나는 어떤 위치에서 무엇을 하고 있는지도 설명해 주세요. 나와 가족 구성원의 심리적 거리를 생각하여 위치를 표현할 수 있습니다.
3. 우리 집의 분위기는 어떠한가요? 집의 바깥 부분을 표현해 주세요. 추상적으로 색이나 패턴으로 칠해도 좋고, 구체적인 무언가를 그려도 좋습니다. 우리 가족만이 가지고 있는 특별한 무엇인가가 있다면 그려 주세요.
4. 전하고 싶은 이야기가 있지만 전하지 못한 말이 있는 가족 구성원이 있다면 뒷면에 편지를 써 주세요. 만약 이 메시지를 전할 수 있는 상황이라면 전할 수 있도록 격려해 주세요.

토론 및 질문

- 나의 가족 구성원(엄마, 아빠, 형제, 자매 등)에 대해서 설명해 주세요.
  - 가족 구성원에 대한 나의 감정은 어떤가요?
  - 그 감정을 가지게 된 이유는 무엇인가요?
  - 현재 그 가족 구성원과 어떤 변화를 가지고 싶나요?
  - 변화를 위해 나에게 필요한 것은 무엇인가요?
  - 우리 집의 분위기는 어떤가요?
- 가족은 나에게 어떤 의미인가요?
- 나와 가장 가깝다고 느끼는 가족 구성원은 누구인가요? 그 이유는 무엇일까요?

- 나와 가장 멀거나 감정적으로 좋지 않다고 느끼는 가족 구성원은 누구일까요? 그 이유는 무엇인가요?
- 집 뒷면에 적은 편지에는 어떤 내용을 담았나요? 공유할 수 있는 부분까지 공유해 주세요.
- 현재 우리 가족이 가장 필요로 하는 것은 무엇일까요? 변화가 필요하지 않다면 유지하기 위해 필요한 것에는 무엇이 있나요?

걱정상자

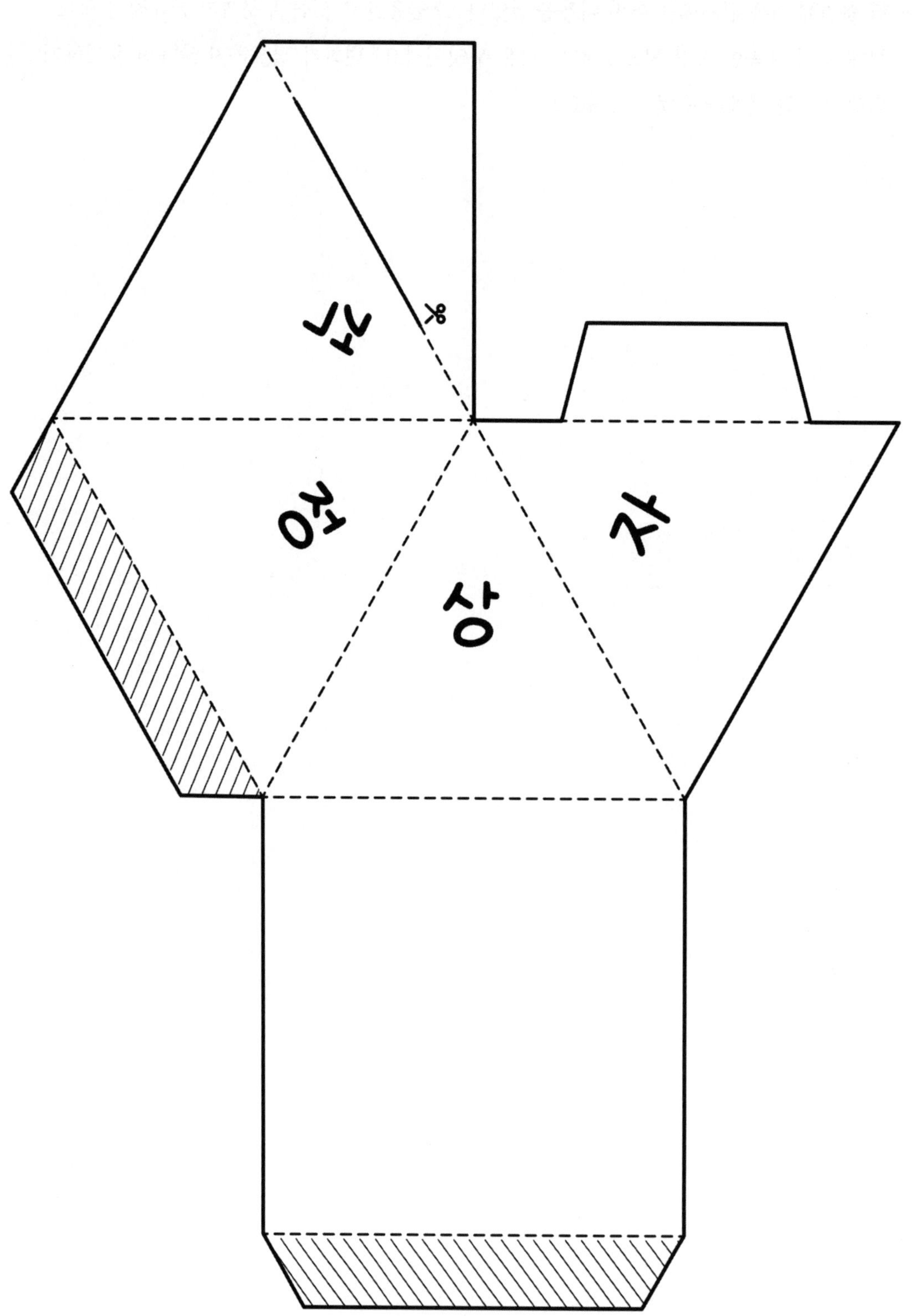

걱정상자

현재 자신의 걱정에 대해 탐색하고, 그 걱정을 위한 행동과 생각 등을 구체화할 수 있습니다.

디렉션

1. 실선을 따라 도안을 잘라 주세요.
2. 나의 걱정은 어떤 색을 띄고 있을까요? 그 색을 생각하며 도안 위를 자유롭게 색을 입히고 표현해 주세요.
3. 나는 어떤 걱정들을 가지고 있나요? 빈 종이를 준비하여 그 위에 나의 걱정들을 그려 주세요. 상황을 그대로 그릴 수도 있고 상징적으로 표현해도 좋습니다. 자유롭게 걱정을 그리고 가위로 오려 주세요.
4. 도안의 점선 부분을 접어 주세요. 그리고 '걱' 글자 왼쪽 실선 부분까지 가위나 칼로 잘라 주세요.
5. 빗금 부분에 풀칠을 해서 붙여 주세요.
6. 걱정들을 줄이려면 나는 어떤 행동과 마음을 가져야 할까요? 접착메모지에 적어서 걱정상자 위에 붙여 주세요.

토론 및 질문

- 나의 걱정상자를 소개해 주세요.
  - 걱정상자에 표현된 색은 나에게 어떤 의미인가요?
  - 걱정상자 안에는 어떤 고민들이 있나요?
  - 그 걱정은 어디에서 시작되었나요?
  - 걱정들 중 하나를 지울 수 있다면 어떤 걱정을 지우고 싶나요? 그 걱정을 선택한 이유가 무엇인가요?
  - 걱정들 중 현실적으로 가장 빨리 없어질 수 있는 걱정은 무엇일까요?

  - 걱정들이 사라진다면 나에게 어떤 변화가 있을까요?
- 접착메모지에 어떤 것을 적었나요?
  - 접착메모지에 적은 행동, 생각은 지금 나의 행동, 생각과 어떤 차이점이 있나요?
  - 나는 그것을 언제 실행할 수 있을까요?
  - 이것을 실행할 때 도움을 줄 수 있는 사람은 누구일까요?

버리고 갈 것, 내게 필요한 것

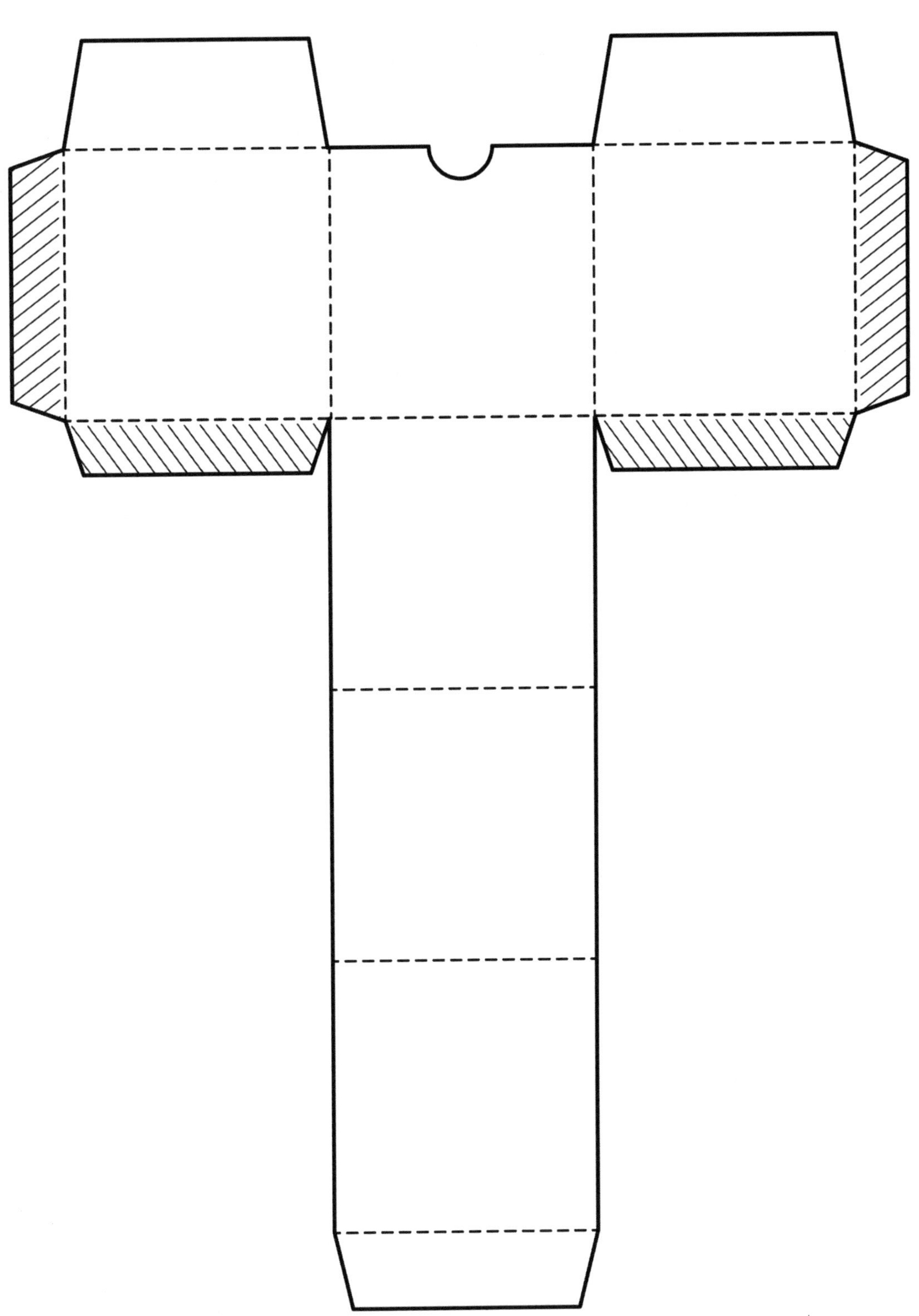

버리고 갈 것, 내게 필요한 것

버리고 갈 것들

내게 필요한 것들

버리고 갈 것, 내게 필요한 것

어떤 목적을 위해 버려야 할 것과 필요한 것을 확인해 보는 작업에 사용할 수 있습니다.

디렉션

1. 다양한 방법으로 활용할 수 있는 도안입니다. 프로그램 참여자와 목적에 따라 활용해 주세요.

편안한 감정과 불편한 감정
우리가 느끼는 감정들은 다양합니다. 그러나 모든 감정이 우리를 편안하게 하지는 않습니다. 나에게 불편한 감정은 줄이고, 편한 감정을 더 자주 사용하려면 나는 무엇을 버려야 하고, 또 무엇이 필요할까요?

내가 원하는 미래
내가 원하는 모습에 도달한 미래의 내 모습을 떠올려 보세요. 나는 어떤 곳에 소속되었고, 어떤 사람들과 어떤 일을 하며, 어떤 취미를 가지고 있고, 어떤 고민을 하며 지내고 있을까요? 그러기 위해 나는 지금 내가 가지고 있는 것 중 무엇을 버려야 하고, 또 무엇을 가져가야 할까요?

청소년 대상–진로와 꿈
나는 어떤 모습의 성인이 되기를 꿈꾸나요? 내가 공부하고, 일하고 싶은 진로의 꿈은 어떤 모습인가요? 내 꿈을 이루기 위해 버려야 할 것과 필요한 것은 무엇일까요?

2. 둘 중 하나를 골라 하나의 상자는 내게 필요한 것, 다른 하나의 상자에는 내가 버리고 갈 것을 담을 컨테이너를 꾸민 후 잘라 접지에 풀로 붙여 주세요.
3. 필요한 것과 버리고 갈 것의 도안을 잘라 글씨와 이미지를 이용하여 표현한 후, 각 상자에 넣어 주세요.

토론 및 질문

- 버리고 갈 것과 필요한 것을 담을 상자로 각각을 고른 이유를 설명해 주세요.
- 내가 버리고 갈 것으로 적은 것을 설명해 주세요.
  - 이것들을 버리기로 결심한 이유가 무엇인가요?
  - 이것들을 버리지 않을 경우 어떻게 될까요?
  - 이것들을 버리지 않고 지금까지 가지고 있었던 이유는 무엇인가요?
  - 이것들을 버리게 되면 무엇이 어떻게 달라질까요?
- 나에게 필요한 것으로 적은 것을 설명해 주세요.
  - 이것들이 필요한 이유는 무엇인가요?
  - 이것들이 필요하지만 지금까지 가지지 못했던 이유는 무엇인가요?
  - 이것들이 필요하다는 것은 언제부터 알고 있었나요?
- 필요한 것을 얻기 위해 나는 무엇을 해야 할까요?

텔레비전에 내가 나왔으면

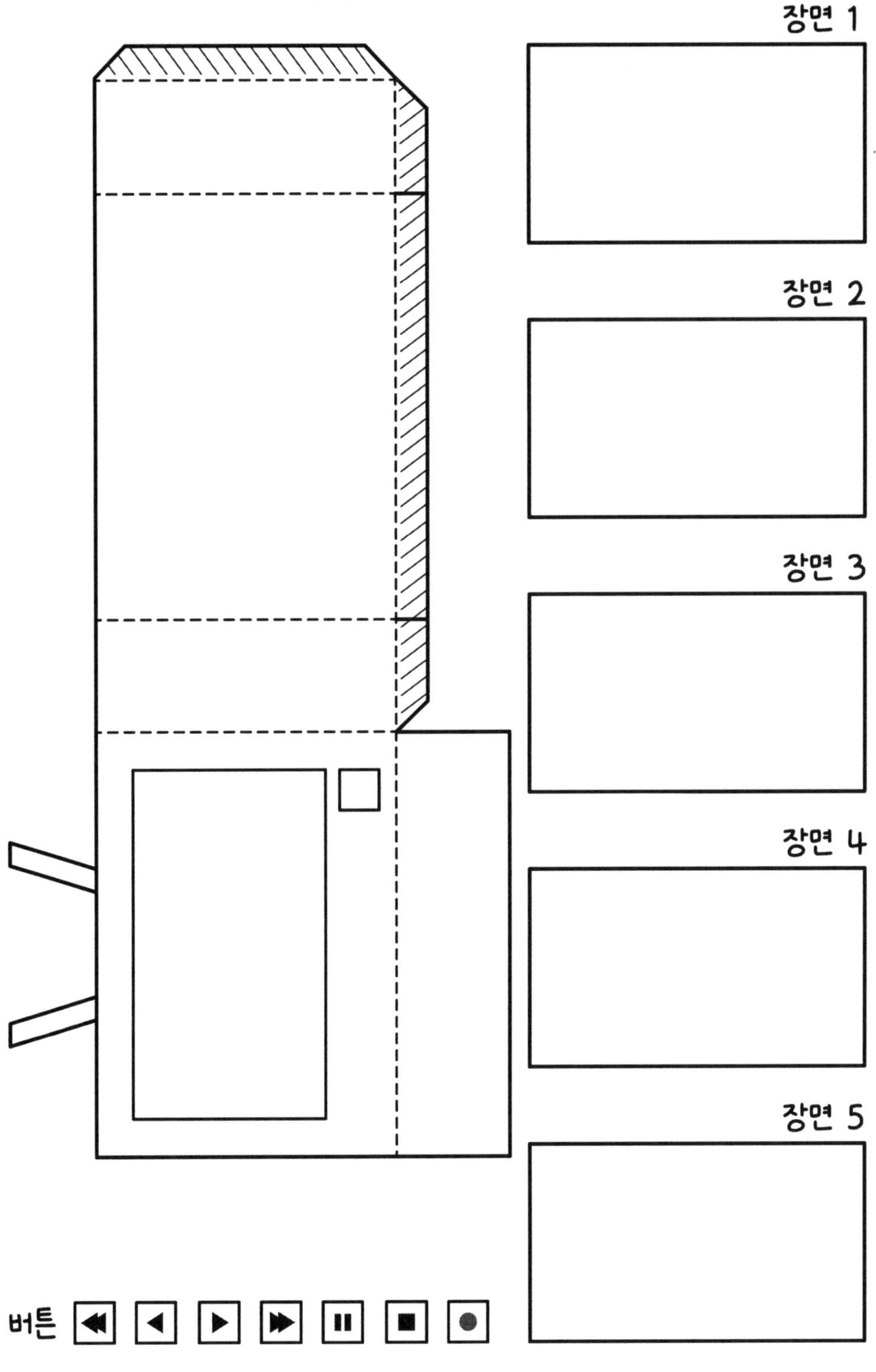

장면 1

장면 2

장면 3

장면 4

장면 5

텔레비전에 내가 나왔으면

텔레비전이라는 주제를 이용하여, 내가 바라는 나의 모습을 새로운 시각으로 바라볼 수 있습니다. TV에 나오는 나를 상상하며 그림을 그려 보고, 그림을 통해 내가 가진 꿈이나 무엇을 얻고자 하는 욕구, 그것에 대한 목표를 확인해 보는 작업에 사용하면 좋습니다. 또한 목표 성취에 방해가 되는 부정적인 부분을 가지고 있다면 그 모습에 대해서도 탐색할 수 있습니다.

디렉션

(〈텔레비전에 내가 나왔으면〉 동요 재생)

'내가 TV에 나온다면?' 살면서 누구나 한 번쯤은 상상합니다. TV에 나온다는 것은 좋은 의미에서 사람들에게 주목 받는 상황이라고 생각하니까요. TV에 나오는 사람들은 주로 어떤 사람들인가요? 연예인이나 기자가 아니라면 자신의 분야에서 전문적이고 유명한 사람들이 TV에 나오게 될 것입니다.

1. 장면 칸이 다섯 개 있습니다. 최소 2개에서 최대 5개의 칸 안에 보여지고 싶은 모습이나 알려지고 싶은 모습을 그려 주세요.
2. 버튼은 내가 그린 장면의 시간위치를 나타낼 수 있습니다. 내가 과거를 회상하고 있는지, 현재에 멈추어 있는지, 재생 중인지, 혹은 미래에 있는지, 버튼을 오려서 텔레비전의 장면 아래에 붙여 줍니다.
3. 정면, 측면, 뒷면, 윗면의 텔레비전 박스를 색칠하고 꾸며 준 뒤, 버튼과 장면을 붙여 주고, 마지막으로 박스의 접는 선, 붙이는 면, 오리는 선을 확인하여 박스를 조립해 줍니다(박스를 먼저 조립하고 색칠해도 되지만, 오려서 조립하기 전 색칠할 경우 더 편하게 작업할 수 있음).

토론 및 질문

- 실제로 내가 TV에 나온다면 어떤 모습일지 설명해 주세요.
  - 나는 어떤 일을 하는 사람일까요? 어떤 내용으로 나오게 될까요?
  - TV에 나타난 모습과 현재 나의 모습은 어떤 점이 다를까요?
  - TV에 나올 정도로 유명해진다면 지금의 나는 무엇이 달라질까요?
  - 이러한 모습을 상상한 이유는 무엇인가요?
- 만약 TV에 나올 만큼 유명해지기 싫다면 싫은 이유에 대해 설명해 주세요.
  - 남들에게 보여 주고 싶지 않은 단점이 있다면 무엇이 있나요?

Extra Activity

내가 생각하는 단점도 표현해 줄 수 있습니다. TV 상자 정면이 아닌 뒷면에 그려 줄 수 있습니다.

프로그램2

나의 인생 하이라이트를 담은 <OOO의 추억의 명장면>

자신이 추억하는 장면을 선택함으로써 감정과 행동에 대한 주체성을 가지고 스스로에 대한 긍정적 자아상을 강화할 수 있습니다. 본 프로그램은 앞서 제시된 텔레비전 도안을 사용합니다.

디렉션

영화나 드라마, 스포츠 경기에서의 명장면만 정리된 하이라이트 영상이 있습니다. 10시간도 넘는 드라마의 하이라이트 영상이 20분 정도로 짧을 수 있는 이유는, 모든 장면이 흐름에 있어서 주인공은 아니기 때문일 것입니다. 그렇다면 내가 살아온 인생 전부를 한 편의 영화나 드라마라고 생각했을 때, 나의 인생은 어떤 하이라이트 영상으로 압축될 수 있을까요? 그리고 나의 인생 영화는 어떤 장르일까요? 내 인생의 명장면을 떠올려 보고 나에게 주요했던 사건에 대해서 생각해 주세요.

대부분의 사람은 자신의 인생 영화 결말이 해피엔딩이었으면 하고 바랄 것입니다. 하지만 우울감을 경험하고 있는 사람들은 '내 인생은 새드엔딩일거야.'라고 단정지어 이야기하기도 합니다. 각자의 인생 결말을 떠올려 보고 그 이미지를 TV에 그려 냄으로써 작업물을 바라보며 이야기하고, 문제를 객관적으로 다룰 수 있습니다.

1. 장면 칸이 다섯 개 있습니다. 최소 2개에서 최대 5개의 칸 안에 내 인생에서 중요하게 생각하는 장면들을 그려 주세요.
2. 버튼은 내가 그린 장면의 시간위치를 나타낼 수 있습니다. 내가 과거를 회상하고 있는지, 현재에 멈추어 있는지, 재생 중인지, 버튼을 오려서 텔레비전의 장면 아래에 붙여 주세요. 원하는 모양의 버튼이 없거나 시간위치를 나타내고 싶지 않다면 내가 원하는 나만의 인생 버튼을 빈 버튼 도안 안에 그려 줄 수 있습니다.
3. 어떤 배경음악이 흘러나오고, 또 어떤 장르 혹은 분위기를 가질지 생각하며 텔레비전 박스의 정면, 측면, 뒷면, 윗면을 표현해 주세요.

4. 버튼과 장면을 붙여 주고, 마지막으로 박스의 접는 선, 붙이는 면, 오리는 선을 확인하여 박스를 조립해 주세요(박스를 먼저 조립하고 색칠해도 되지만, 오려서 조립하기 전에 색칠할 경우 더 편하게 작업할 수 있음).

토론 및 질문

- 제목과 장르를 포함하여 나의 인생 영화에 대해 설명해 주세요.
  - 제목을 ○○○으로 정한 이유는 무엇인가요?
  - 장르는 무엇일까요? (호러, 판타지, 액션, 멜로)
  - 결말은 어떠할까요? (해피, 새드 등)
- 이 영화의 명장면에 대해 설명해 주세요.
  - 나의 인생 영화에 출연하는 등장인물은 누구일까요?
  - 주연과 조연, 엑스트라, 카메오, 특별출연 등장인물을 정한다면 누구인가요?
  - 내가 선택한 이 장면은 어떠한 상황일까요?
- 내가 선택한 이 장면이 명장면이라고 생각하는 이유를 더 자세히 설명해 주세요.
  - TV 버튼을 설명해 주세요(뒤로감기, 빨리감기, 일시정지, 재생 등). 버튼에는 현재 상황에서 선택할 수 있는 여러 가지 버튼이 있습니다.
  - 이 버튼을 선택한 이유는 무엇인가요?

Extra Activity

- 앞으로의 인생을 다룰 예고편을 추가로 작업할 수 있습니다. 예고편(미래에 일어날 일)이 있다면 예고편에 대해 설명해 주세요.
  - 앞으로 어떤 일이 일어날까요?
  - 등장인물은 어떤 행동을 하게 되나요?
  - 현재와 달라질 변화 2가지를 설명한다면 무엇일까요?
  - 장면에 알맞은 대사를 생각한 후, 자막과 같이 적어 주어도 좋습니다.

나의 레모네이드 가게

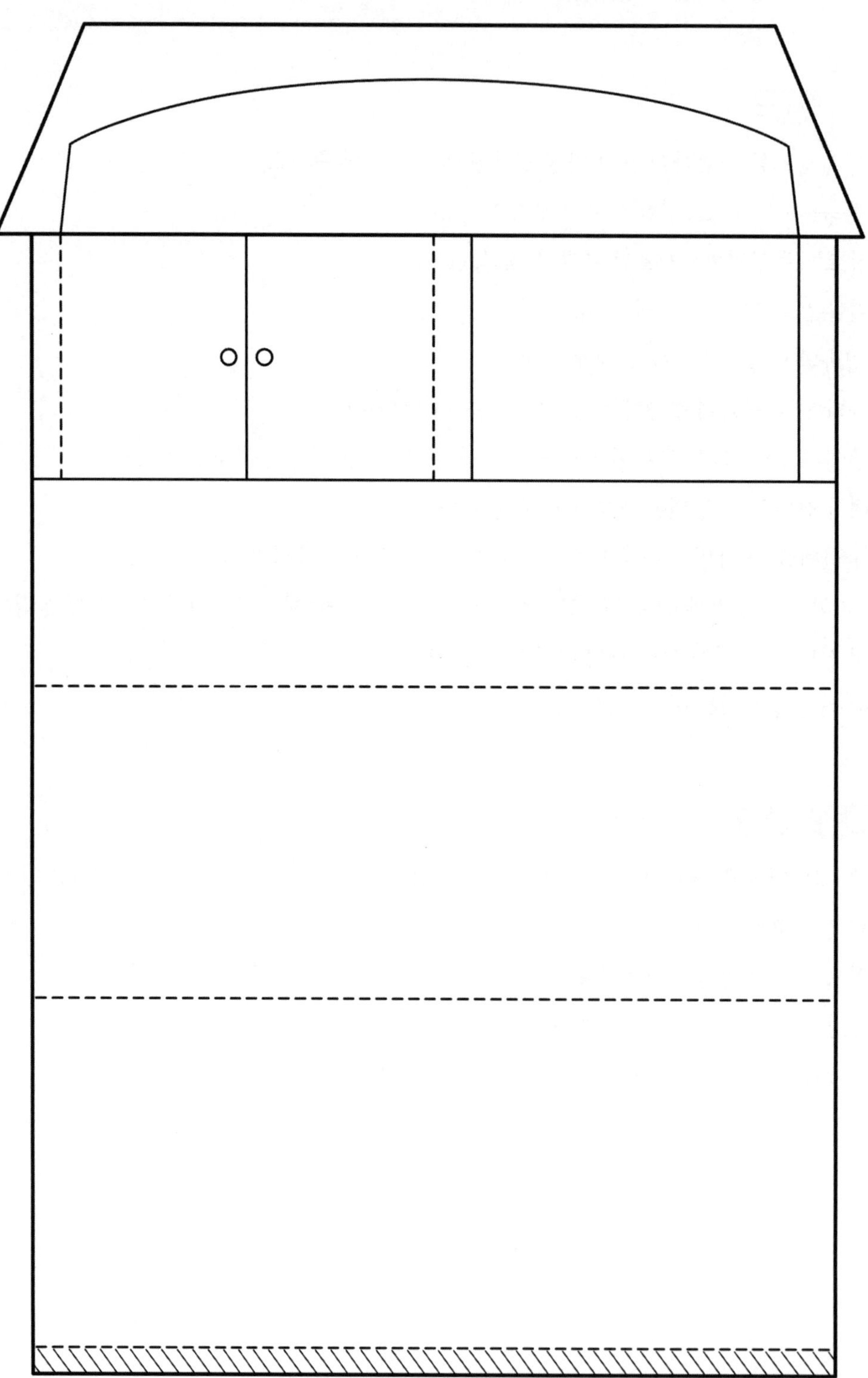

나의 레모네이드 가게

나의 레모네이드 가게

'삶이 너에게 레몬을 준다면 레모네이드를 만들라(When life gives you lemons, make lemonade)' 문장을 통해 자신이 겪은 여러 가지 사건과 경험을 돌아보고, 과거에 부정적이라고 생각한 시간을 단순히 나쁜 경험이 아니라 강점으로 다르게 바라보고 작용할 수 있는 요소들에 대해 탐색할 수 있습니다.

디렉션

삶을 살아가다 보면 수많은 장애물, 힘든 사건을 경험합니다. 그런 레몬과 같은 것들은 나에게 부정적으로 다가와 나를 힘들게 할 수도 있지만, 이것을 잘 활용한다면 성장의 원동력이 되기도 합니다. 삶이 우리에게 신 레몬을 선물했다면, 우리는 그 레몬의 즙을 짜, 설탕과 물, 얼음, 탄산수 같은 재료를 넣어 새콤하고 시원한 맛있는 레모네이드를 만들 수 있습니다. 위기를 기회로 극복하는 것입니다.

우리 모두는 다양한 갈등 상황이나 위기에 대해 극복할 수 있는 능력을 가지고 있습니다. 내가 가진 능력은 무엇이고, 그 능력을 어떻게 사용할 수 있을지, 그리고 내가 원하는 이상적인 모습은 어떤 모습일지 나의 레모네이드를 만들며 알아볼 수 있습니다.

1. 레몬 도안을 잘라 주세요. 최근 1년간 내가 들은 좋지 않은 말이나 평가가 있다면 레몬 뒷면에 적어 주세요. 그로 인해 느꼈던 부정적인 생각이나 내가 가진 단점(콤플렉스)도 레몬 뒷면에 적어 주세요.
2. 이런 부정적인 생각이나 단점을 극복할 수 있는 나의 능력이나 힘은 무엇일까요? 레모네이드를 만들 수 있는 재료 도안을 자른 후 뒷면에 적어 주세요.
3. 내가 들은 좋지 않은 말이나 평가, 단점이나 콤플렉스는 그림의 뒷면에 적혀 있습니다. 그러나 레모네이드 가게를 완성하게 되면 진열은 내 마음대로 할 수 있습니다. 내가 다른 사람에게 가장 보여 주고 싶은 모습인 레모네이드를 가게에 진열해 주세요. 가게가 세워질 수 있도

록 가게 밑부분을 접고 풀로 붙여 세워 주세요. 가게 이름도 쓰고 가게를 꾸며 주세요.

4. 우리가 레모네이드를 만들어 파는 사람이라고 가정했을 때, 현재 내가 가지고 있는 문제점(레몬)과 극복 능력(재료)에 대해 가장 잘 알 수 있는 사람은 나 자신입니다. 그리고 다른 사람은 내가 만들어 낸 모습(레모네이드)만을 보게 될 것입니다. 그렇기 때문에 자신이 가진 문제와 능력을 잘 알고 있는 것은 중요합니다. 원하는 색으로 가게를 칠하고 마무리해 주세요.

토론 및 질문

- 내가 바라는 가장 이상적이고 멋진 모습과 지금의 나는 어떤 부분이 닮았고, 어떤 부분이 다른가요? 내가 그 모습에 가까워지기 위해 나는 나의 어떤 자원을 활용할 수 있을까요?
- 내가 들은 부정적인 말이나 평가는 나에게 어떤 영향을 미쳤나요? 나는 그 말에 어느 정도 동의하나요?
- 내가 생각하는 나의 단점(콤플렉스)은 무엇인가요? 그 단점을 긍정적으로 활용할 수 있는 방법, 혹은 단점이 긍정적으로 활용되고 있는 부분은 무엇인가요?
  - 나 스스로 문제(단점)라고 생각되는 부분을 극복하기 위해 시도해 본 것은 무엇이 있나요? 그중 가장 도움이 되었던 것은 무엇이었나요? 나의 문제를 개선하기 위해 사용할 수 있는 나의 강점은 어떤 것이 있나요?
- 위기를 기회로 극복했던 나의 경험을 공유해 주세요.
  - 현재 내 인생의 레몬은 어느 정도의 강도로 신맛을 내고 있나요? 나는 이 레몬을 어떻게 잘 활용할 수 있을까요?

인생 여행가방

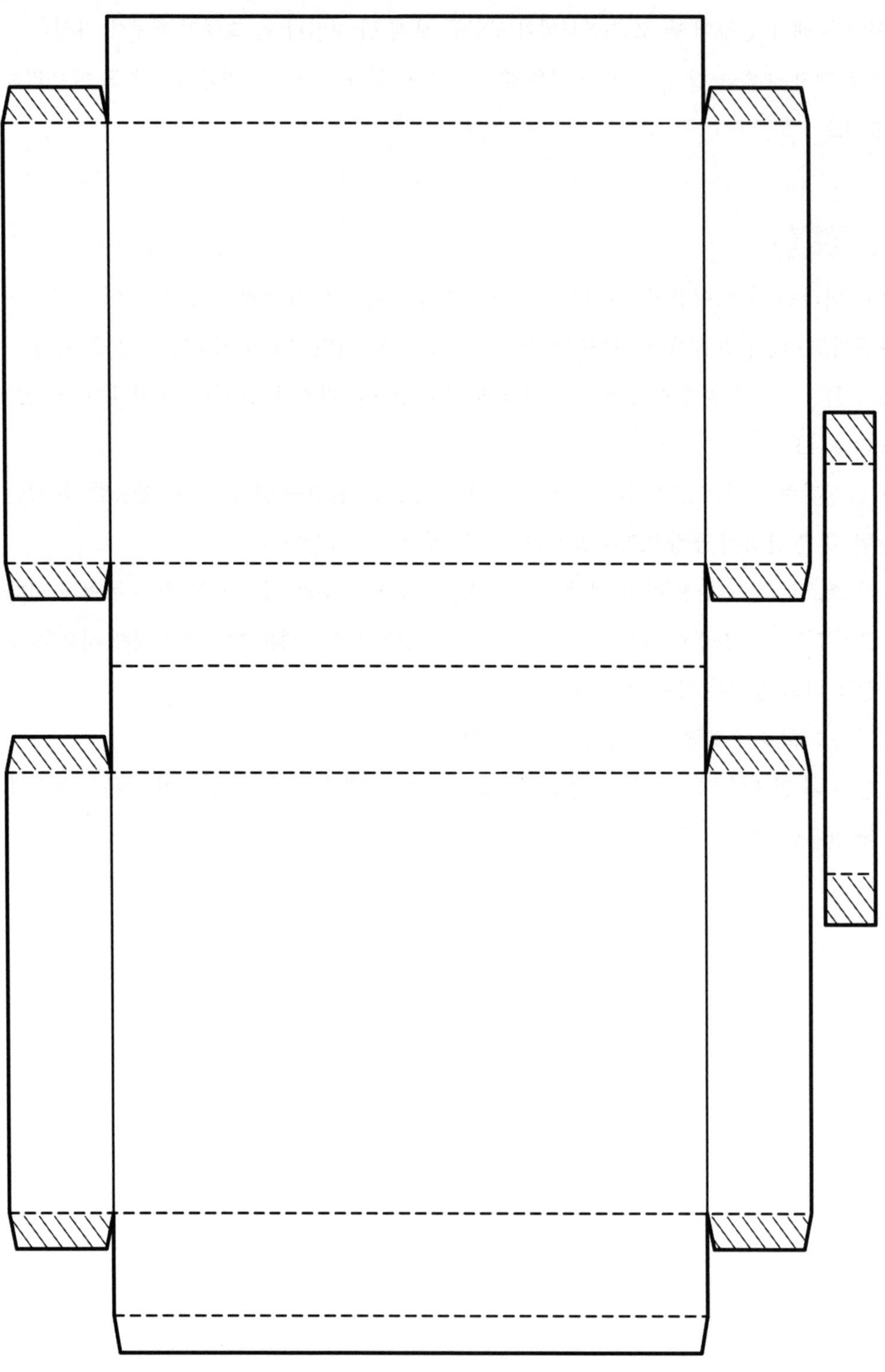

인생 여행가방

현재 자신의 상황을 점검해 보고, 어떤 목적을 위해 필요한 것을 확인해 보는 작업에 사용할 수 있습니다.

디렉션

여행의 목적은 다양합니다. 어떤 정리를 위해, 어떤 시작점에서, 또는 쉼 또는 즐기기 위해 여행을 합니다. 내가 당장 여행을 떠난다면 어떤 여행 목적을 가지고 떠날 것인지 생각해 보고 표현해 주세요. 내가 여행을 떠난다면 어떤 짐을 챙길 수 있을지 생각해 보고 나에게 중요한 것, 필요한 것에 대한 우선순위를 생각해 주세요.

우리는 항상 여행을 떠날 수 있지만, 각자의 사정 때문에 미루거나 나중으로 기약하고는 합니다. 그러나 여행은 인생에서 1순위가 될 수가 없습니다. 일이나 가족이 늘 더 우선순위가 되기 때문이죠. 그러나 여행은 이해타산적으로 계산되지 못하는 그 이상의 것들을 우리에게 선물해 줍니다.

지금 내 인생의 우선순위는 무엇인가요? 현재의 내가 가장 중요하게 생각하는 것이 있다면 무엇이고 왜 중요한지 생각해 주세요. 중요한 것은 내 주변의 인물이나 가족이 될 수도 있으며 물건이 될 수도 있고, 미래의 목표나 계획이 될 수도 있습니다.

1. 다양한 방법으로 활용될 수 있는 도안입니다. 프로그램 참여자와 목적에 따라 활용해 주세요.

그림으로 표현

나의 인생가방 안에 무엇을 넣어 가면 좋을지 생각해 보고, 종이를 활용할 경우 도안의 빈 곳에 들어갈 물건을 그리고 색칠해 주세요. 크기는 가방 안에 들어갈 정도로 그려 주세요.

클레이 활용

클레이로 여행가방에 들어갈 물건을 만들어 줄 수 있습니다. 들어갈 물건은 실제적인 물건(휴대폰, 지도, 책 등)이 될 수도 있고, 추상적인 것(기분, 감정, 생각 등)이 될 수도 있습니다.

2. 다음으로는 여행가방의 겉과 속을 색이나 패턴, 다양한 이미지로 표현해 주세요. 여행가방은 무슨 색일지, 어떤 그림이 그려져 있고 스티커가 붙어 있는지를 상상해 나의 인생가방을 자유롭게 그려 주세요.
3. 마지막으로 오리는 선과 접는 선, 붙이는 면을 확인하여 여행가방을 조립해 주고, 그 안에 여행에 필요한 물건들을 넣어 주세요(박스를 먼저 조립하고 색칠해도 되지만, 오려서 조립하기 전에 색칠할 경우 더 편하게 작업할 수 있음).

토론 및 질문

- 현재의 내가 여행을 떠나게 된다면 어떤 여행을 가고 싶은지 목적에 대해 설명해 주세요.
  - 여행지에서 어떤 경험을 하게 될까요? 또 어떤 일이 생길까요?
  - 여행을 함께 가고 싶은 사람은 누구인가요?
- 여행가방에 챙길 짐을 다섯 가지 선택한다면 무엇이 있을까요? 다섯 가지보다 더 적을 수도 많을 수도 있습니다. 기준을 다섯 가지로 두고 생각해 주세요.
- 현재의 내가 여행을 가지 못하도록 막는 장애물에는 무엇이 있나요?
  - 지금 당장 여행을 떠나기 어려울 수 있습니다. 그렇다면 기분 전환이 될 수 있는 현재 상황에서 실천 가능한 계획에는 무엇이 있을까요?

추억 속으로. 그때 그 사건. 4컷 만화

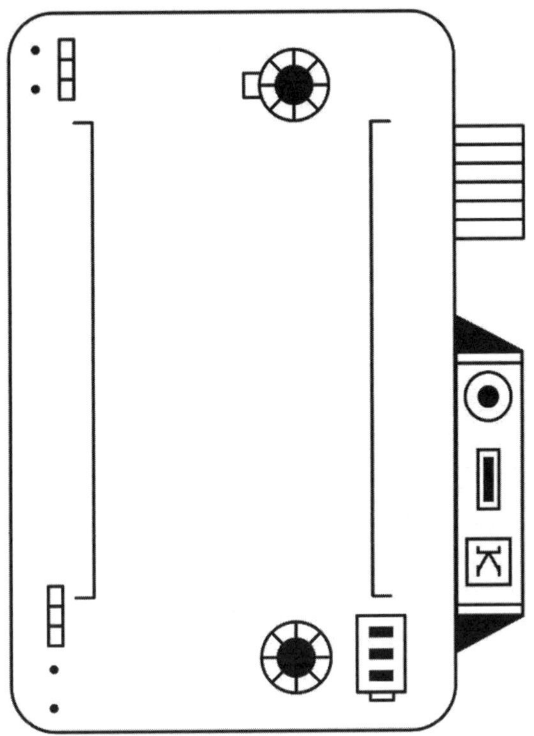

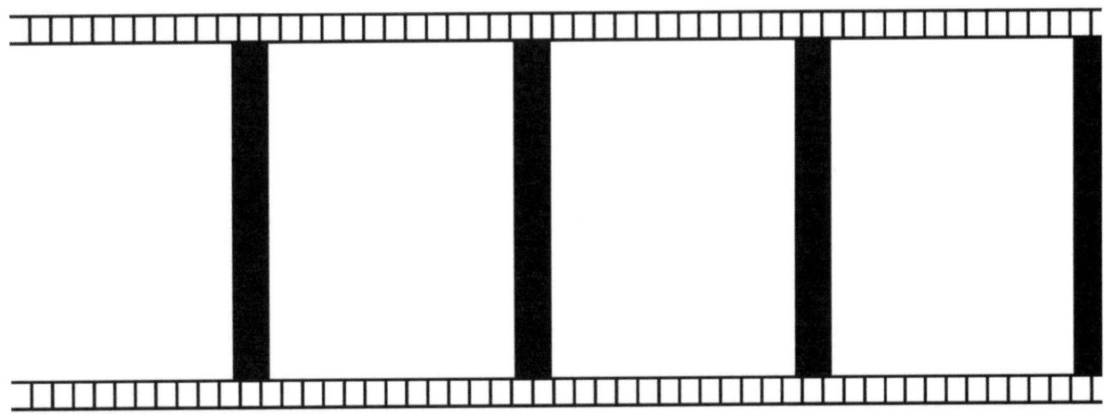

추억 속으로, 그때 그 사건, 4컷 만화

나를 뒤돌아보기 위해 또는 과거에 내가 가지고 있었던 감정과 사건을 회상해 보고 되짚어 보는 작업에 사용할 수 있습니다.

디렉션

카메라는 어떠한 순간을 포착해 주는 기능을 가지고 있습니다. 또 어떠한 대상을 초점을 맞추기도 하고 중요치 않은 대상을 블러(blur) 처리를 하여 뿌옇게 보이게 만들기도 합니다.

모두의 삶에는 초점이 맞추어진 중요한 순간이 있고, 중요치 않아 흘려보내진 사건도 있습니다. 때론 어둡고 앞이 보이지 않은 막막한 순간도 있지만, 카메라의 플래시처럼 한줄기 빛과 같은 인생의 전환점을 만나기도 합니다.

1. 내 인생에서 가장 행복했던 혹은 중요한 추억을 떠올려 주세요. 어떤 장소에서, 누구와, 무엇을 하고 있었나요? 나는 그 순간에 어떤 표정을 하고 무슨 생각을 가지고 있었나요? 미래에도 그 순간이 다시 올 수 있을까요? 미래에는 나에게 어떤 일이 카메라에 담기면 좋을까요?
2. 필름에 떠올린 모습들을 그려 주세요.
3. 카메라에서 가로로 그어진 선을 칼로 자르고, 필름지도 오려서 카메라에 오려진 부분에 끼워 주세요.
4. 진행자의 목적에 따라 컷별 다양한 주제로 그림을 진행할 수 있고, 필요시에는 필름지를 더 출력하여 오려서 이어 붙여 여러 컷의 그림도 그릴 수 있습니다. 마지막 컷에는 카메라에 담긴 나의 미래의 모습을 그려 주세요.
5. 그림을 완성한 후 공유를 할 때 필름지를 위로 뽑으면서 보여 주세요. 순차적으로 그림이 넘어갑니다.

토론 및 질문

- 나에게 이 사건/일은 어떤 의미로 다가오나요?
- 이 사건/일을 경험했던 나의 감정/생각은 어떠했는지 떠올려 주세요.
- 지금의 내가 그때와 유사한 감정을 다시 사용하기 위해서는 무엇을 해야 할까요?
- 미래에 담길 나의 모습을 설명해 주세요. 나는 무엇을 하고 있나요?
- 내 인생에 있어서 가장 어둡고 앞이 보이지 않을 때 카메라의 플래시처럼 빛과 같은 일이 있었던 적이 있을까요?
  - 있다면 그 순간은 언제였나요? 어떻게 극복했는지 설명해 주세요.
  - 나의 현재의 삶과 빗대어 보았을 때, 그때와 현재의 나는 어떤 차이가 있나요?
  - 유사한 상황이라면 내가 사용할 수 있는 자원은 어떤 것이 있나요?

인생 샌드위치

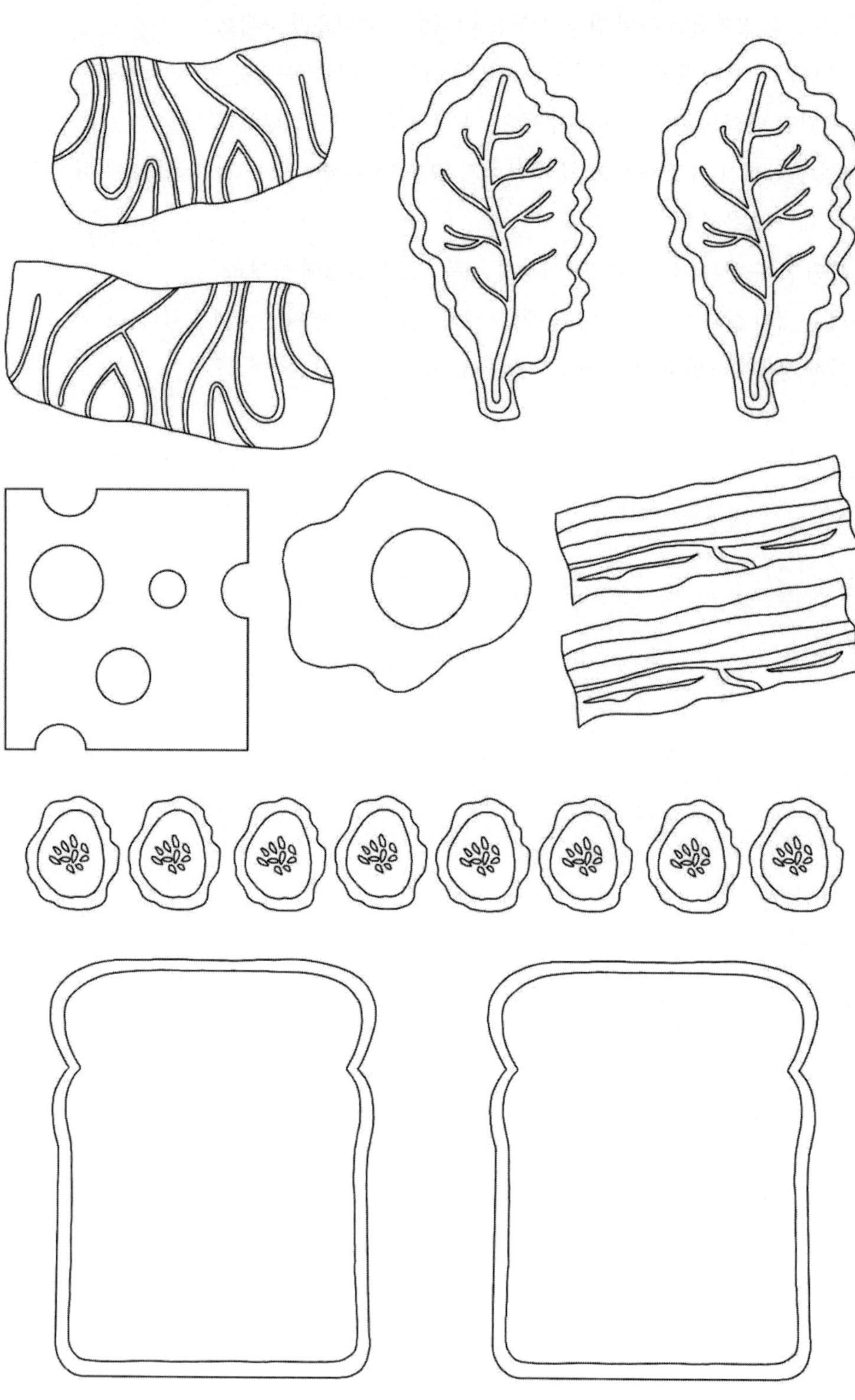

인생 샌드위치

인생에서 쌓아 온 것들에 대해 생각해 보고, 자신이 생각하는 가치에 대해 탐색해 보는 작업에 활용할 수 있습니다.

디렉션

샌드위치는 도박에 빠져있던 영국의 샌드위치 백작에서부터 시작되었습니다. 이 백작은 도박에 열중하다 보니 식사할 시간조차 아깝다고 생각해서 육류나 채소 등을 빵 사이에 끼워 넣어 만들어 먹었습니다. 그리고 곁에 두고 먹으며 자리에서 일어나지 않은 채, 승부를 겨루었다고 합니다.

열정이라는 단어는 나에게 어떤 의미로 다가오나요? 나에게는 어떤 열정이 있을까요? 그 열정은 언제 가장 잘 느껴지나요? 내 인생에서도 샌드위치 백작처럼 무언가에 열정적이었던 순간은 언제였나요?

1. 나의 인생 샌드위치를 만들어 주세요. 샌드위치는 다양한 재료들이 쌓여 있는 형태를 가지고 있습니다. 그렇다면 내 인생에서 내가 쌓아 온 것들은 어떤 것들이 있는지 생각해 주세요.
2. 각 재료들에 나만의 의미를 부여해 주세요. 예를 들어, 채소가 싫지만 건강을 위해 먹는 사람이라면, 하기 싫어서 억지로 했지만 결과적으로 나에게 영양가 있던 것을 채소로 표현할 수 있습니다. 고기는 내가 열정을 쏟아내던 가장 핵심적이었던 일, 치즈는 내가 엄청난 성장을 할 수 있었던 것 등으로 표현할 수 있습니다. 샌드위치에 들어가는 재료들을 색칠해 보고 내 인생에서 쌓아 온 것들을 글로 적어 보며 빵 위에 배치해 주세요.
3. 원하는 색으로 칠해 주세요. 상식적인 선에서 색을 칠할 필요는 없습니다. 치즈는 하늘색일 수도 있고, 무지개색일 수도 있습니다. 도안을 우드락 등에 붙인 후 오리면 입체적인 작업을 할 수 있습니다.
4. 재료들을 쌓아 올려 샌드위치를 완성해 주세요.

토론 및 질문

- 내 샌드위치는 어떤 것들로 이루어져 있나요?
  - 내가 쌓아 온 것들 중 가장 영양가가 높았던 것은 무엇인가요?
  - 내가 가장 열정적이었던 순간은 언제인가요?
  - 억지로 했지만 하기 잘했다고 생각했던 일은 무엇인가요?
- 이 샌드위치의 이름을 지어 주세요. 그 이름으로 지은 이유는 무엇일까요?
- 나는 앞으로 어떻게 샌드위치를 더 높게 쌓아 가고 싶나요? 혹은 어떤 재료를 더 넣고 싶나요? 그 재료는 내 인생에서 무엇을 의미할까요?
- 앞으로 내가 더 성장하기 위해 할 수 있는 것들은 무엇일까요?

나의 자취

나의 자취

과거부터 현재까지의 시간을 되짚어 보고 앞으로 더 나은 삶을 살기 위한 긍정적 미래상을 그리는 활동에 사용될 수 있습니다.

디렉션

1. 다양한 방법으로 활용될 수 있는 도안입니다. 프로그램 참여자와 목적에 따라 활용해 주세요.

지나온 자취들

우리는 살아오면서 여러 가지 흔적을 남깁니다. 나의 배움, 어떠한 사건에 대한 나의 감정이나 생각, 내가 열정적으로 했던 일로 인한 성장 등 다양한 것이 존재합니다. 우리는 현실을 바쁘게 살아가느라 이것들이 나의 자취인지도 모르고 지나가기도 합니다. 내가 만든 나의 자취는 어떤 것들이 있나요?

현재의 발걸음

현재 나의 발걸음은 어떤가요? 나는 지금 급하게 뛰어갈 수도 가만히 머무르고 있는 중일 수도 있습니다. 내가 지금 이루어 내고, 만들어 내고 있는 자취는 무엇일까요?

청소년 대상-미래의 발자국

나는 앞으로 어떤 자취를 남기고 미래에 한걸음 더 나아갈까요? 나의 꿈에 가까워지기 위해 내가 남기고 싶은 자취는 무엇일까요?

2. 4절지 종이에 나의 자취(지나온 자취들 / 현재의 발걸음 / 미래의 발자국)를 잘라서 붙여 주세요. 뛰어온 발걸음, 멈추고 있는 발걸음, 천천히 걸어가고 있는 발걸음 등 다양한 발자국 형태로 붙여 볼 수 있습니다.
3. 발자국에 내 인생의 흔적들을 적어 보고, 그때 내가 느꼈던 감정의 색을 칠해 주세요.
4. 나의 흔적 주변에는 무엇이 함께했나요? 당시의 환경, 배경, 주변 인물, 사건, 감정, 생각 등 연상되는 것이라면 무엇이든 자유롭게 그려 주세요.

토론 및 질문

- 나는 어떤 발걸음으로 인생을 걸어가고 있나요?
  - 과거 나의 발걸음의 속도는 어떠했나요?
  - 현재 나는 어떤 발걸음인가요?
  - 미래로 가기 위해 나는 어떤 발걸음으로 걸어가야 할까요?
- 내가 남기고 간 자취에는 어떤 것들이 있나요?
- 내가 걸은 발걸음 중 후회되는 걸음은 언제였나요?
  - 그때가 특별히 후회되는 이유는 무엇인가요?
  - 만약 그 시간으로 돌아가 새로운 선택을 할 수 있다면 어떤 선택을 할 것인가요?
  - 그 선택을 하게 된다면 나는 무엇이 달라질까요?
- 앞으로 남기고 갈 자취는 무엇인가요?
  - 그 자취가 남겨지는 것은 언제쯤일까요?
  - 어떻게 하면 그 자취를 만들 수 있을까요?
  - 내가 자취를 남긴 것에 대한 감정들을 설명해 주세요.
  - 나는 앞으로 누구와 이 동행을 함께하고 싶나요?

마음의 정원

마음의 정원

마음을 긍정적인 감정으로 채울 수 있는 것들을 알아보는 활동에 사용할 수 있습니다.

디렉션

1. 나를 편안하고 기분 좋게 만드는 색들을 떠올려 주세요. 한 가지 색이어도 좋고 여러 가지 색이어도 좋습니다.
2. A4 용지 크기의 도화지 전체 공간에 자유롭게 정원을 그려 주세요. 나의 정원은 나의 마음이 될 것이고, 꽃은 마음에 담는 긍정적 감정과 생각들이 될 것입니다. 내가 편안함을 느끼는 장소를 떠올리면서 그림으로 표현해 주세요. 정원은 반드시 잔디로 되어 있을 필요도 없고, 풀만 있을 필요도 없습니다. 사람이 있을 수도, 다양한 동식물이 있을 수도, 또 환상의 대상들이 있을 수도 있습니다.
3. 꽃 도안에 내가 좋아하는 것들, 나를 기분 좋게 만드는 것들을 생각하면서 색과 패턴으로 표현해 주세요. 나를 편안하고 기분 좋게 만드는 색들을 가능하면 사용하고, 꽃에 글을 적어도 좋습니다.
4. 내 인생에서 나에게 찾아온 행운은 어떤 것들이 있을지 생각해 보고, 네잎클로버 도안에 표현해 주세요. 행운과도 같은 존재를 네잎클로버에 글로 적는 것도 가능합니다.
5. 완성된 꽃과 네잎클로버를 도화지에 표현한 마음의 정원에 오려 붙여 주세요.
6. 마음의 정원을 바라보며 꽃과 네잎클로버가 주는 긍정적인 감정들을 생각해 주세요. 정원 꾸미기 활동을 통해 느낀 기분 좋은 감정이 일상생활에서도 이어질 수 있도록 노력하면서 긍정적인 감정에 집중합니다.

토론 및 질문

- 마음의 정원
  - 내가 좋아하는 색은 무엇이고, 그 이유는 무엇인가요? 그 색을 떠올리면 연상되는 감정 단어 세 가지를 선택해 주세요.
  - 내 마음의 정원은 어떤 것들로 채워져 있나요? 더 담고 싶은 것이 있다면 어떤 것이 있을까요?
  - 내 마음의 정원에 꼭 필요하다고 생각되는 요소에는 어떤 것들이 있나요? 내가 편안함을 느끼기 위해 필요한 다양한 것을 생각해 주세요. 돈이나 맛있는 음식과 같은 물질적인 요소가 될 수도 있고, 사랑과 안정감과 같은 감정적인 요소가 될 수도, 친구와의 화해처럼 관계에 관한 것도, 건강이나 허리통증 완화와 같은 신체적 요소가 될 수도 있습니다.
- 꽃
  - 활짝 핀 꽃처럼 나를 기분 좋게 만드는 것들은 무엇이 있나요? 그 대상은 내가 얼마나 자주 접할 수 있나요?
  - 나를 기분 좋게 만드는 존재가 물건이라면, 그것과 연관된 어떤 특별한 기억이 있나요?
  - 나를 기분 좋게 만드는 존재가 사람이라면, 내가 그 사람에게 해 줄 수 있는 것들은 어떤 것들이 있을까요?
- 네잎클로버
  - 내 인생에서 행운이라고 느껴지는 것들은 어떤 것들이 있나요? 그 행운은 나에게 어떤 영향을 미쳤나요?
  - 내가 앞으로 기대하는 행운은 어떤 것이 있을까요?
  - 내가 좋아하는 것들과 행운처럼 찾아온 많은 것이 가득 찬 이 마음의 정원을 잘 지키기 위해서 내가 할 수 있는 것들은 무엇이 있을까요?

할 수 있어. 잘했어. 힘내!

프로그램

할 수 있어, 잘했어, 힘내!

계획, 생각, 행동, 감정 등 실천해야 할 것들을 정리하고, 스스로를 응원하고 격려하는 활동을 할 때 사용할 수 있습니다.

디렉션

1. To do list는 상담 회기가 끝날 때 사용할 수 있습니다. 이번 회기에서 느낀 점을 토대로 생활 속에서 어떤 일들을 실천할 수 있을 지, 혹은 다음 회기까지 해야 할 과제를 적을 수 있습니다.
2. I can do it에는 자신이 찾은 강점들을 적을 수도 있고, 자신이 잘하기를 바라는 분야를 적을 수도 있습니다. 나 스스로에게 하는 응원의 메시지도 적을 수 있습니다.
3. Good job에는 스스로 뿌듯하거나 기특하다고 생각하는 것들을 적습니다. 과거 자신이 잘했다고 생각하는 일들을 적고, 스스로에게 주는 칭찬의 메시지도 적을 수 있습니다.
4. Cheer up에는 지금의 나를 응원하는 메시지를 적습니다. 집단으로 진행될 경우, 서로를 위한 응원의 문구를 적어 전달할 수 있습니다.

토론 및 질문

- To do list
  - 내가 해야 할 일들은 무엇인가요? 그중에서 지금 당장 할 수 있는 일은 어떤 것들이 있을까요?
  - 해야 할 일들을 방해하는 요소에는 어떤 것들이 있나요?
- I can do it
  - 할 수 있다고 스스로에게 응원해 줄 때 어떤 생각이 드나요? 또 나의 기분은 어떤가요?
  - 만약 할 수 없을 것이라고 느껴진다면 가장 큰 이유는 무엇일까요?

- Good job
  - 최근에 내가 가장 잘한 일은 무엇인가요?
  - 과거의 나를 돌아봤을 때 그때 미처 스스로에게 해 주지 못했던 격려의 말이 있다면 어떤 것들이 있을까요?
- Cheer up
  - 힘을 내라고 스스로에게 용기를 줄 때, 나는 어떻게 변화될 수 있을까요?
  - 나에게 힘을 주는 존재는 주변에 누가 있을까요?

Extra Activity

마무리 프로그램으로 함께했던 활동을 기억하고, 다음 회기까지의 과제를 정리하기 위한 활동으로 사용할 수 있습니다.

나만의 상상 폰꾸

✂ 휴대폰의 화면 양쪽 자리한 굵은 실선에 칼집을 내어 끼워 줍니다.

예시)

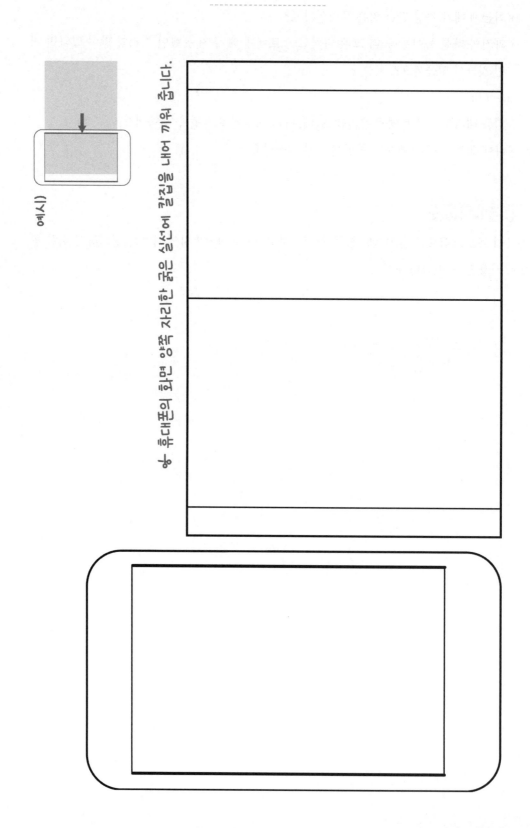

나만의 상상 폰꾸

자신이 가진 욕구와 필요한 것들을 탐색하는 작업에 사용될 수 있습니다.

디렉션

1. 첫 번째 화면에 현재 나에게 필요한, 사용하고 싶은 어플을 그려 주세요. 어플은 실제로 개발가능성이 없어도 되고, 평소에 있었으면 좋겠다고 생각했던 어플도 좋습니다. 예를 들면, 연인의 마음의 크기를 확인하는 어플 '마음을 보여 줘', 주차를 했을 때 주차한 위치를 기억해 주는 '찾았다 마이카' 등이 있을 수 있습니다.
2. 하단 위젯에는 내가 중요하게 생각하는 나의 우선순위들을 그려 주세요. 역시 실제 아이콘이 아닌 '건강' '사랑' '돈' 등과 같은 요소가 될 수 있습니다.
3. 두 번째 화면에는 지금의 내 마음을 날씨로 표현해 주세요. 온도는 몇 도인지, 일교차는 얼마나 나는지, 비가 올지, 흐릴지, 날이 갤지 등을 표현할 수 있습니다.
4. 세 번째 화면을 활용하여 나의 목표와 중요 일정, 디데이를 표현해 주세요.
5. 상단에 배터리를 그려 넣어 나의 에너지의 정도를 표현해 주세요.
6. 추가로 핸드폰에 표현하고 싶은 내용을 자유롭게 꾸며 주세요.

토론 및 질문

- 어떤 어플을 그렸나요? 어플이 나에게 필요하다고 느낀 순간은 언제였나요? 만약 실제로 그 어플을 사용할 수 있는 능력을 가지게 된다면 어떻게 될 것 같나요? 또 그 어플은 나만 쓸 것인가요, 아니면 모두가 함께 썼으면 좋겠나요?
- 나의 우선순위를 이렇게 설정한 이유를 알려 주세요. 과거 나의 우선순위는 어떻게 달랐나요? 또 10년 뒤 나의 우선순위는 어떻게 달라질까요?
- 지금 내 마음의 날씨가 마음에 드나요? 만약 마음에 들지 않는다면 어떤 식으로 변화하기를 원하나요?

- 나에게 현재 중요한 일들은 무엇인가요? 나는 내가 해야 할 일들에 충분히 집중하고 있나요? 만약 그렇지 않다면 방해요소는 무엇인가요?
- 내 에너지 배터리가 가득 충전되기 위해서 나에게 필요한 것은 무엇인가요? 내 에너지 배터리를 빨리 닳게 만드는 요소는 무엇이 있나요?

피자 나누기

피자 나누기

자신의 욕구와 그 종류를 나누어 파악하고 우선순위에 따라 힘을 분배해 보는 작업에 사용할 수 있습니다.

디렉션

사람에게는 욕구가 있습니다. 욕구는 끊임없이 생겨나고 또 상황에 따라 바뀌기도 합니다. 또 사람은 욕구를 충족시키기 위해 무언가를 선택하고 행동하게 됩니다.

1. 최근의 나는 어떤 욕구를 느끼고 있었나요? 나의 욕구를 생각해 보고, 리스트를 작성해 주세요.
2. 인간의 욕구는 크게 생존(안정감), 사랑, 힘(능력과 인정), 재미, 자유 다섯 가지로 나눌 수 있습니다. 리스트 내의 욕구들을 이 욕구의 종류에 따라 구분해 각각의 토핑 위에 글로 적고 어울리는 색을 칠해 꾸며 주세요. 토핑의 개수는 스스로의 필요 정도에 따라 조절할 수 있습니다. 다른 종류의 토핑을 원한다면 별도의 종이에 그려 올려 주세요.
3. 나의 피자는 크기가 한정되어 있습니다. 원하는 만큼 올릴 수 있지만, 한계치 이상 올리면 짜고 맛이 덜할 수 있습니다. 적절한 상태로 배분해 올려 주세요.
4. 나의 피자를 원하는 크기로 나눠 주세요.

토론 및 질문

- 각각의 토핑과 나의 욕구는 어떻게 닮아 있나요?
  - 토핑의 색을 선택한 이유는 무엇일까요?
  - 토핑의 맛은 정해져 있습니다. 이외에 다른 토핑을 선택한다면 어떤 것이 있을까요?
- 도우는 나의 욕구를 담는 그릇입니다. 나의 도우는 어떤 특징을 가지고 있을까요?

- 나의 피자의 이름은 무엇일까요?
- 어떤 맛이 가장 강하게 느껴지고, 어떤 맛이 가장 약할까요?
  - 그러한 우선순위가 정해진 이유는 무엇일까요?
- 이 피자에 무언가를 추가할 수 있다면 무엇을 추가하고 싶나요?
  - 그것을 선택한 이유는 무엇인가요?
  - 나의 삶과 빗대어 봤을 때, 추가한 것과 닮아 있는 내 삶의 요소(욕구)는 무엇일까요?

매직 드라이어

매직 드라이어

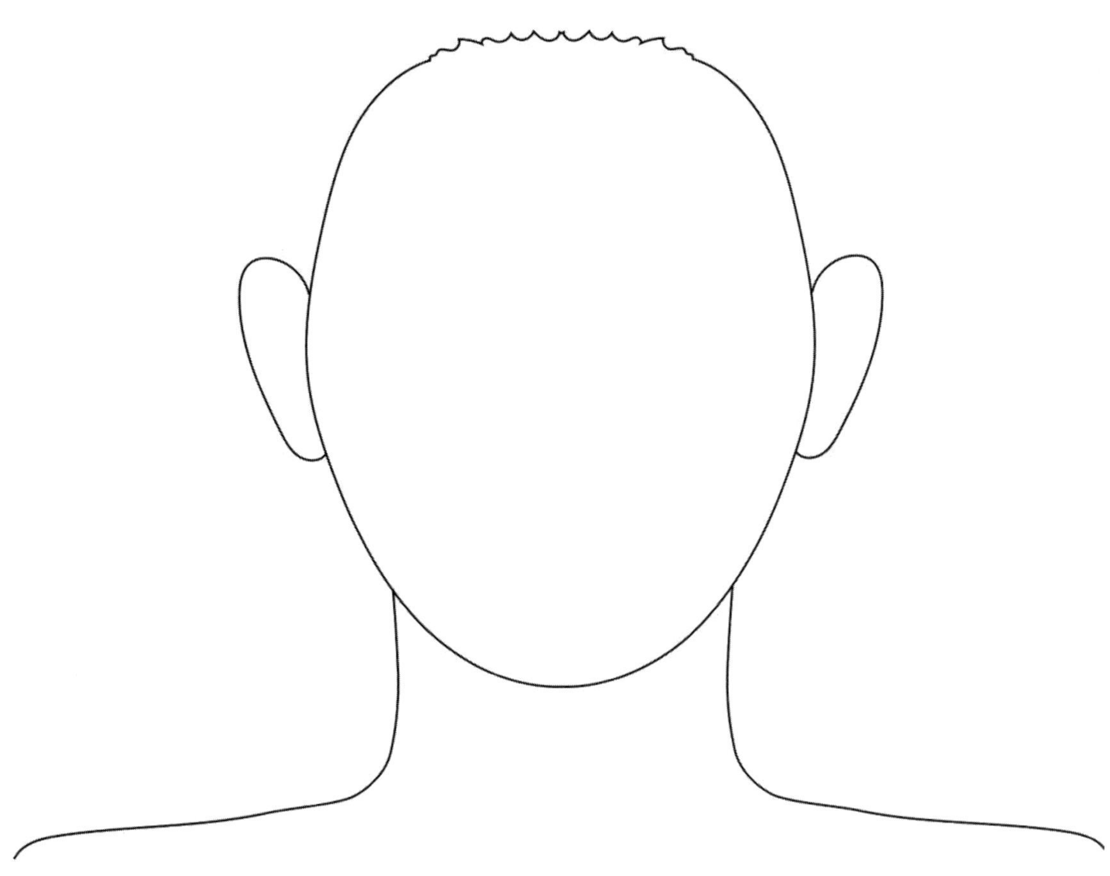

매직 드라이어

예시

매직 드라이어

자신이 가진 불안과 그 감정으로 인해 파생되는 일들에 대해 파악하는 작업에 사용할 수 있습니다.

디렉션

불안은 위협이나 스트레스를 우려하는 마음으로 인해 나타나는 감정으로 누구나 느끼는 정상적인 긴장 상태입니다. 불안해지면 심박동이나 떨림 등의 신체적 반응이 유발되기도 합니다. 불안은 중요한 기능 중 하나이지만, 이를 제대로 파악하고 다스리지 못하면 다른 감정을 파생시키거나 느끼지 않아도 되는 부적절한 상태에서 불안을 느끼는 등 일상생활을 방해할 수도 있습니다. 이를 방지하기 위해서는 내가 가진 불안이 무엇인지, 그 불안은 어디서 오는지, 그리고 그 불안을 어떻게 하면 통제적으로 다룰 수 있는지 알고 있는 것이 중요합니다.

1. 첫 번째 도안 종이 위에 각각 자신이 느끼는 불안을 표현해 주세요. 불안을 느낄 때 신체적 반응이나 불안을 느꼈던 상황을 묘사해도 좋습니다. 표현이 어렵다면 당시의 상황과 감정을 글로 채워도 좋습니다. 회색으로 표시된 부분에는 불안의 이름을 적어 완성합니다.
2. 두 번째 얼굴 도안에 머리카락을 그려 주세요. 머리카락은 불안을 이겨 낸 평온한 상태의 모습으로 표현합니다. 머리카락은 다양한 색으로 표현될 수 있습니다. 오일파스텔이나 파스텔, 물감 등을 사용하여 다채롭고 추상적으로 표현할 수 있습니다.
3. 세 번째 도안인 매직 드라이어를 꾸며 주세요. 매직 드라이어는 나의 불안을 날려 줄 수 있는 도구 입니다. 전원을 켜기 위해서는 어떤 주문이 필요한지, 몇 개의 단계로 나누어져 있는지 드라이어와 버튼 위에 적고, 내가 가진 자원들을 표현하고 색을 칠해 꾸며 주세요.
4. 1번 작업을 자신의 드라이어로 동그랗게 말아 붙여 주세요. 연필이나 펜 등을 이용해 어느 정도 만 다음에 투명테이프를 이용해 붙여 주세요. 2번의 얼굴 도안 머리카락 위에 핀처럼 부착한 후 완성합니다. 표정을 그리는 것은 자유입니다. 얼굴 도안에 눈코입이 반드시 있을 필요는 없습니다.

토론 및 질문

- 말려진 불안은 어떤 것들인가요? 불안을 소개해 주세요.
  - 그 불안을 말리기 위해 필요했던 나의 자원은 무엇인가요? 그 자원은 그 외에 어떤 역할을 할 수 있나요?
  - 어떤 주문을 외워 전원을 켰나요? 나의 불안을 잠재우기 위해 필요한 자기대화를 알려 주세요.
- 불안은 나를 움직이게 하는 동기입니다. 잘 말려진 불안은 나에게 어떤 영향을 미칠까요?
  - 불안을 느끼게 된 계기는 무엇인가요? 언제부터 나와 함께 있었나요?
  - 그 불안이 더 이상 나에게 부정적 영향을 미치지 않게 된다면, 나는 이제 이 불안을 어떻게 자원으로 활용할 수 있을까요?

Tip

첫 번째 불안 쪽지 도안을 자른 후 회색이 칠해진 부분 뒷면에 테이프를 이용해 고정합니다. 원활하게 말리기 위해 두께가 얇은 일반 A4 용지를 사용하시는 것이 좋습니다. 세 번째 드라이기 도안은 프린트 후 우드락이나 하드보드지(혹은 두꺼운 도화지) 위에 붙여 잘라 내는 것을 추천합니다.

색안경

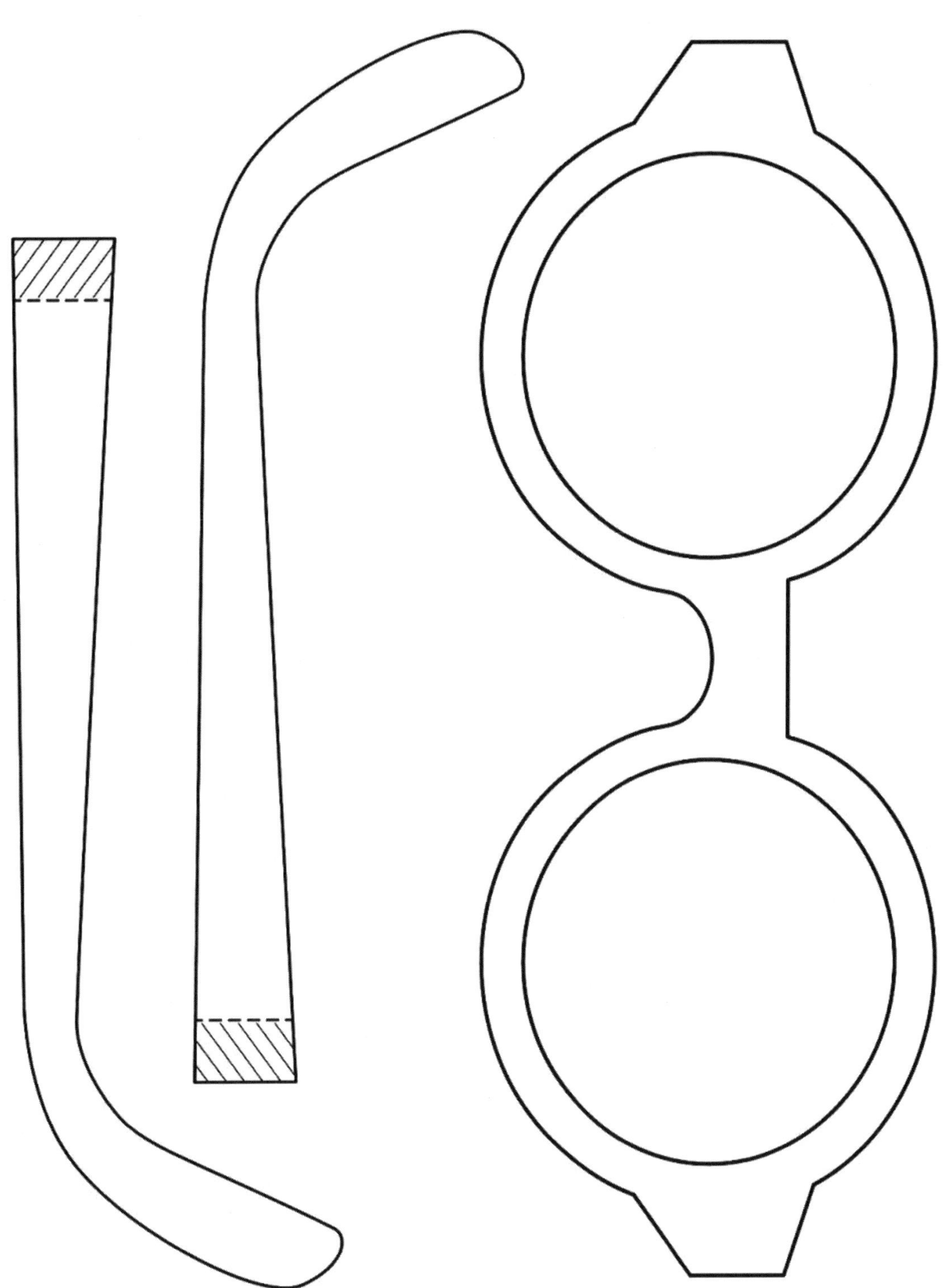

색안경

자신이 가진 편견이나 인지 왜곡을 알아보는 활동에 사용할 수 있습니다.

디렉션

색안경은 색깔이 있는 렌즈를 낀 안경입니다. 이런 색안경을 쓰면 세상이 어떻게 보이나요? 색안경은 나의 주관이나 선입견에 얽매여서 좋지 아니하게 보는 태도를 비유적으로 이르는 말을 뜻하고 있습니다. 색안경을 끼고 세상을 바라본다면 생각이 왜곡되어서 보여지거나 느껴지는 경험을 매체를 통해 할 수 있습니다.

1. 내가 가진 편견, 혹은 그릇되거나 왜곡된 생각을 떠올려 주세요. 떠올리기 어렵다면 내가 싫어하거나 불편한 것을 떠올려 보면 쉽게 찾을 수도 있습니다.
2. 나를 불편하게 하는 것을 왼쪽 안경알에 그려 주세요.
3. 오른쪽 안경알에는 나를 불편하게 하는 생각을 다른 시각으로 본다면 어떻게 보여질 수 있을지 생각해 본 후 표현해 주세요. 다르게 생각하려 해도 여전히 불편할 수 있습니다. 그러나 조금 더 의도적으로 바꾸어 생각하고 표현하도록 노력해 주세요.
4. 왼쪽 안경테에는 내가 가진 인지 왜곡을, 오른쪽 안경테에는 내가 사용할 수 있는 새로운 시각에 대해서 문장으로 적어 주세요.

* **비합리적 신념**: 인지행동치료에 등장하는 심리학 용어로, 일상생활에서 겪는 구체적인 사건들에 대해 합리적이지 못한 방식으로 받아들여서 자기 패배적인 결과를 가지고 오는 신념. 선행사건(A)과 같다고 하더라도 행동이나 감정과 같은 결과(C)가 다른 것은 각 개인이 가지고 있는 신념(B)이 다르기 때문임

* **인지 왜곡**: 주변의 상황이나 사건에 대해 그릇된 가정이나 현실을 잘못 인식하게 하는 체계적인 인지적 오류. 신념(B)의 위치에 해당. 인간은 어떤 양육을 받았는지 또는 어떤 사회에서 자랐는지에 상관없이 왜곡된 사고를 갖게 되는데, 특히 어린 시절에 부모의 양육 태도에 따라 획득된 비논리적인 학습 영향이 큼(예: 흑백논리, 성급한 일반화, 독심술)

토론 및 질문

- 색안경을 끼고 세상/타인을 바라보았던 경험을 공유해 주세요. 또 여전히 사용하고 있는 색안경도 설명해 주세요. 만약 색안경을 벗는 데 성공한 경험이 있다면 그 과정도 공유해 주세요.
- 다른 사람이 나를 색안경을 끼고 바라보았던 경험이 있다면 공유해 주세요.
  - 그때 나의 감정과 생각은 어땠나요?
- 내가 가지고 있던 편견과 비합리적 신념이 건강한 신념으로 대체된다면 나의 삶에 어떤 변화가 생길까요? 또 나에게는 어떤 가능성이 보일까요?
- 인지 왜곡임을 알면서도 바꾸고 싶지 않은 부분에는 어떤 것이 있을까요?
- 나는 어떤 삶을 살고 싶고 그 삶을 살게 된다면 구체적으로 다른 사람들로부터 어떤 평가를 받길 기대하나요?

Extra Activity

- 새로운 시각으로 바라보기 위해 어떤 렌즈를 활용하면 좋을까요? 집단으로 활용할 경우에 서로 새로운 렌즈의 내용을 추천해 주어도 좋습니다.
  - 새로운 시각으로 지금 내가 가지고 있는 편견을 바라보게 된다면 어떤 변화가 있을까요?
  - 내가 변화해야 함을 알고 있음에도 지금까지 그 생각이 변화되지 않은 이유는 무엇일까요?

나에게 주고 싶은 꽃, 너에게 주고 싶은 꽃

나에게 주고 싶은 꽃, 너에게 주고 싶은 꽃

스스로, 또는 서로에게 하는 칭찬을 통해 긍정적 자원을 찾는 작업에 사용할 수 있습니다.

디렉션

1. 오늘 나의 감정을 담은 색을 정해 주세요. 색연필 또는 수성 마커로 감정 색을 꽃과 나뭇잎에 칠해 주세요. 난화처럼 다양한 색을 써도 좋고, 꽃의 구간을 정해서 서로 다른 색깔을 칠해도 좋습니다.
2. 나에게 해 줄 칭찬을 유성 사인펜 또는 네임펜으로 꽃잎에 나열하며 써 주세요. 남에게 들었던 칭찬, 내가 듣고 싶었던 칭찬, 사소하지만 나에게 중요하게 와닿은 칭찬 등 다양한 칭찬을 적어 주세요. 기억이 잘 나지 않거나 생각이 잘 나지 않더라도 최선을 다해서 끄집어내는 작업이 중요합니다. 집단으로 작업할 경우, 다른 집단원들에게 서로 칭찬해 주고 싶은 부분에 대해 질문을 하면서 작업하는 것도 좋은 방법입니다.
3. 가위로 꽃의 가장자리부터 가운데까지 실선을 따라 모두 잘라 주세요. 먼저 가운데 부분에 꼬치나 이쑤시개, 혹은 얇은 나무젓가락을 넣고 꽃잎의 가운데 부분부터 말아 주세요. 그다음에는 가운데를 지지하던 막대기를 빼고 테이프로 고정해 주세요. 나뭇잎도 같이 붙여 주세요.
4. 상담자와 내담자가 서로 꽃을 주고받을 수 있습니다.
5. A4 크기의 도화지를 준비한 뒤 오일파스텔로 꽃이 배치될 공간을 칠합니다. 칭찬을 받았을 때 나의 감정과 기분을 자유롭게 표현해 주세요. 예를 들어, 하늘로 날아갈 것 같은 느낌이라면 하늘색으로 칠한 뒤 구름을 오일파스텔로 그릴 수 있습니다.

토론 및 질문

- 칭찬을 받았을 때의 느낌 또는 감정을 세 개의 단어로 설명해 주세요.
- 스스로에게 평소 칭찬을 자주 하는 편인가요? 하지 않는다면 무엇이 내가 칭찬을 하지 못하도록 방해하고 있을까요?
- 타인에게 평소 칭찬을 자주 하는 편인가요? 기억이 나는 칭찬을 공유해 주세요.
- 최근 누구에게 어떤 칭찬을 해 주었나요? 칭찬은 다른 사람에게 어떤 영향을 줄 수 있을까요?
- 살면서 가장 기억에 남는 칭찬은 무엇이었나요? 그 칭찬은 나에게 어떤 영향을 미쳤나요?
- 어릴 적 부모님으로부터 칭찬을 자주 받았나요? 자라면서는 어떠했나요?
- 내가 동의하지 않는 부분에 대해 칭찬받은 경험이 있나요? 그때 어떤 기분이 들었고, 어떤 생각이 떠올랐나요?
- 상담자(혹은 집단 참여자)들로부터 칭찬을 받았을 때 어떤 느낌이 들었나요?

Extra Activity

- 집단 작업의 경우, 크기가 작은 꽃을 인쇄하여 집단원들이 서로 칭찬을 적고 색칠해서 3번과 같은 방식으로 진행한 후에 서로에게 꽃을 선물할 수 있습니다.
- 집단 작업의 경우, 5번에서 하나의 도화지에 여러 가지 꽃을 함께 붙일 수 있습니다. 나의 꽃 주위로 다른 집단원의 칭찬 꽃도 배치해 줍니다.

이것들은 나에게

상처가 돼요...

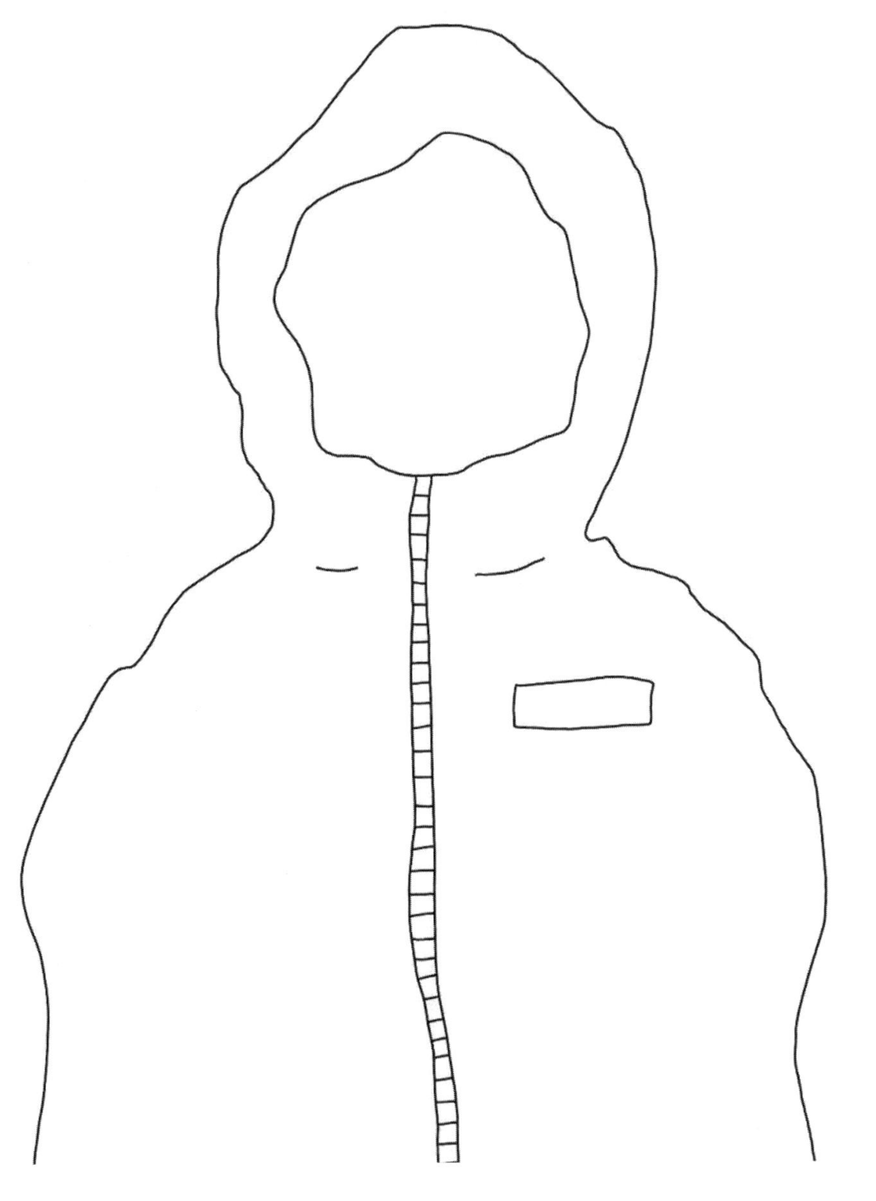

상처가 나면 아물 일만 남는다

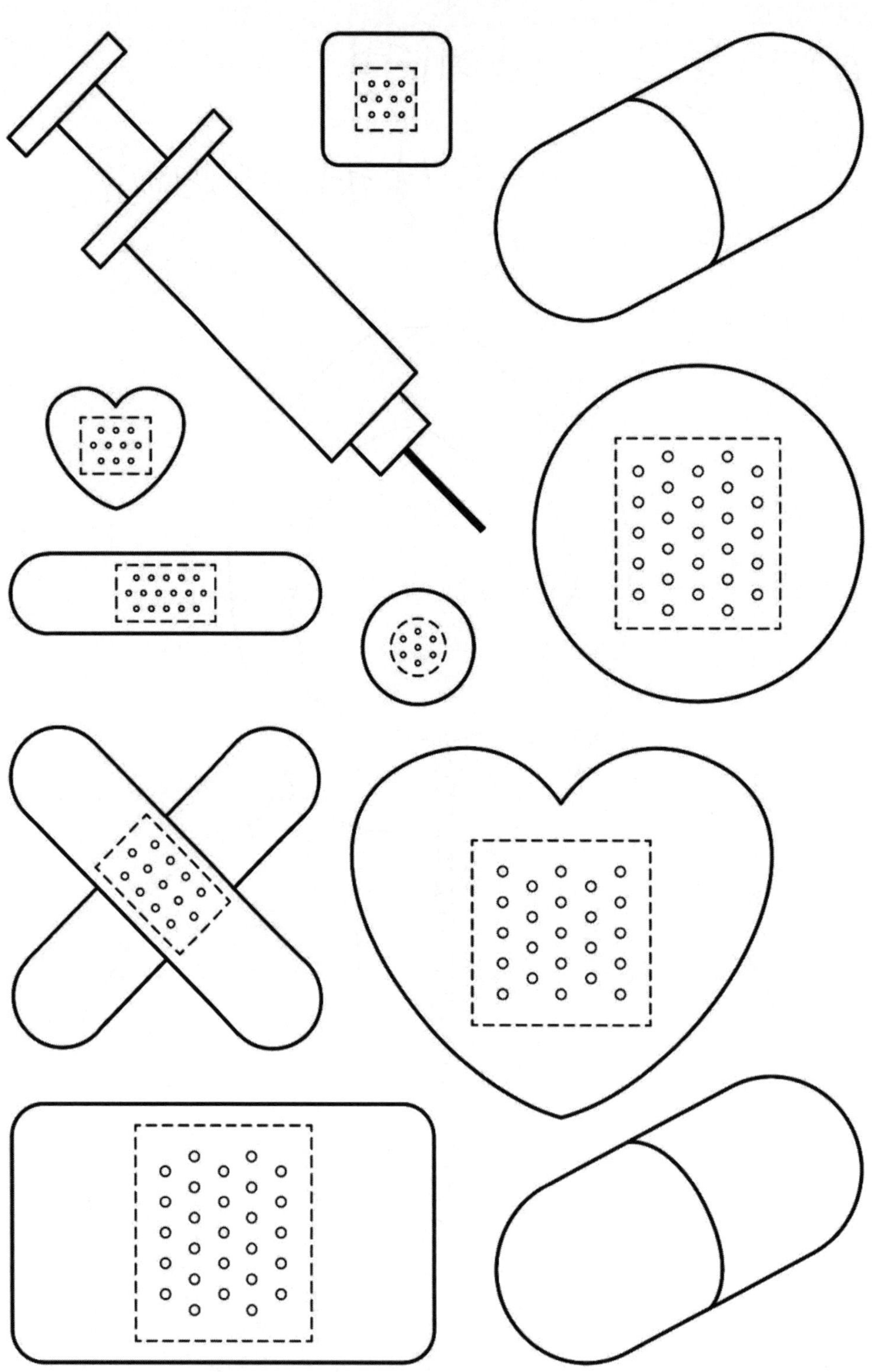

상처가 나면 아물 일만 남는다

자신이 겪고 있는 주변의 환경적 문제를 돌아보고, 그 어려움으로부터 자신의 대처방법에 대해서 알아보는 작업에 사용할 수 있습니다.

디렉션

인간은 사회적 동물이기 때문에 타인에 의해서 감정적, 행동적 영향을 받습니다. 그 타인은 가족이 될 수도 있고 회사 동료나 친구가 될 수도 있습니다. 다른 사람으로부터 어떤 영향을 받았을 때 긍정적인 감정이 들 수도 있지반, 때로는 불편한 감정이 들기도 합니다. 하지만 기억해 주세요. 불이 나면 꺼질 일만 남고, 상처가 나면 아물 일만 남는다는 것을요.

1. 불편한 감정이 들었을 때 내가 어떻게 행동했는지 눈을 감고 떠올려 주세요.
2. 〈이것들은 나에게 상처가 돼요〉 도안에 내가 가지고 있던 불편함들을 그려 주세요. 나의 표정을 그려 보고 나를 괴롭히는 말과 행동들, 그 외 비언어적 표현, 나에게 상처가 되는 말들을 써 보고 나에게 어떤 느낌과 감정을 주는지 색이나 패턴, 어떤 이미지, 그리고 단어로 표현해 주세요.
3. 위치와 거리도 설정하여 나에게 얼마나 가까운 영향을 주고 어느 정도의 심각성을 가지고 있는지도 표현해 주세요.
4. 불편함과 상처에 대처할 수 있는 나만의 해결방식, 대처방법을 밴드 도안에 그리고 색깔을 칠해 준 뒤 상처가 되는 말 위에 붙입니다. 이때, 해결방식에 포함될 수 있는 자아방어기제에 대한 설명을 함께 할 수 있습니다.

〈자기방어기제의 종류〉

억압	용납할 수 없는 충동, 감정, 소원, 환상, 기억 등이 의식화되지 못하도록 무의식 깊은 곳으로 추방하는 능동적 과정 (예: 숙제하기 싫은 초등학생이 무의식 중 알림장을 함부로 들고 다니다 잃어버리기)
저항	너무나 괴롭고 불안한, 억압된 자료들이 의식계로 떠오르는 것을 막는 것 (예: 상담 상황에서 상담자가 억압된 자료와 관련된 질문을 하면 그건 별로 중요하지 않다고 하거나, 갑자기 상담자에 대한 불만을 터뜨림)
부정	의식화하기 불쾌한 생각, 욕구, 충동, 현실을 무의식적으로 부정함으로써 불안으로부터 자신을 보호하는 것 (예: 죽은 남편이 어디 잠시 가 있다고 믿는 것)
퇴행	심한 스트레스나 좌절을 당했을 때 현재의 발달단계보다 더 이전의 발달단계로 후퇴하는 것 (예: 사랑을 독차지하던 맏이가 동생이 태어난 후 사랑을 빼앗기게 되었을 때, 어머니의 관심을 끌기 위해 어린 동생처럼 대소변을 못 가리는 행동을 하는 것)
합리화	자신의 언행 속에 숨어 있는 용납하기 어려운 충동이나 욕구를 사회적으로 그럴듯한 설명이나 이유로 설명하는 것. 설명이나 이유는 합리적 · 이성적 자아가 받아들일 수 있는 내용 〈합리화의 하위유형〉 여우의 신포도형: 어떤 목표를 위해서 노력했으나 실패했을 때 자아를 보호하기 위하여 원래 그렇게 원하지 않았다고 하는 것 (예: 소개팅에 나온 상대방이 마음에 들었지만 상대로부터 거절당했을 때 처음부터 마음에 들지 않았다고 말하는 것) 달콤한 레몬형: 자기가 현재 가지고 있는 것이 진정 자신이 가장 원했던 것이라고 믿음 (예: 친구가 사 준 선물이 마음에 들지 않지만 가장 필요한 것이라고 생각하는 것) 투사형: 자신의 실수나 책임을 다른 사람에게 전가함 (예: 엄마가 미역국을 끓여 줘서 시험에서 떨어졌다고 생각하는 것) 망상형: 원하는 일이 마음대로 되지 않을 때 자신의 능력에 대해 허구적 신념을 가짐으로써 실패의 원인을 합리화함 (예: 능력 부족으로 면접에서 떨어졌지만 그 회사는 나의 가치를 모르는 것이라 생각하는 것)
투사	자신의 용납할 수 없는 열등감 충동, 생각, 행동을 다른 사람 역시 이러한 충동, 생각, 행동을 느끼거나 행한다고 믿는 것. 남 탓하기도 여기에 포함됨. (예: 남자들에게 자신의 성적 감정을 인정하고 싶지 않은 여성이 모든 남자가 자신에게 성적 매력을 갖는다고 느끼는 것)
반동형성	억압된 무의식적 충동과 반대되는 행동이나 태도를 보이는 것 (예: 남편에 대한 분노를 남편의 건강에 대한 지나친 염려로, 미운 자식 떡 하나 더 줌)
전치	1. 원초아의 부적절한 충동을 덜 위험한 대상에게 옮기거나 덜 위험한 방법으로 표현하는 것 (displacement) (예: 엉뚱한 데 전달하고 치움(화풀이), 야단 맞고 강아지 걷어차기, 무의식적 공격성을 블랙 유머로 표현하기, 무의식적 죄책감으로 강박적인 손 씻기)

	2. 받아들여질 수 없는 충동, 또는 충동의 대상을 치환하는 것인데 특히 목적을 이루지 못하는 데에서 오는 좌절감을 최소화하기 위해 원래의 것과 비슷한 것을 가지는 것으로 대리 만족하는 것(substitution) (예: 아버지를 사랑하는 딸이 아버지를 닮은 사람과 결혼하기, 꿩 대신 닭)
주지화	1. 과거의 고통스러운 기억과 연관된 감정을 의식에서 떼어 내는 것 (예: 부모님의 이혼에 대하여 이야기할 때 무덤덤하게 이야기하기) 2. 감정과 충동을 억제하기 위하여 직접 경험하는 대신 그것에 대한 생각을 많이 하거나 이야기를 늘어놓는 것 (예: 마음에 드는 이성에게 접근하기 어려운 소극적이고 매력 없는 남학생이 사랑이란 무엇인가의 토론을 벌이기)
신체화	심리적 갈등이 신체 증상으로 표출 (예: 시험공부를 못한 사람이 시험지를 받아 들면 눈앞이 깜깜해지는 경우)
승화	용납할 수 없는 소원들을 사회적으로 바람직한 행동으로 표출하는 성숙한 방어 (예: 창조적 예술 작품, 경쟁적인 운동은 성적 또는 공격적인 본능의 승화로 여겨짐)
동일시	불안을 없애기 위해서 오히려 불안의 원인이 되는 사람과 똑같이 되려는 것 (예: 오이디푸스적 갈등을 겪는 유아가 아버지와 동일시하는 것)

5. 밴드를 붙인 후 〈이것들은 나에게 상처가 돼요〉에서 상처라는 단어를 다른 단어로 바꿔보고 나의 표정도 접착메모지에 새로 그려 주세요(예: 이것들은 나에게 위로가 돼).

토론 및 질문

- 나에게 상처가 되는 것들에는 무엇이 있는지 설명해 주세요.
  - 다른 사람에게는 그다지 상처라고 느껴지지 않을 요소 중 나에게 특히 크게 다가온 상처가 있다면 무엇일까요?
  - 이 상처는 현재 진행형인가요, 아니면 과거의 일인가요? 내가 여전히 아물지 못하고 아픔을 느끼고 있다면 그 이유는 무엇일까요? 무엇이 나의 회복을 가로막을까요?
- 밴드 도안에 적은 내용을 설명해 주세요.
  - 나는 어떻게 나만의 대처법을 더 잘 활용할 수 있을까요?
  - 이 대처법을 쓸 경우 어떤 일들이 벌어질까요?
  - 지금까지 이 대처법을 사용해 본 적이 있었나요? 있다면 나에게 어떤 결과를 보여 주었나요? 없다면 어떤 이유로 사용하지 않았나요?

- 나에게 가장 힘이 되는 것들은 무엇일까요?
- 다른 참여자들에게 또 다른 대처 방안은 무엇이 있을지 질문해 주세요.
- 나는 평소에 나에 대한 다른 사람의 평가나 의견을 들을 때 어떤 감정을 느끼나요?
- 내가 더 나 다울 수 있는 것들에는 무엇이 있을까요?
- 앞으로 기대하는 나의 모습은 어떤 모습인가요?

이 작업의 경우에 불편한 감정이 들 수 있습니다. 그러나 내가 가진 불편함에 대해서 알아보고 생각하는 것은 이에 대한 내가 할 수 있는 대처법에 대해 생각할 수 있는 중요한 작업입니다.

드라이브 마이 카

드라이브 마이 카

드라이브 마이 카

반복되는 일과에 지친 직장인, 학업 스트레스를 받는 학생 등 현실에서 지친 사람들이 지금 자신에게 필요로 하는 것들을 들여다보고, 스스로를 위한 실천사항을 찾기 위해 사용할 수 있습니다.

디렉션

그림 속 인물은 자동차를 운전하고 있습니다. 목적지는 어디일까요? 어떤 말이나 생각을 하고 있을까요?

1. 세 개의 자동차 도안 중 하나를 선택해서 자른 후 별도의 도화지에 붙여 주세요. 그리고 그림 속 인물은 누구일지, 성별은 무엇이고, 어떤 일을 하는 사람일지 상상해 주세요.
2. 자동차의 색이나 패턴, 그리고 인물이 입은 옷과 표정 등을 자유롭게 표현해 주세요.
3. 그림 속 인물이 하는 말이나 생각을 말풍선, 생각풍선 등에 적어서 주변에 잘라 붙여 주세요.
4. 이외에도 대상 주변에 배경이나 환경을 생각하며 사물, 동물, 날씨 등 표현해 주세요.

토론 및 질문

대상에 대한 내용을 그리고, 색칠하고, 꾸며 주는 작업을 마친 뒤에 그 대상은 누구와 닮아 있는지(나, 나의 가족, 주변 사람, 친구, 연인 등) 그렇게 생각한 이유와 대상에 표현된 내용에 대해 구체적인 질문을 통해서 그림에 대해 이야기해 볼 수 있습니다.

- 자동차가 있는 상황에 대해 표현해 주세요.
  - 자동차는 어디를 향해 가고 있을까요? 혹은 어느 방향으로 가고 있을까요?
  - 자동차가 있는 장소나 환경은 어디일까요?

- 자동차는 어디서부터 왔을까요?
- 자동차의 최종 목적지는 어디일까요?
- 자동차의 색은 어떤 색인가요? 이 색은 나에게 어떤 감정을 연상시키나요?

● 자동차를 운전하는 인물에 대해 설명해 주세요.

- 자동차를 운전하는 사람은 누구일까요?
- 인물은 어떤 고민이 있을까요?
- 인물이 요즘 가장 관심 있는 것은 무엇일까요?
- 옆자리에 동승자가 있다면 누구일까요?

● 말풍선과 글상자를 이용하여 부가적인 설명을 해 줄 수 있습니다.

- 어떤 생각을 하고 있을까요? 이 생각은 이 사람에게 어떤 영향을 미칠까요?
- 혼자 타고 있다면 어떤 말이든 할 수 있습니다. 이 사람은 아무도 듣지 않는 상황에서 어떤 말을 할까요?

Extra Activity

집단 작업의 경우, 전지와 같은 넓은 종이를 사용하여 마을이나 도로를 꾸며 줄 수 있습니다. 각자 꾸민 내용들을 이어 붙여서 더 확장된 작업을 진행할 수 있습니다.

행복 돌림판

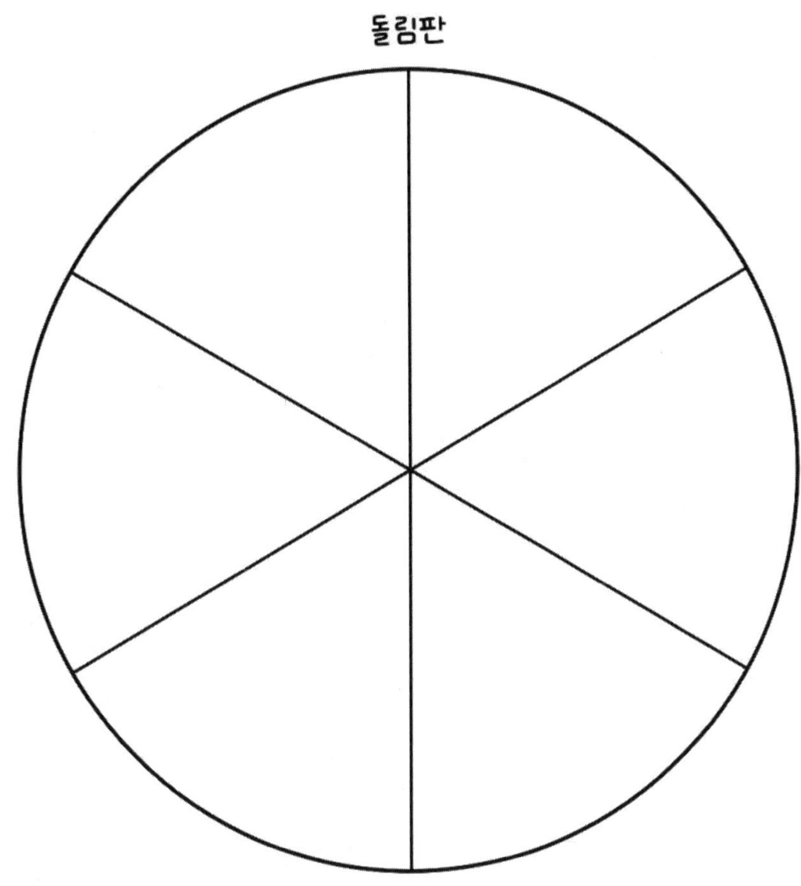

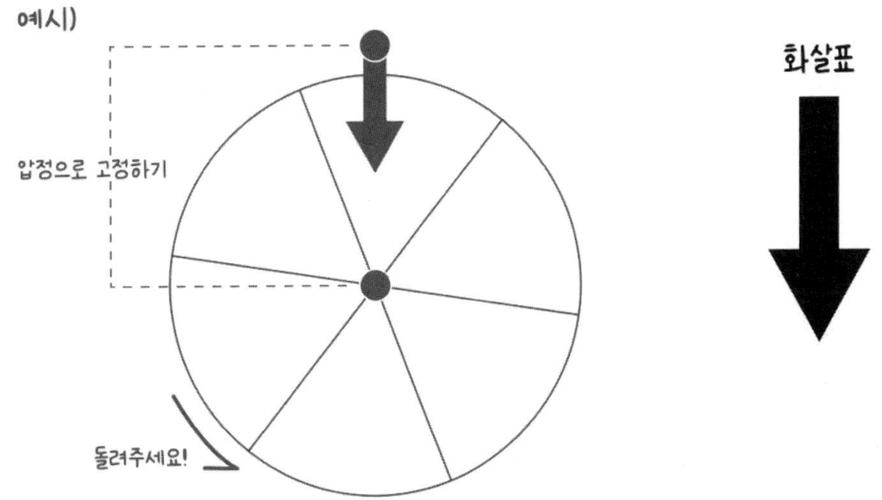

행복 돌림판

자신을 행복하게 만드는 소소한 것들을 찾아보고, 스스로를 위해 긍정 감정을 강화하기 위한 활동에 사용할 수 있습니다.

디렉션

1. 나의 기분을 좋게 만드는 행동을 생각해 주세요. 소소한 것들이라도 괜찮아요. 떠올리는 것이 어렵다면 예시를 참고해 볼 수 있습니다(산책하기, 책 읽기, 친구 만나기, 목욕, 바다 보며 멍 때리기, 조용한 카페에서 커피 마시기 등). 1주일이라는 짧은 시간 안에 할 수 있는 것들을 선택해 주세요. 예를 들면, 취업 준비생이 '원하는 회사에 취업하기'와 같은 요소를 선택하거나 다이어트 중인 사람이 '10kg 감량한 내 모습'과 같은 요소를 선택할 수는 없습니다.
2. 일상을 즐겁게 만들어 주는 작은 행복들을 떠올렸다면 돌림판의 칸에 하나씩 적습니다. 글씨로 적거나 아이콘처럼 그려 상징화 작업을 할 수 있습니다.
3. 각각의 칸에 적어 넣었다면 그 활동을 할 때 느껴지는 감정들을 생각하면서 각 칸을 자유롭게 표현해 주세요. 모두 그렸다면 해당 요소를 떠올릴 때 느껴지는 감정을 색으로 칠해 주세요. 해당 칸이 가득 차도록 칠해 주세요.
4. 돌림판이 완성되었네요! 준비된 화살표와 함께 종이에 고정시킨 후, 돌림판을 돌립니다. 돌림판은 뒤에 우드락이나 두께감 있는 종이에 부착 후 고정시키면 보다 원활하게 돌아갑니다.
5. 멈춘 칸의 활동은 이번 주에 꼭 하기로 약속해 주세요.

토론 및 질문

- 6개의 돌림판 요소들
  - 그 활동(행동)을 좋아하는 이유는 무엇인가요? 언제부터 나는 그 활동을 좋아했나요?

- 그 활동(행동)과 관련된 추억이나 좋은 기억을 생각해 보고, 구체적으로 이야기해 주세요.
- 그 활동(행동)을 함께하고 싶은 사람이 있다면 누구인가요?

● 돌림판 활동 후

- 나의 일상에 존재하는 작은 행복을 찾아보는 활동을 했습니다. 나의 기분을 좋게 만드는 경험, 행동을 찾아보면서 어떤 감정을 느꼈나요?
- 각 활동(행동)을 당장 실천할 수 없다면 그 이유는 무엇이 있을까요?
- 다음 주까지 실천할 수 있도록 구체적인 계획을 작성해 보겠습니다. 언제 실천해 볼까요?

해냈다!

해냈다!

사소하지만 해낸 것들을 찾아보며, 성취감을 느끼고 스스로를 칭찬할 수 있습니다.

디렉션

1. 최근에 내가 해낸 것들은 어떤 것이 있을까요? 생각해 보고 공유해 주세요.
2. 오려진 별에는 내가 해낸 것들을 적어 주세요. 사소한 것이라도 괜찮습니다. 생각이 잘 나지 않는다면, 연상할 수 있는 예시를 설명해 줄 수 있습니다(예: 일찍 잠에 들기, 방 청소하기 등). 별 도안을 원하는 색으로 칠해 주세요. 별이니까 꼭 노란색으로 칠해야 한다는 고정관념은 버려도 됩니다. 어떤 색이든 가능합니다.
3. 해낸 것들을 적은 별을 '나' 도안에 붙여 주세요.
4. 이 일들을 해낸 나는 어떤 감정인가요? 그 감정을 생각하면서 '나' 도안의 가운데에 있는 하트를 색으로 채워 주세요.
5. 별과 '나'를 자유롭게 그림으로 표현해 주세요.
6. 해낸 '나'를 어떤 말로 칭찬해 줄 수 있을까요? 칭찬의 한마디를 직접 말해 주세요.

토론 및 질문

- 어렸을 때에는 웃기만 해도, 걷기만 해도, 밥을 잘 먹기만 해도 칭찬도 받고 성취감도 있었습니다. 그러나 지금은 훨씬 더 어려운 일을 해도 해냈다는 느낌을 덜 받습니다. 내가 나 스스로 자주 성취감을 느끼기 위해 할 수 있는 일에는 무엇이 있을까요?
- 나에게 예정된 일 중 '해냈다'는 감정을 느낄 것으로 예상되는 일에는 무엇이 있나요? 그때 더 큰 성취감을 느끼기 위해서 나는 무엇을 할 수 있을까요?
- 내가 해낸 일 중에서, 스스로 별다른 칭찬도 없이 그냥 넘어간 일들을 떠올려 보겠습니다. 더 자주 해냈음을 알아차려 주는 것은 나에게 어떤 영향을 미칠까요?

소망 불꽃

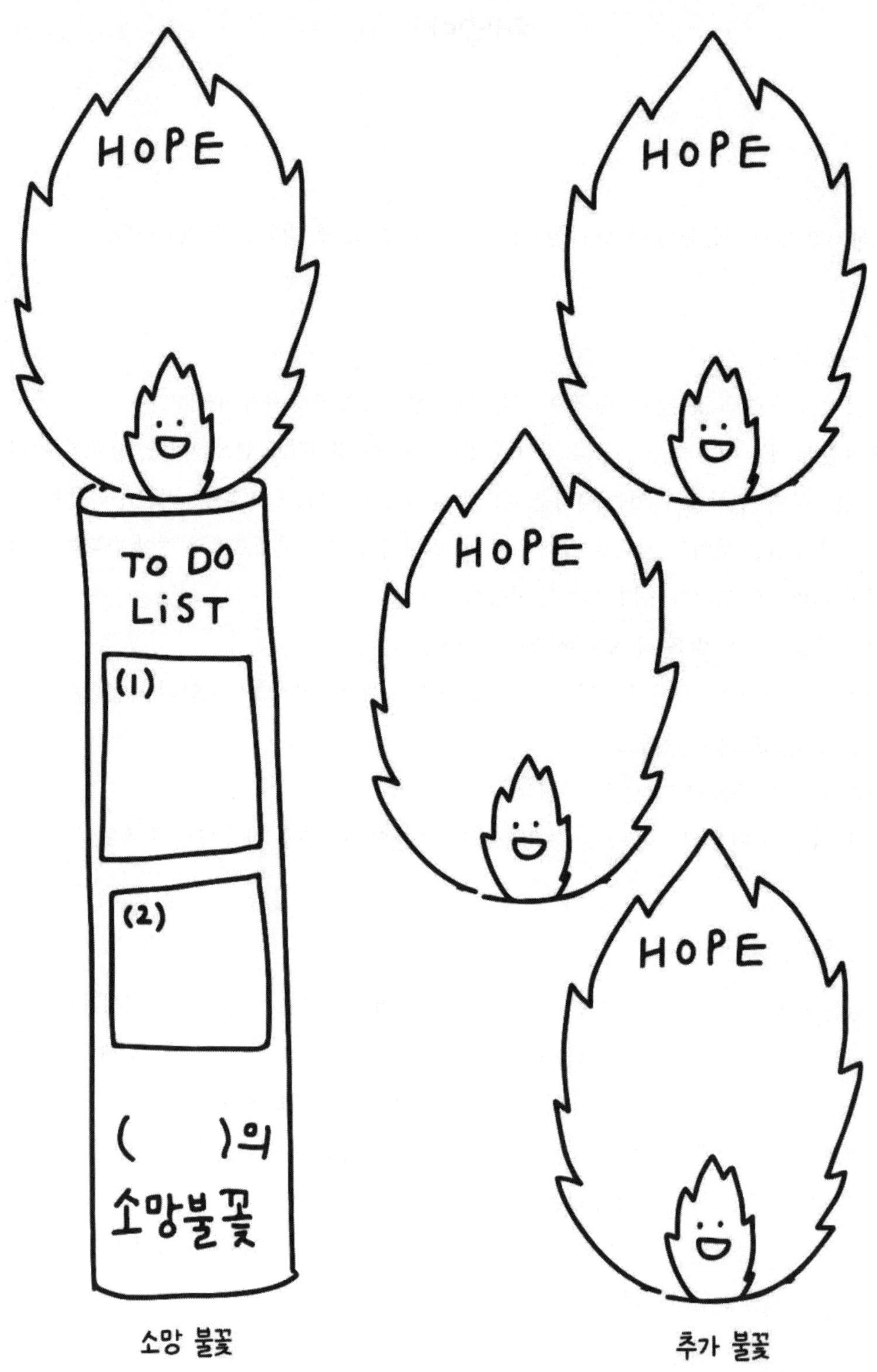

소망 불꽃

추가 불꽃

소망 불꽃

마음속 소망을 꺼내 보고, 구체적인 실천 방안을 생각해 볼 수 있습니다.

디렉션

1. 내가 이루고 싶은 일들에 대해서 떠올려 주세요. 단기적인 소망도 좋고, 장기적인 소망도 좋습니다. 나의 노력에 의해 도달할 수 있는 소망도 있고, 또 누군가의 도움이나 행운이 함께해야 도달할 수 있는 소망도 있습니다.
2. Hope 불꽃 도안에 소망들을 자유롭게 그려 주세요. 소망이 여러 개라면 추가 도안을 이용하여 여러 개의 불꽃을 만들어 이어 붙입니다. 소망을 적을 수도 있고, 이미지로 표현할 수도 있습니다. 그리고 불꽃 도안을 색으로 가득 채워 주세요. 불꽃이라고 하여 반드시 노란색부터 붉은색에 이르는 색만을 사용하여 색칠할 필요는 없습니다. 다양한 색을 사용할 수 있습니다.
3. 양초는 몸을 태워서 불꽃을 만들어 냅니다. 소망 불꽃을 피우기 위해서 나는 어떤 노력들을 할 수 있을까요? 양초의 몸통에 있는 To do list에 적습니다.
4. 양초의 몸을 자유롭게 표현해 주세요.

토론 및 질문

- 내가 이루고 싶은 것, 즉 나의 소망에 대해서 설명해 주세요.
  - 그 소망의 어떤 점이 나에게 매력적으로 느껴졌나요?
  - 나는 그 소망을 언제부터 원했나요?
- 그 소망을 이루기 위해서 해야 할 일은 무엇이 있을지 설명해 주세요.
  - 그 소망을 이루기 위해서 내게 필요한 것은 무엇일까요?
  - 나는 소망을 위해 어떤 노력을 했나요? 지금까지 필요한 행동을 하지 못했던 이유는 무엇인가요?

  - 아주 빠른 시일 내에 행동으로 옮길 수 있는 것들은 무엇이 있을까요?
- 소망을 이루는 과정에 외부의 방해 요소가 있나요? 있다면 어떻게 극복할 수 있을까요?
- 소망을 이룬 나의 모습을 상상해 보고, 눈앞에 보이듯이 최대한 구체적으로 설명해 주세요. 어떤 기분이 드나요?

페르소나 팔찌

HOME

가정에서의 페르소나

WORK

직장에서의 페르소나

SCHOOL

학교에서의 페르소나

FRIENDS

친구 관계에서의 페르소나

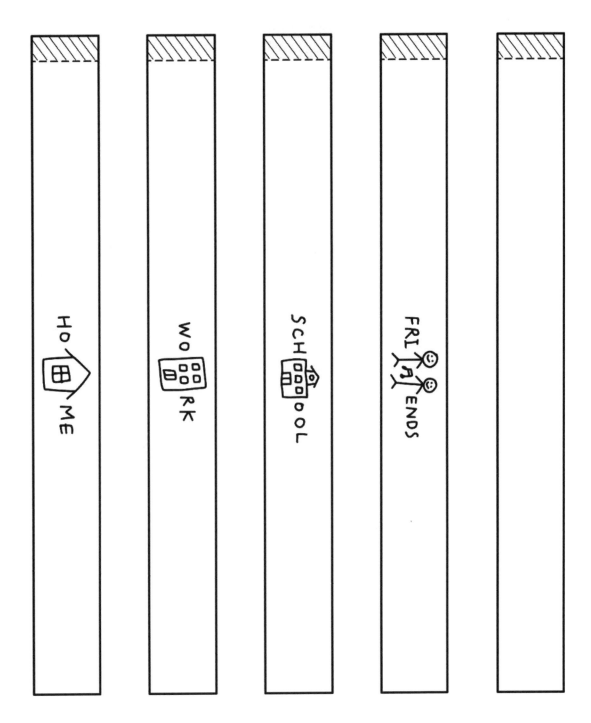

여분의 페르소나 팔찌

페르소나 팔찌

여러 가지 상황, 관계에서 사용하는 페르소나를 탐색하기 위해 사용될 수 있습니다.

디렉션

다음의 페르소나 중 나에게 해당하는 페르소나를 선택하고, 추가적으로 하나의 페르소나를 더 선택해서 완성해 주세요.

1. 가정: 집에서 나는 어떤 페르소나를 가지고 있나요? 그 가면을 쓸 때 어떤 감정인지 팔찌에 그려 주세요.
2. 직장: 직장에서 나는 어떤 페르소나를 가지고 있나요? 그 가면을 쓸 때 어떤 감정인지 팔찌에 그려 주세요.
3. 학교: 학교에서 나는 어떤 페르소나를 가지고 있나요? 그 가면을 쓸 때 어떤 감정인지 팔찌에 그려 주세요.
4. 친구 관계: 친구들과의 만남에서 나는 어떤 페르소나를 가지고 있나요? 그 가면을 쓸 때 어떤 감정인지 팔찌에 그려 주세요.
5. 일상에서 다른 페르소나가 또 있다면 생각해 보고, 여분의 팔찌를 이용해도 좋습니다.
6. 팔찌의 점선 부분에 풀을 붙여 팔찌로 착용해 주세요.

토론 및 질문

- 페르소나를 소개해 주세요.
  - 나는 같은 상황에서도 또 어떻게 다른 페르소나를 사용하고 있나요?(예: 친구관계에서 사용하는 다양한 페르소나)
  - 각각의 페르소나가 변한 부분이 있다면 언제 어떤 계기로 변하게 되었나요?

- 나의 페르소나 중에서 나에게 이롭다고 생각하는 페르소나는 어떤 것이 있을까요? 그 이유를 말해 주세요.
- 나의 페르소나 중에서 나에게 부정적인 감정을 유발하는 페르소나는 어떤 것이 있나요? 그 페르소나를 조금 다르게 사용한다면 어떻게 변화시킬 수 있을까요?
- 내가 사용하고 싶지 않은 페르소나가 있다면 팔찌를 끊어 주세요. 어떤 기분이 드나요?

Tip

페르소나: '가면'이라는 뜻을 가진 라틴어로, 심리학적으로는 사회적 지위나 가치관에 의해 타인에게 투사된 성격을 의미합니다. 자아가 성장하면서 형성하고 소유하게 되는 집단 사회의 행동 규범 또는 역할입니다.

두 가지 얼굴

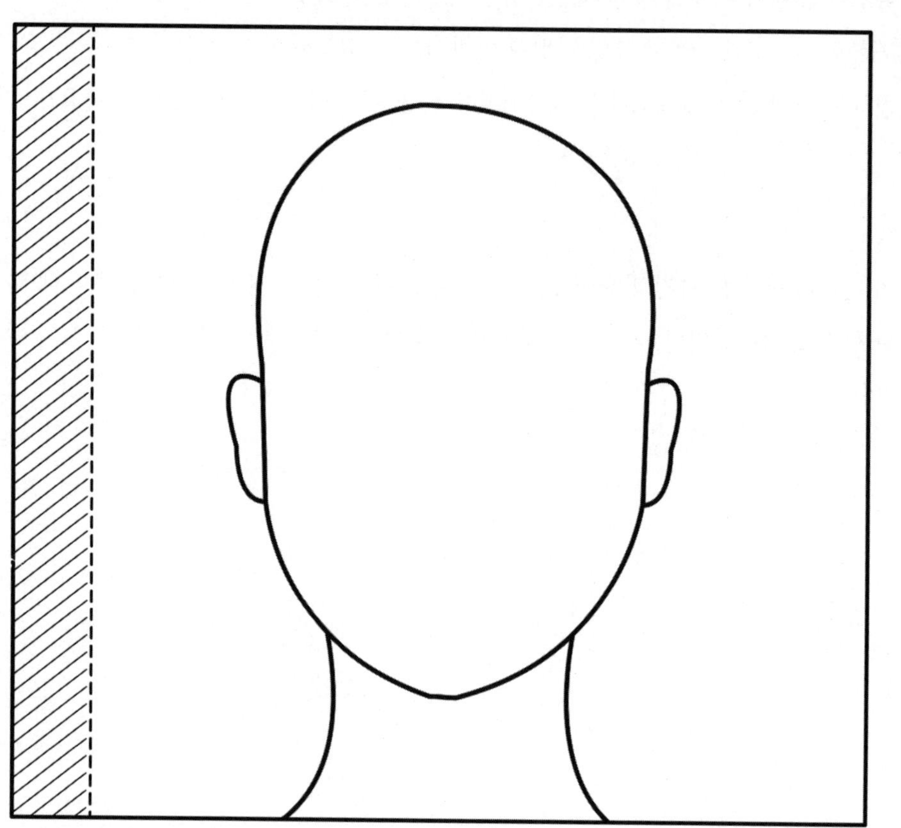

1. A도안을 꾸며 주세요.
2. A도안을 자른 뒤 점선을 따라 접어 주세요.
3. 아래 그림을 참고하여 빗금 부분에 풀칠해 주세요.

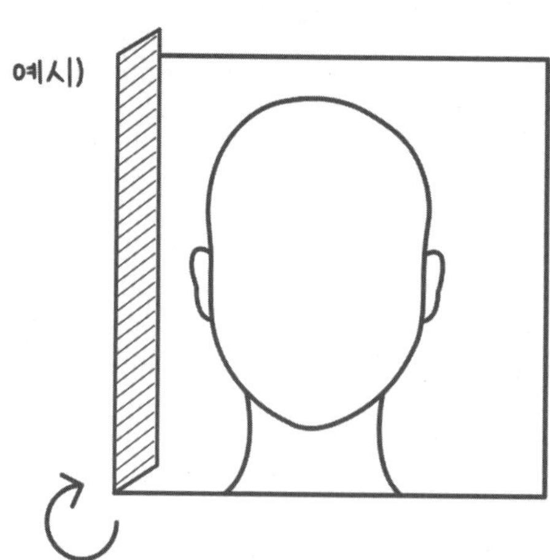

두 가지 얼굴

B

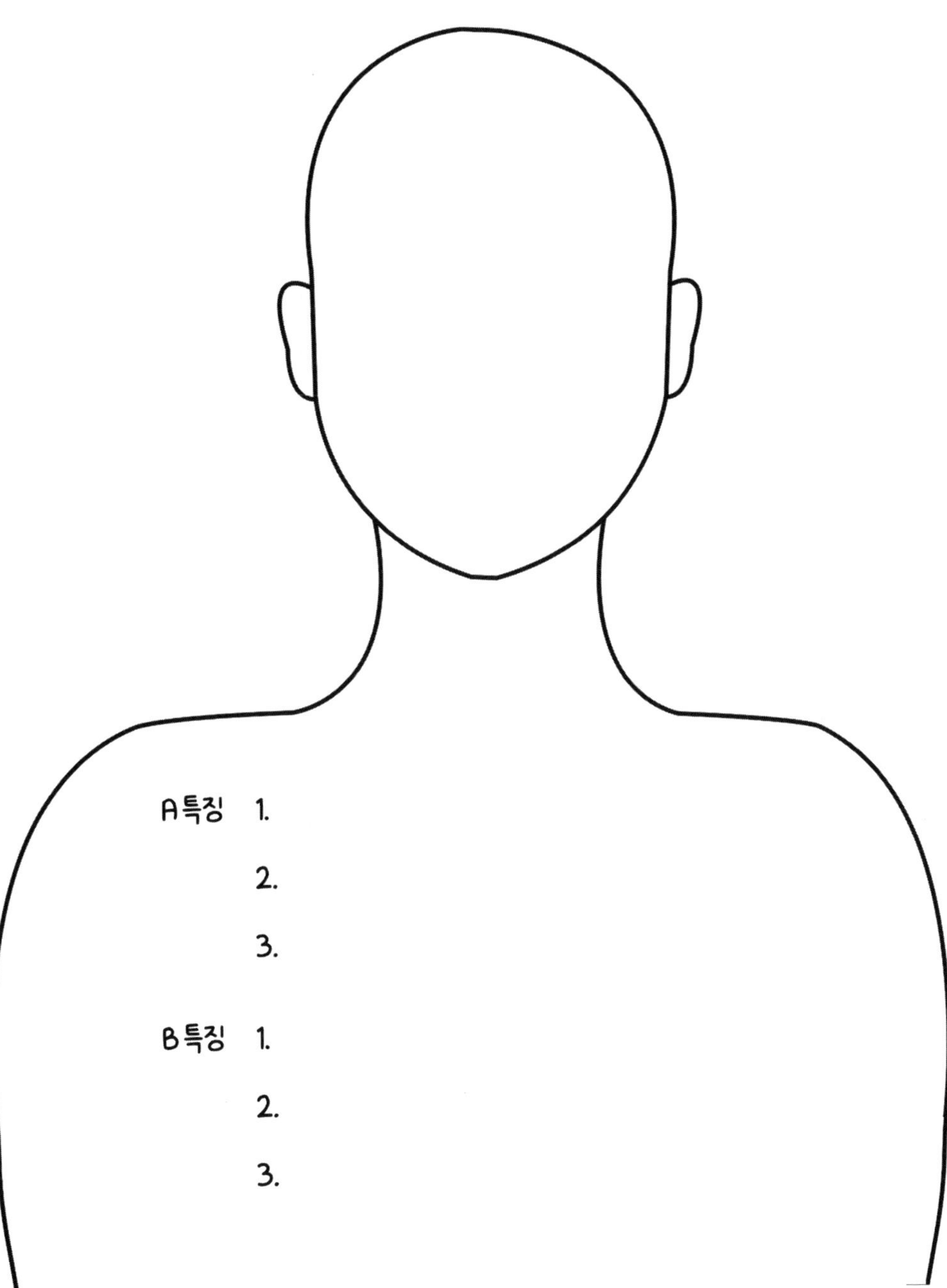

두 가지 얼굴

사회적 얼굴로부터 느끼는 감정을 탐색하기 위해 활용될 수 있습니다.

디렉션

우리는 사회에 적응하기 위해 여러 가지 가면을 사용하면서 살고 있습니다. 친구들 앞에서는 좋은 친구로서, 가족 앞에서는 자녀, 배우자, 부모로서 상황에 필요한 가면을 씁니다.

1. 나는 어떤 곳에 소속되었고, 어떤 사람들과 자주 만나나요? 그곳에서 자주 쓰는 가면은 어떤 가면일까요? 모든 가면이 내게 편하지는 않습니다. 내가 사람들에게 보여 주고 싶지 않은 모습은 어떤 모습일까요? 나의 모습들을 떠올려 주세요.
2. 도안 A, B를 잘라 주세요. 도안 A에는 사용했을 때 편안한 내 가면의 모습을 표현해 주세요. 도안 B에는 사람들에게 보여 주고 싶지 않은 나의 불편한 가면의 모습을 표현해 주세요.
3. A 도안의 뒷면 끝에 풀을 바르고 B 도안의 얼굴에 맞춰 플립 형태로 붙여 주세요.
4. 추가적인 페르소나를 작업하기 위해 A 도안을 여러 장 사용할 수 있습니다.

토론 및 질문

- 나는 어떤 사람들 앞에서 편안한 가면을 사용하나요? 내 가면에 대해 설명해 주세요.
  - 이 가면을 쓰면 사람들에게 어떻게 보여질까요?
  - 사람들 앞에서 이 가면을 사용하는 이유는 무엇일까요?
  - 이 가면을 사용하지 않을 경우 무엇이 달라질까요?
  - 이 가면을 다른 곳에서 사용할 경우 어떻게 될까요?
- 나는 어떤 사람들 앞에서 불편한 가면을 사용하나요? 보여 주고 싶지 않은 나의 가면을 설명해 주세요.
  - 이 가면이 내게 불편한 이유는 무엇일까요?

- 이 가면은 특히 언제 사용하나요?
- 이런 모습을 보여 주고 싶지 않은 이유는 무엇인가요?
- 불편함에도 불구하고 사람들에게 이 가면을 보여 주는 이유는 무엇인가요?

● 편안한 가면과 불편한 가면에는 어떤 차이점이 있을까요?

내 마음속 빛나는 해님

내 마음속 빛나는 해님

해를 떠올렸을 때 느껴지는 에너지를 함께 생각해 보고, 자신에게 해님과 같은 존재는 어떤 것들이 있는지 탐색할 수 있습니다. 자신이 좋아하는 것들과 스스로에게 있는 장점을 발견하기 위해 사용될 수도 있습니다.

디렉션

1. 해 도안의 안쪽 원형에 나의 장점과 나를 기분 좋게 하는 좋아하는 것들의 이미지를 채워 주세요. 무언가 그릴 수도 있지만, 그 대상을 나타내는 색이나 패턴으로 표현할 수도 있습니다.
2. 해 도안의 바깥쪽 불꽃은 나의 장점과 내가 좋아하는 것들로부터 발생하는 나의 긍정적인 에너지를 상징합니다. 이 에너지를 자신이 좋아하는 색으로 채워 주세요.
3. A4 색지(혹은 A4 용지)를 여닫는 문 모양으로 접은 후 해를 안쪽 가운데에 붙입니다.
4. 준비된 접착메모지에 나에게 전하는 응원의 메시지들을 적어 양쪽 문의 날개 부분에 붙입니다. 집단 작업일 경우, 서로 마음의 방에 방문하여 방명록을 작성합니다. 접착메모지에 응원과 칭찬의 메시지들을 적습니다. 서로를 잘 안다면 장점을 찾아 주는 것도 좋습니다.
5. '내 마음속 빛나는 해님'을 마음의 방에 잘 보관했습니다. 문을 닫고, 마음의 방 방문에 자신의 이름을 적어 주세요(예: ○○○의 마음의 방).
6. 이제 언제든지 이 마음의 방문을 열고 내 마음속 해님과 동료들의 메시지로부터 에너지를 받을 수 있게 되었습니다. 지금 방문을 열어서 자신이 가진 장점과 긍정적인 에너지를 온전히 느껴 주세요.

토론 및 질문

- 태양은 스스로 빛을 내는 별입니다. 지구에게는 어머니와 같은 존재입니다. 태양이 내는 빛은 지구를 따뜻하게 만들어 지구의 모든 생명이 살 수 있도록 합니다. 태양이 없다면 우리는 어떻게 될까요?
- 태양을 떠올렸을 때 느껴지는 단어를 형용사로 표현해 주세요(예: 따뜻함, 뜨거움 등).
- 생각만 해도 마음이 따뜻해지는 태양과도 같은 존재가 나에게는 어떤 것들이 있나요? 내가 좋아하는 것들을 생각해 봅니다. 좋아하는 음식, 영화, 음악, 인물 등 그 무엇이든 괜찮습니다.
- 나의 장점은 어떤 것들이 있을까요? 장점은 특별하지 않아도 됩니다. 그림 그리기, 글쓰기 같은 구체적인 것들이 될 수도 있지만 잘 웃는다, 잘 먹는다, 힘이 세다 같은 특징이 될 수도 있어요.
- 내가 가지고 싶은 장점들은 어떤 것들이 있을까요? 세 가지를 적어 주세요.

엄마 곰, 아빠 곰

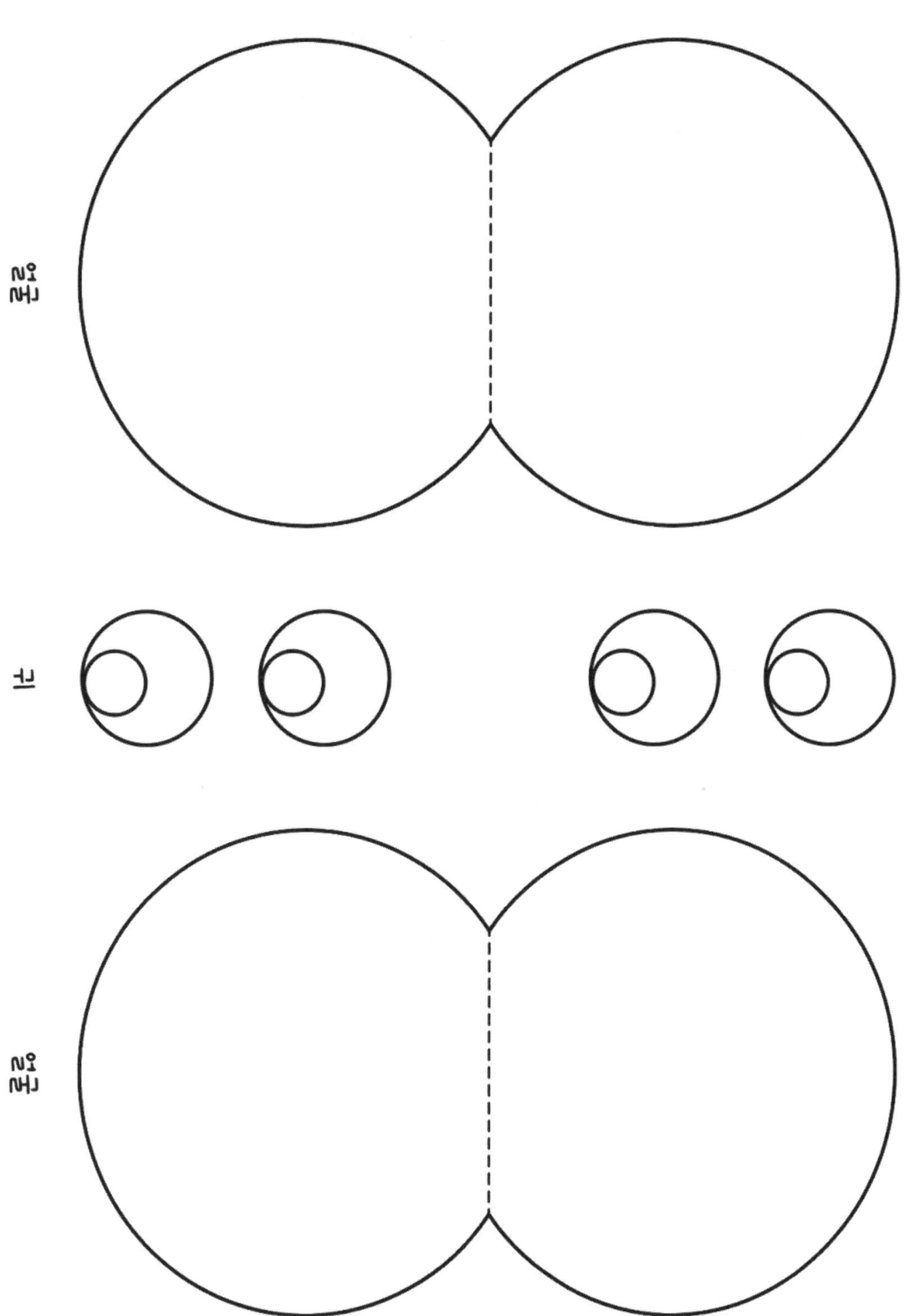

엄마 곰, 아빠 곰

부모님과의 관계에서 느껴지는 감정을 생각해 보고, 부모님으로부터 물려받은 요소들을 탐색해 봄으로써 긍정적 가족상을 강화할 수 있습니다.

디렉션

부모님에게 느끼는 감정들은 다양합니다. 긍정적인 감정도 있지만, 부모님께 느끼는 모든 감정이 편하지만은 않습니다. 유년 시절 부모님과의 기억은 성인이 된 나에게 영향을 미치기도 합니다. 내가 불편한 감정은 줄이고, 편한 감정을 더 자주 느끼기 위해 무엇을 변화시켜야 하고, 또 무엇이 필요할까요?

1. 내가 생각하는 부모님의 장점과 단점을 떠올려 주세요.
2. 곰돌이 얼굴, 귀 도안을 오려 냅니다. 얼굴 카드 안의 한쪽 면에는 내 부모님의 장점을 표현해 주세요. 이미지로 나타내거나 글로 적을 수 있습니다. 그로 인해 느꼈던 감정의 색도 가득 채워 주세요.
3. 얼굴 카드 안의 다른 면에는 내 부모님의 단점을 적어 주세요. 이미지로 나타내거나 글로 적을 수 있습니다. 그로 인해 느꼈던 감정의 색도 가득 채워 주세요.
4. 얼굴 카드를 반으로 접고 귀 도안을 붙여 곰돌이 얼굴을 완성해 주세요. 곰돌이가 지었으면 하는 표정도 얼굴에 그려 주세요.

토론 및 질문

- 부모님의 장점
  - 내가 부모님의 장점이라고 생각한 요소들에는 무엇이 있나요?
  - 이런 부모님의 장점들로 인해 나는 어떤 감정들을 느꼈나요?
  - 이런 장점들에 대한 나의 생각 중 부모님께 전하고 싶은 이야기가 있다면 무엇인가요?

- 지금 그 마음을 전할 수 있다면 부모님께 전해 보면 어떨까요?(실시간으로 부모님께 메시지를 보낼 수 있음)

- 부모님의 단점
  - 부모님의 단점이 나타나는 순간은 언제일까요?
  - 이러한 단점들로 인해 내가 불편함을 느낀 기억과 감정은 어떤 것이 있나요?
  - 이런 단점에서 오는 감정들을 조절하기 위해 나는 어떤 생각과 행동을 하면 좋을까요?
- 부모님의 장점과 단점 중 내가 닮아 있는 점이 무엇이 있나요?
  - 나는 그 장점을 평소에 어떻게 활용할 수 있을까요?
  - 나는 그 단점을 극복하기 위해 무엇을 할 수 있나요?

용기 모자

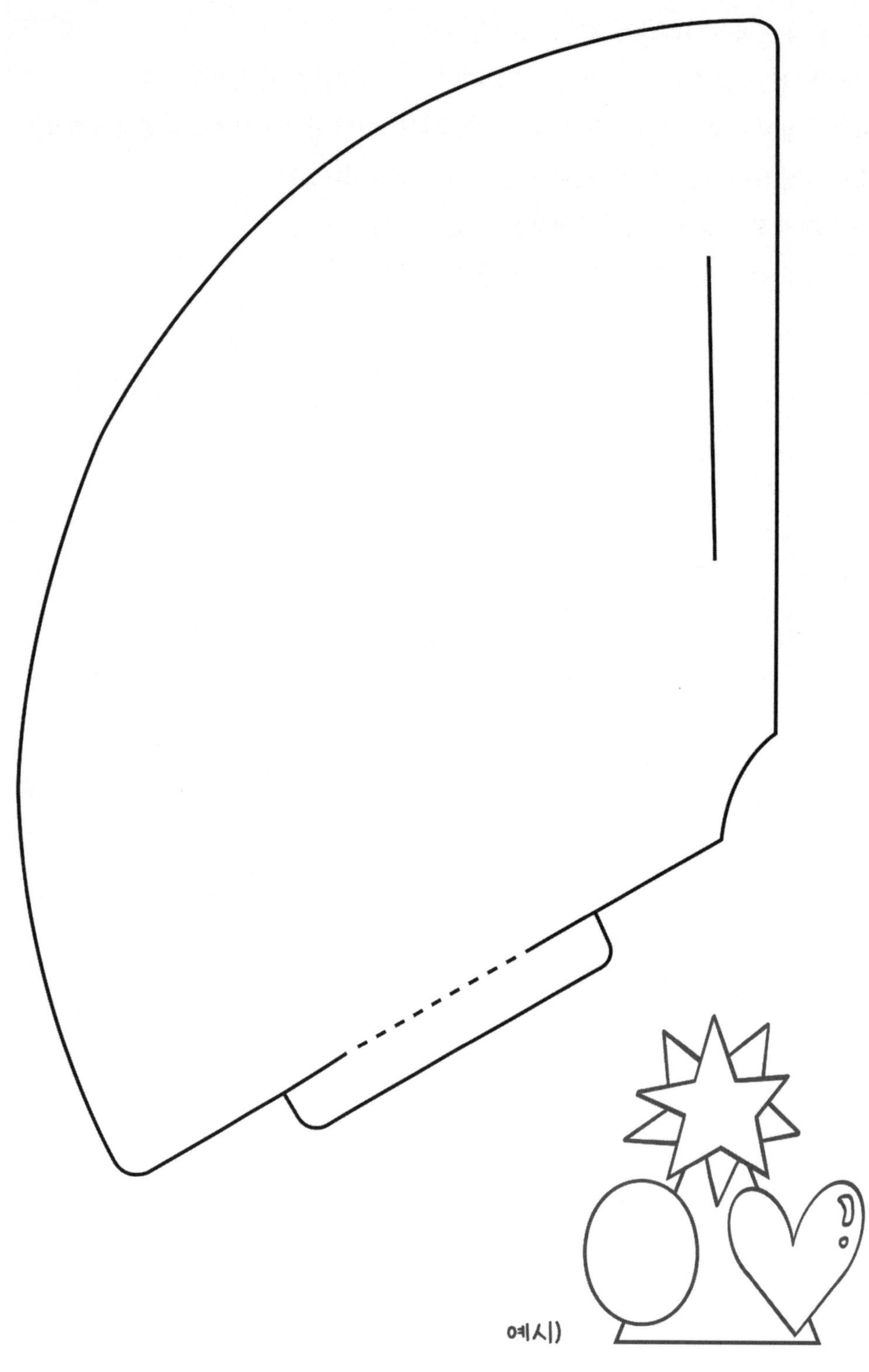

용기 모자

프로그램

용기 모자

자신에게 필요한 용기에 대해 생각해 보고, 용기를 가지기 위해 필요한 요소들을 탐색하기 위해 사용될 수 있습니다.

디렉션

용기는 씩씩하고 굳센 기운입니다. 살아가다 보면 그런 용기가 필요한 순간들이 있습니다. 심리학자 아들러의 이론을 바탕으로 한 도서 『미움받을 용기』에서는 우리 안에 변하고자 하는 용기, 앞으로 나아가려고 하는 용기, 미움받을 수 있는 용기가 있다면 우리의 인간관계는 한순간에 달라지고 행복해질 수 있을 것이라고 설명합니다. 나에게 필요한 용기는 무엇인가요?

1. 용기가 필요한 상황은 많습니다. 그러나 과거의 기억이나 두려움 때문에 필요한 순간에 용기를 내지 못할 때도 있습니다. 살면서 용기가 필요했을 때가 언제였으며, 무엇 때문에 용기를 내지 못했을까요? 떠올려 주세요.
2. 용기가 넘치는 나의 모습을 떠올려 보세요. 나는 어떤 일들을 잘 해낼 수 있고, 용기를 통해 지금보다 어떻게 달라질 수 있을까요? 그러기 위해 나는 지금 내가 가지고 있는 것 중 무엇을 버려야 하고, 무엇을 취해야 할까요? 또 어떻게 생각하고 행동해야 할까요?
3. 나에게 용기를 생각하면 어떤 색이 떠오를까요? 첫 번째 모자 도안에 용기를 생각했을 때 어울리는 색을 골라 자유롭게 색칠해 주세요.
4. 두 번째 도안에 다양한 모양이 있습니다. 별 모양 안에 나에게 용기를 주는 말을 적어 주세요. 동그라미 모양 안에 나에게 용기가 되는 사람을 적어 주세요. 하트 모양 안에 나에게 필요한 용기를 적어 주세요. 모두 적은 후 남은 공간은 자유롭게 채워 주세요.
5. 모자 도안을 잘라서 연결한 후 고깔 모양의 모자를 만들어 주세요. 고깔모자에 2번에서 그리고 자른 용기를 붙여 주세요. 별 모양을 예시 그림과 같이 가장 위에 붙여 주세요.

토론 및 질문

- 나에게 용기를 주는 것들과 나에게 필요한 용기를 설명해 주세요.

나에게 용기를 주는 것들

- 이것은 어떤 상황에서 특히 힘을 발휘하나요?
- 이 용기가 생기면 나는 어떻게 변화되나요?
- 이 용기를 계속 만들어 내기 위해 나는 무엇을 해야 할까요?

나에게 필요한 용기

- 이 용기가 필요한 이유는 무엇인가요?
- 이 용기가 필요하지만 가지지 못했던 이유는 무엇인가요?
- 이 용기가 필요하다는 것을 언제부터 알고 있었나요?
- 나에게 필요한 용기를 얻기 위해 나는 무엇을 해야 할까요?
- 나에게 필요한 용기가 생기면 나는 어떻게 변화할까요?

나의 관

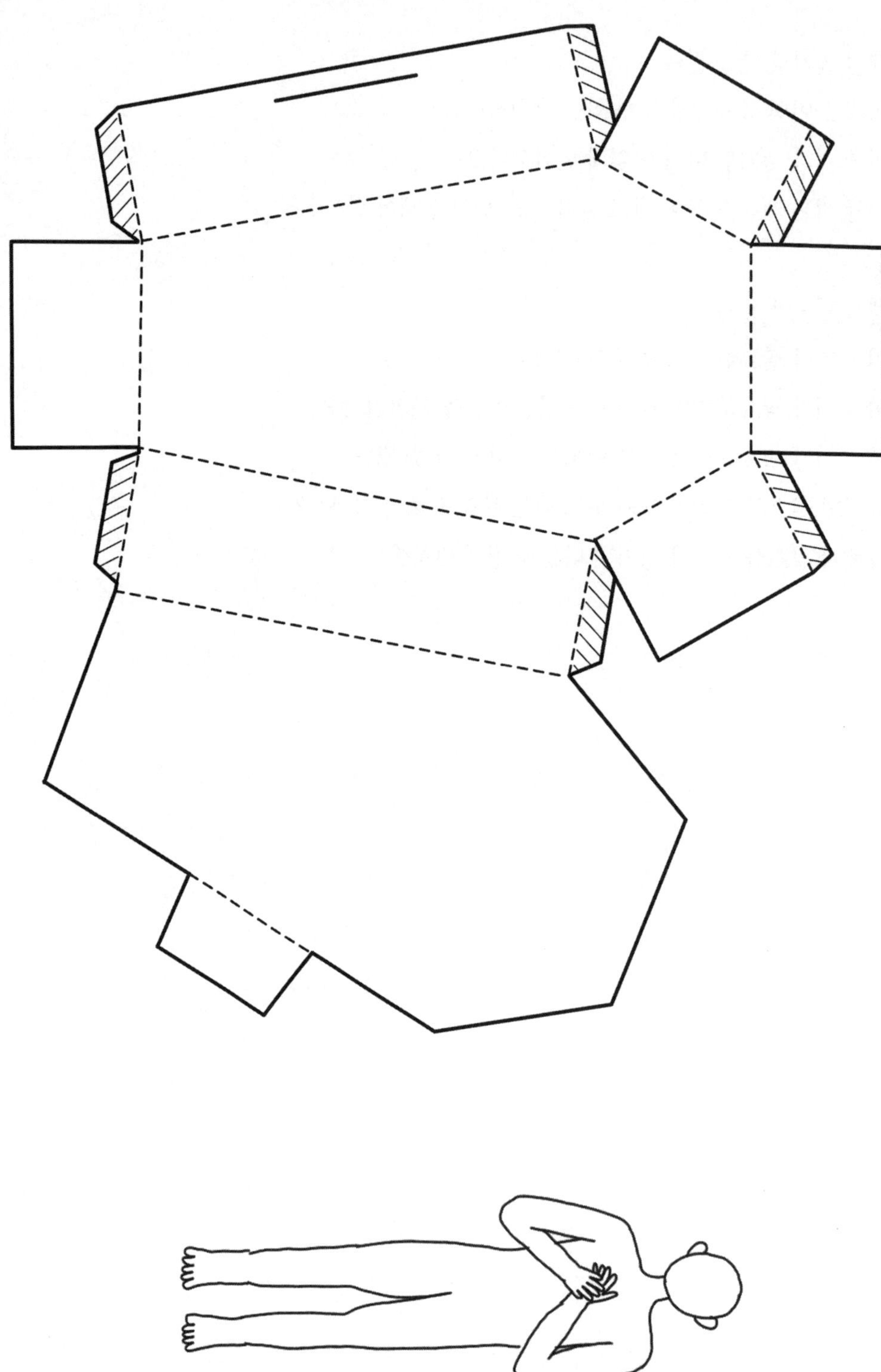

나의 관

나의 관

나의 관

삶의 유한함을 인식함과 동시에 자신이 살아 있는 삶의 가치에 대해서 탐색할 때 사용할 수 있습니다.

디렉션

인간의 삶은 유한하기에 누구나 죽음을 맞이합니다. 그러나 실제로 자신의 죽음을 구체적으로 생각하는 것은 쉽지 않죠. 살아 있는 사람의 마음속에는 죽음이 물리적으로 멀게만 느껴지기 때문입니다.

오늘은 나의 마지막 순간을 상상하는 시간을 가져 보겠습니다. 내 삶의 유한성을 받아들이는 순간, 지금의 남아 있는 시간들은 더 가치 있게 여겨지기 때문입니다. 그래서 죽음을 생각함과 동시에 자신의 인생에 대해서 생각하는 시간을 가질 것입니다. 나의 마지막 순간을 상상해 보겠습니다. 나는 어떤 인생을 살다가 어떻게 세상을 떠나게 될까요? 나에게 죽음은 어떤 의미로 다가올까요?

1. 오늘이 나의 마지막 날이라고 가정하고 내가 살아온 삶에 대해 생각해 주세요.
2. 사람 도안을 오린 후, 나의 마지막 모습을 그려 주세요.
3. 내가 담길 관은 어떤 모습을 하면 좋을까요? 관을 자유롭게 꾸며 주세요.
4. 나는 세상을 떠날 때 무엇을 가져가고 싶나요? 가져가고 싶은 것들을 두 번째 도안의 네모 칸 안에 그린 후 잘라 주세요. 관 속에 들어갈 정도로 접은 다음 관 속에 넣어 주세요.
5. 마지막으로 내가 떠난 세상에 남겨진 사람들에게 편지를 써 주세요.

토론 및 질문

- 관 속의 나의 모습을 설명해 주세요.
  - 나는 몇 살인가요?
  - 나는 어떤 표정을 하고 있나요?
  - 관 속에 있는 내가 기분을 느낄 수 있다면 어떨까요?
- 관 속에 가져갈 것들을 설명해 주세요.
  - 이것들을 가져가고 싶은 이유는 무엇인가요?
  - 반대로 절대 가져가고 싶지 않은 것이 있다면 무엇인가요?
  - 만약 가져가고 싶은 것이 없다면 그 이유가 무엇인가요?
- 남은 시간이 일주일이라고 가정했을 때, 어떻게 시간을 보낼 것인가요?
  - 그 시간을 누구와 함께하고 싶나요?
  - 그 계획을 현재에 실행한다면 언제 이룰 수 있을까요?
  - 이 계획들을 실제로 내 삶에서 실천하기 위해서 어떤 행동과 마음을 가질 수 있을까요?

안아 주세요

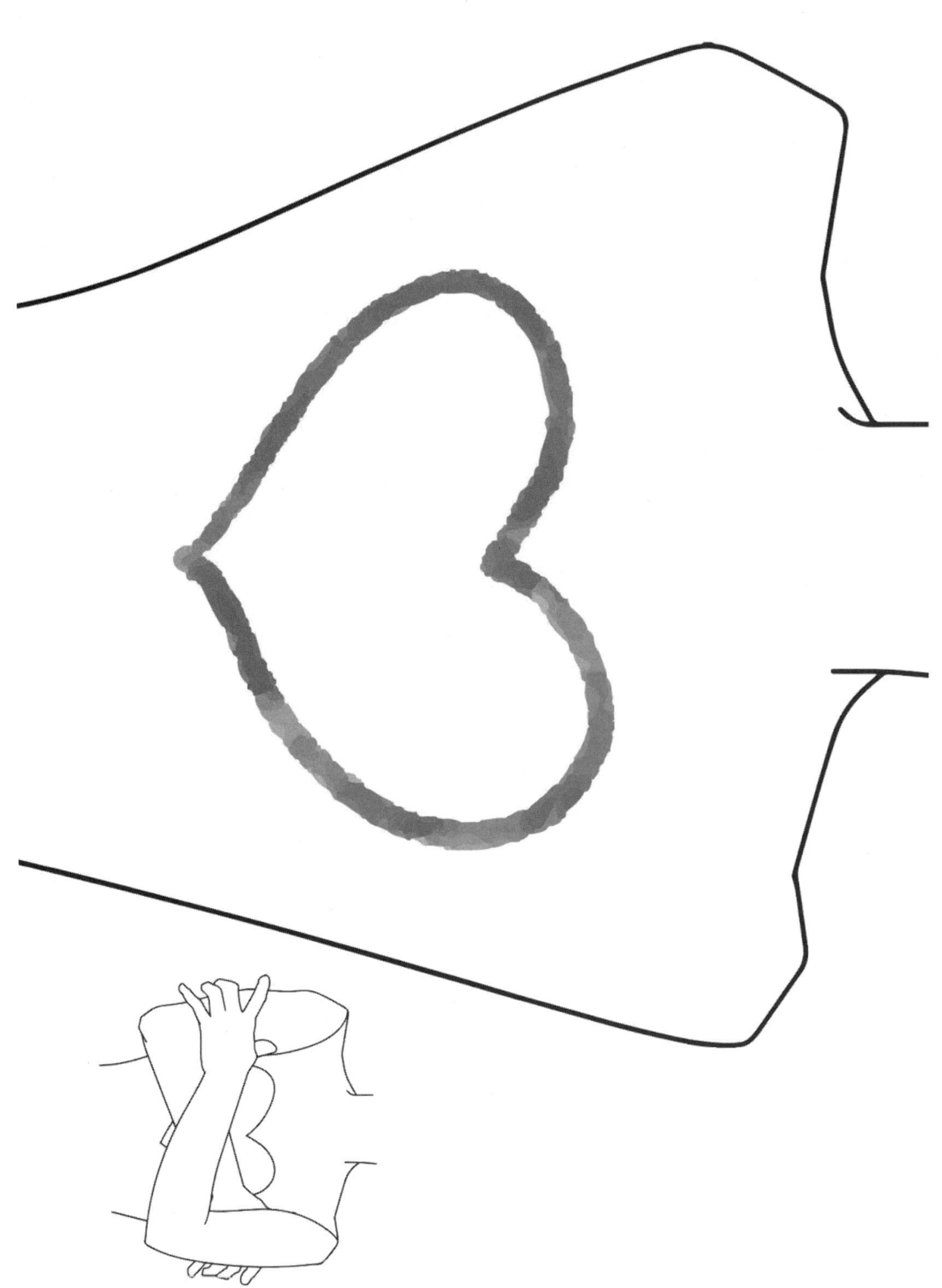

안아 주세요

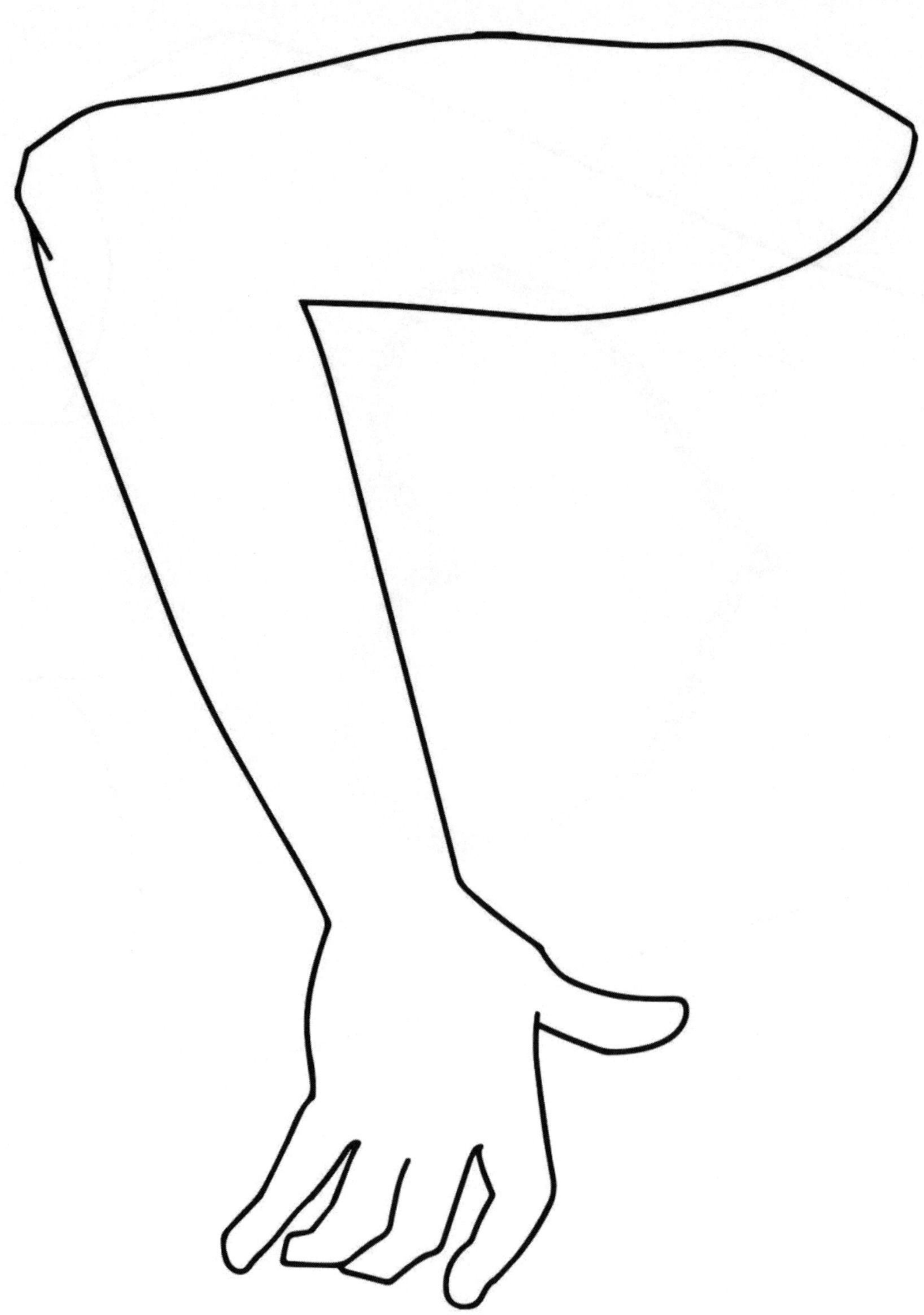

안아 주세요

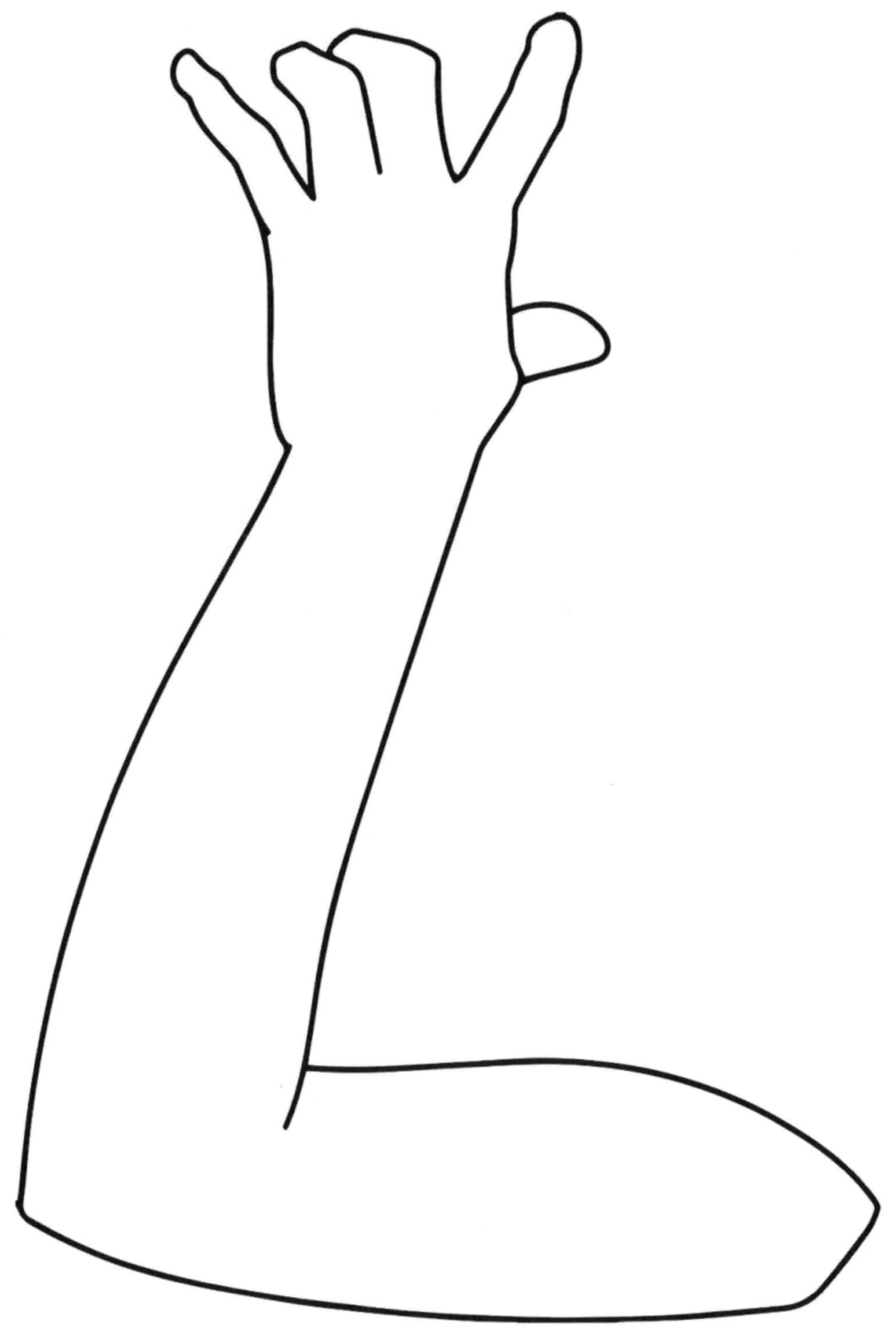

안아 주세요

자신에게 소중한 것이 무엇이고 소중한 것을 지킬 수 있는 방법이 무엇인지, 그리고 그것을 위해 자신이 가진 힘이 무엇인지 생각해 보는 작업입니다. 아픈 과거나 기억을 치유하고자 하는 작업에 사용해도 좋습니다.

디렉션

1. 다양한 방법으로 활용될 수 있는 도안입니다. 프로그램 참여자와 목적에 따라 활용해 주세요.

나의 소중한 것

어떤 사람들은 소중한 무언가를 지키고 보호하는 것에서 살아가는 의미를 찾고는 합니다. 그 무언가는 사람이나 동물처럼 살아 있는 것일 수도 있고, 꿈이나 소망 같은 눈에 보이지 않는 것일 수도 있습니다. 나에게 소중한 대상은 무엇인가요? 지키고 싶은 어떤 것이 있나요?

나의 상처

상처가 나면 소독을 하고 약을 바르는 것이 일반적이나, 모든 상처를 다 치유하지는 않습니다. 어떤 상처는 그냥 넘어가기도 하고, 내버려지기도 합니다. 내게 남겨진 아픈 기억에는 어떤 것이 있나요? 누군가 나를 안아 주었더라면 좋았을 것이라 생각한 기억이 있나요? 따뜻한 온기가 필요했던 그때를 떠올려 보세요.

2. 나의 소중한 것/상처를 하트 안에 그려 넣어 주세요. 구체적인 무언가를 그려도 좋지만, 그것을 상징하는 색이나 패턴으로 표현해도 좋습니다.
3. 팔 도안 위에 소중한 것을 지키는 힘/상처를 안아 주는 힘을 적거나 그린 후, 오려 내어 왼팔, 오른팔의 순서로 하트 위를 덮어 안아 주세요.
4. 하트와 닿아 있는 왼쪽 팔을 토닥이며, 하트 안에 있는 것에게 하고 싶은 말을 전해 주세요.
5. 그것을 안아 주고 있는 오른팔을 토닥여 주며, 지키고 있는 자신에게 하고 싶은 말을 전해 주세요.

토론 및 질문

- 하트 안에 그린 안아 주고 싶은 것은 무엇인지 설명해 주세요.
  - 내가 지키고 싶은 것, 내게 소중한 것으로 적거나 그린 것은 무엇인가요?
  - 그것이 내게 소중한 이유는 무엇일까요?
  - 이것이 만약 내게 없다면 나의 삶은 어떻게 변하게 될까요?
  - 내가 그것을 지키기 위해 할 수 있는 일은 무엇이 있을까요?
- 나의 상처는 무엇인가요?
  - 그 상처를 입었을 당시, 나는 어떤 조치를 취했나요?
  - 그 상처는 현재의 나에게 어떤 영향을 미치나요?
  - 상처가 완전히 아물기 위해 나에게 무엇이 필요할까요?

장바구니 정산

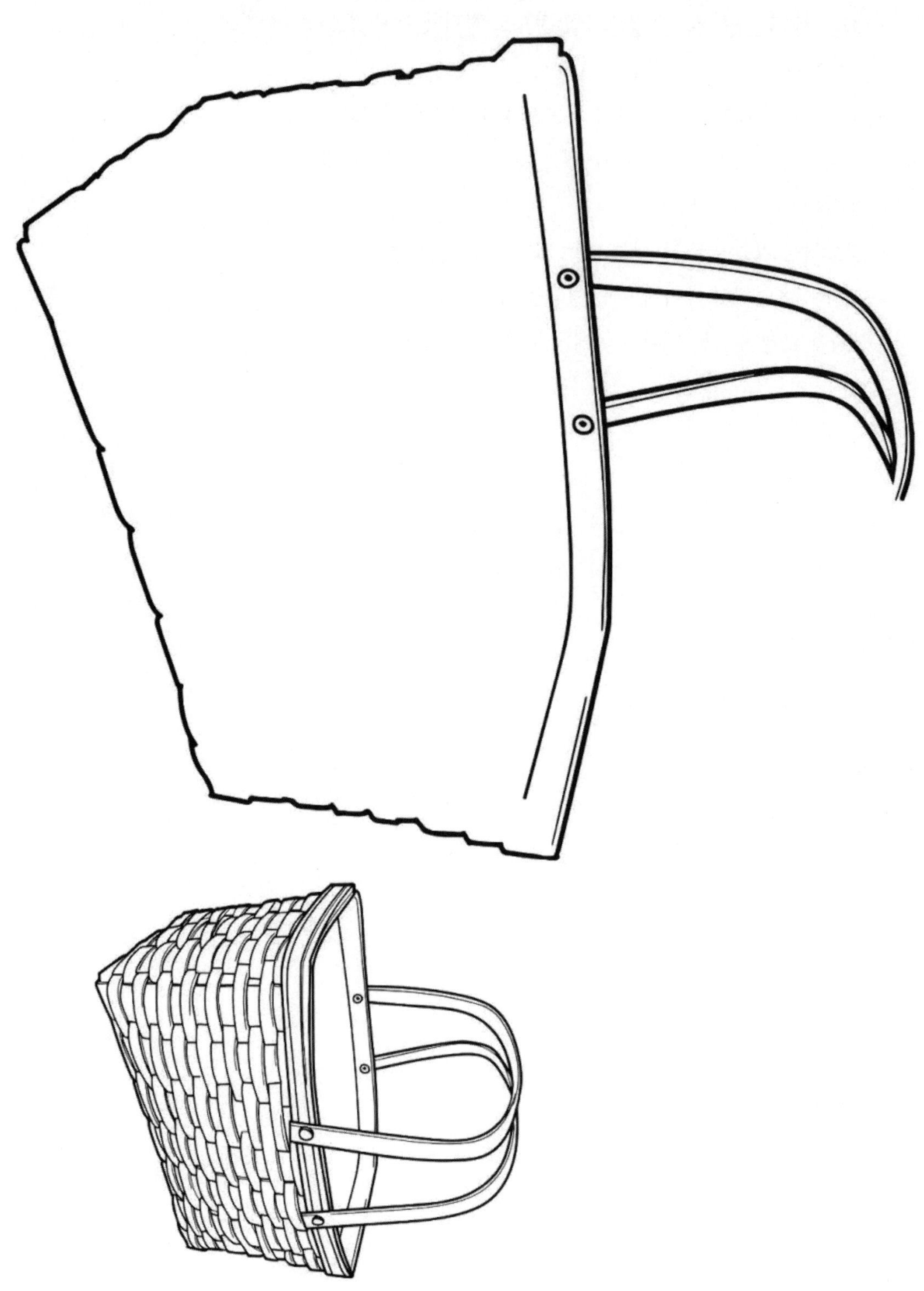

장바구니 정산

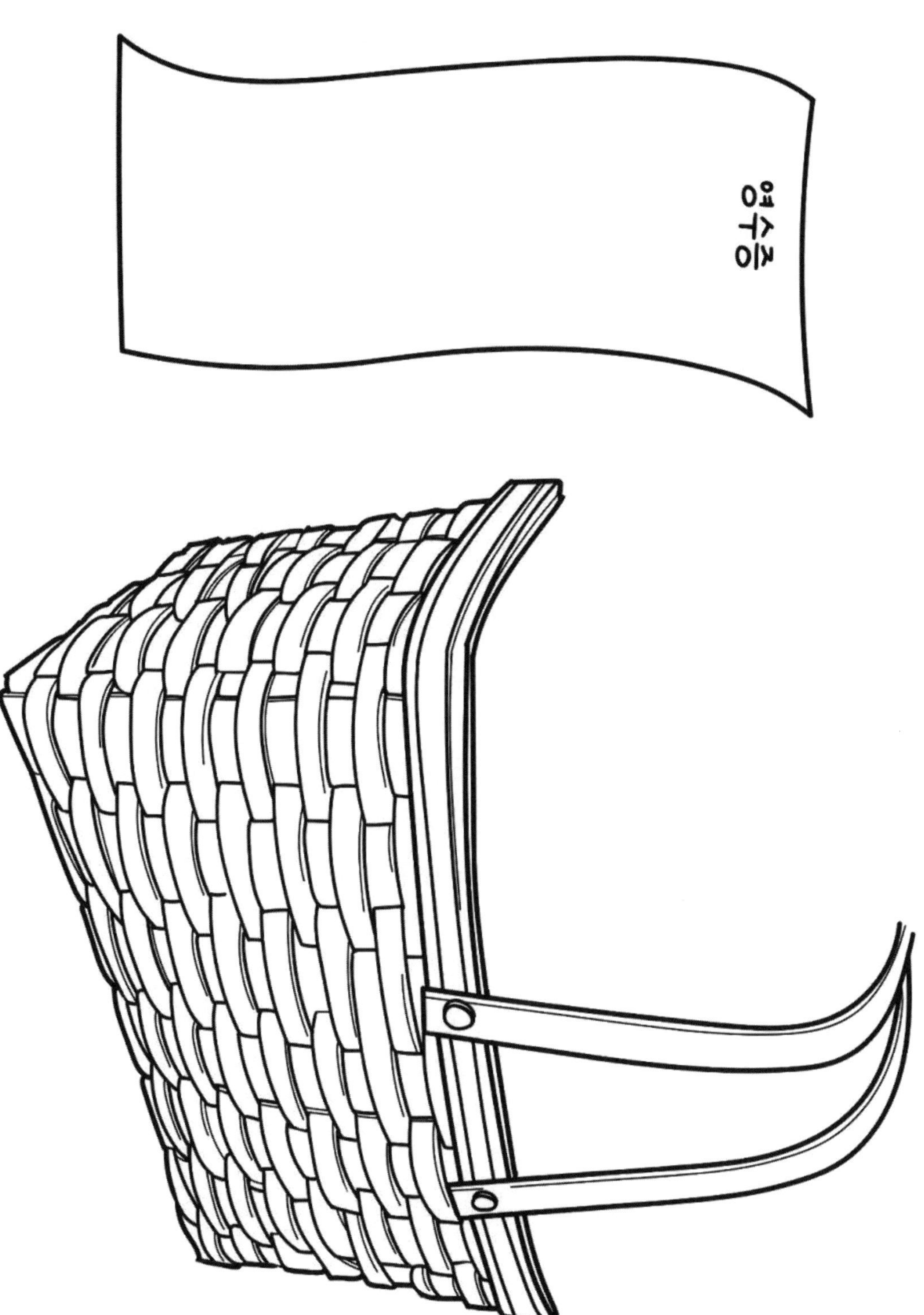

장바구니 정산

욕구의 우선순위를 알아보고 중요도를 확인해 보는 작업에 사용할 수 있습니다.

디렉션

사람에게는 여러 가지 욕구가 있습니다. 욕구들을 충족시키기 위해 필요한 것들이 많고, 그러다 보니 원하는 것들이 자꾸만 생겨납니다. 눈에 보이는 물질적인 것부터 돈으로는 살 수 없는 것들까지요. 실제로 가질 수 있는 것도 있고, 가질 수 없는 것을 욕망하는 경우도 있습니다. 오늘은 내가 가지고 싶은 것은 무엇이든 담을 수 있는 마법의 가게에 왔습니다.

1. 빈 바구니 안에 가지고 싶고, 탐나는 것들을 마음껏 그리거나 글로 써 주세요. 최소한 10개 이상 적어야 합니다. 대상은 최근 필요했던 물건이 될 수도 있고, '10kg 감량'과 같은 실천적인 행동이 될 수도, '긍정적 마음가짐'과 같은 추상적 개념이 될 수도 있습니다.
2. 모든 가치는 상대적입니다. 내가 고른 품목의 가치를 가격으로 책정해 주세요. 100원이 될 수도 있고, 100만 원이 될 수도 있습니다. 자유롭게 가격을 적어 주세요.
3. 장바구니를 가지고 집으로 돌아가기 위해서는 뚜껑을 닫아야 하고, 그것을 위해서는 영수증을 받아야만 합니다. 내가 가진 예산 안에서만 결제가 가능하며, 계산이 완료되지 않은 물건을 가져 갈 수 없습니다. 내가 가지고 있는 총 예산은 내가 넣은 금액의 절반입니다. 절반 금액에 해당하는 것은 두고 가야 합니다.
4. 어떤 것을 가지고 싶은가요? 또 어떤 것을 버릴 것인가요? 순서대로 정렬하고 좌우 장바구니 뚜껑을 오려 붙이고 닫아 주세요.

토론 및 질문

- 가지고 싶거나 탐나는 것들은 어떤 것이었는지 설명해 주세요.
- 각 품목의 가격을 소개해 주세요.
  - 가격을 책정한 기준은 무엇이었나요?
  - 이 중 가장 높은 가격의 품목은 내게 어떤 의미인가요?
- 포기한 품목을 설명해 주세요.
  - 그 품목을 포기한 이유는 무엇인가요?
  - 포기한 품목을 대체할 수 있는 방법에는 어떤 것이 있나요?
- 최종적으로 남게 된 장바구니 품목을 설명해 주세요.
  - 그 품목을 선택한 이유는 무엇인가요?
  - 포기한 품목과 비교하여 더 가치 있다 여겨졌던 것은 어떤 부분인가요?
  - 만약 나에게 포기한 만큼의 예산이 추가적으로 주어지고 새로운 품목을 선택해야 한다면 어떤 것을 선택할지 알려 주세요. 그리고 그 선택의 이유를 설명해 주세요.
- 오늘의 쇼핑 후기를 들려주세요. 오늘의 쇼핑은 나의 삶과 어떻게 닮아 있나요?

고생 끝에 진주

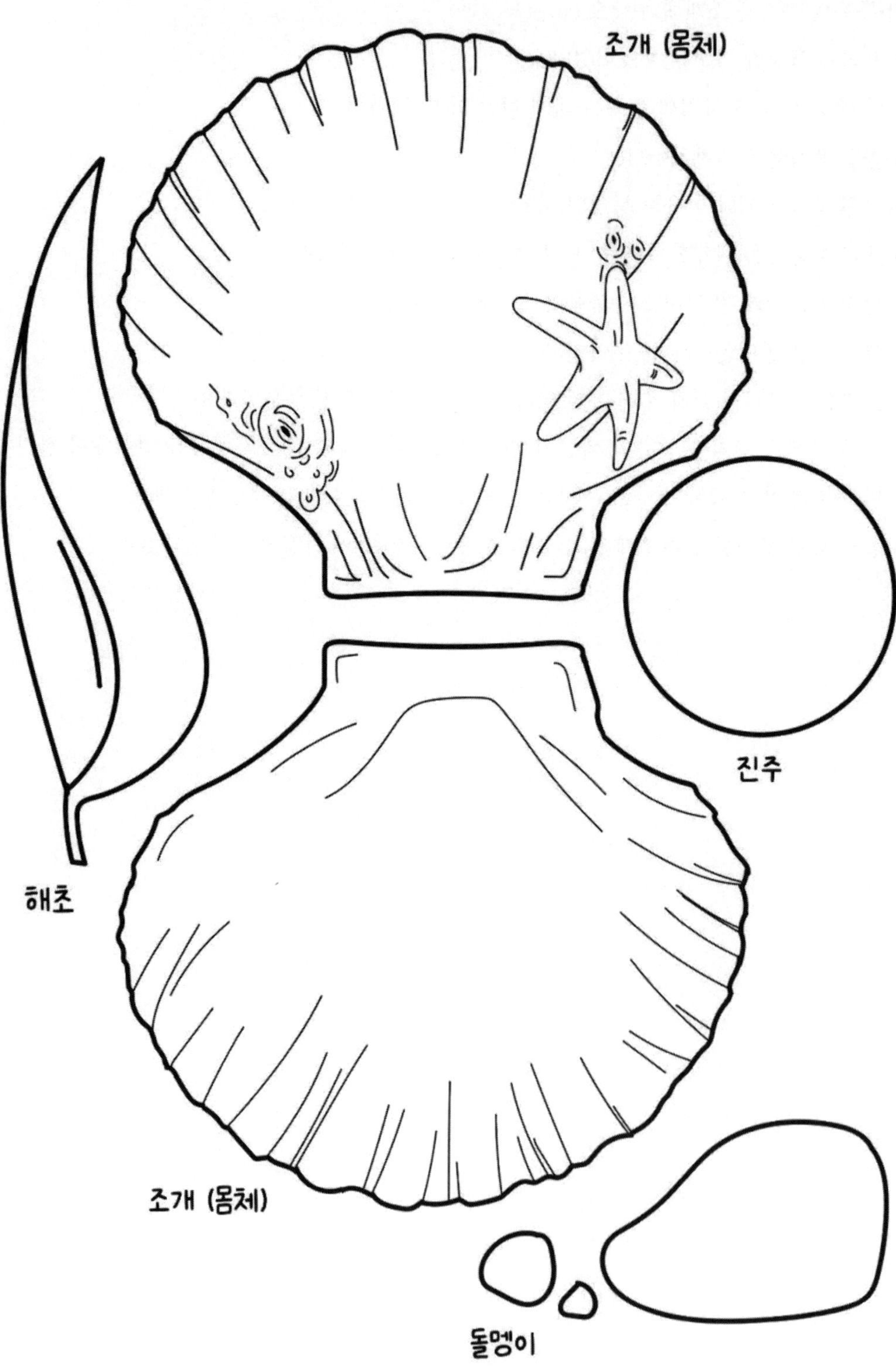

고생 끝에 진주

현재 겪고 있는 괴로움에 대해 생각해 보고 그 의미를 찾아보는 작업에 사용할 수 있습니다.

디렉션

어떤 고통은 혼자만의 힘으로 피해 가거나 개선되기 어렵기도 합니다. 그러나 모든 일에는 의미가 있고, 내가 겪고 있는 괴로움 역시 그렇습니다. 이 의미를 찾는 것은 자신 삶의 질을 결정하는 하나의 선택입니다. 진주는 조개의 눈물이라고 합니다. 오랜 시간 기름을 흡수하는 과정을 통해 하나의 진주를 품어 내기 때문입니다.

1. 나에게 있어서 그런 진주와 같은 것은 무엇인가요? 또 나는 그로 인해 어떤 아픔을 감내하고 있나요? 떠올려 주세요.
2. 지금 나를 괴롭히는 가장 큰 고통은 무엇인지 떠올리고, 하단의 조개 아래 껍질 위에 그린 후 오려 주세요.
3. 험한 바다에서 약한 당신을 보호하기 위해 당신은 어떠한 보호색을 띄고 있나요? 약한 '나'를 감추는 가면을 상단 조개껍데기 위에 그린 후 오려 주세요.
4. 동그란 진주에는 결국 자신이 얻게 될 최후의 목표를 그리거나 써 주세요. 명확하지 않을 경우에는 자유롭게 아름다운 진주 한 알을 색칠하거나 꾸며 표현하고 오려 주세요.
5. 나는 지금의 고통(돌멩이, 해초 등)을 혼자 이겨 내고 있나요? 현재의 고통으로부터 나를 지켜 주는 것이 있는지 떠올려 보고 해초 위에 적거나, 새로이 그려 진주조개 옆을 꾸며 주세요. 더 추가적으로 꾸며 주고 싶은 것이 있다면 그려 넣어 주세요. 진주가 놓여진 바다를 그리고 마무리해 주세요.

토론 및 질문

- 나를 괴롭게 하는 것은 무엇인지 설명해 주세요.
  - 그것은 언제부터 시작되었나요?
  - 끝이 언제인지 예상할 수 있나요?
- 나의 진주에는 어떤 것들이 있을지 구체적으로 설명해 주세요.
  - 내가 지금껏 얻었던 진주들에는 무엇이 있나요?
  - 사람들마다 원하는 진주는 모두 다릅니다. 일반적으로 원하지만 나는 그다지 원치 않는 진주에는 어떤 것이 있나요? 또 일반적으로는 원치 않지만 나는 원하고 있는 진주에는 어떤 것이 있나요?
- 나를 보호하고 있는 것들에 대해 설명해 주세요.
  - 나는 나를 보호하기 위해 누구에게 어떤 가면을 쓰고 있나요?
  - 나를 보호해 주는 요소에는 무엇이 있나요?
  - 다른 사람들이 스스로를 보호하기 위해 사용하는 방법 중 나에게는 없지만 나도 가지고 싶은 방법은 어떤 것이 있나요?

진주 도안 대신 클레이를 이용하여 입체적인 작업을 할 수 있습니다.

나의 나무

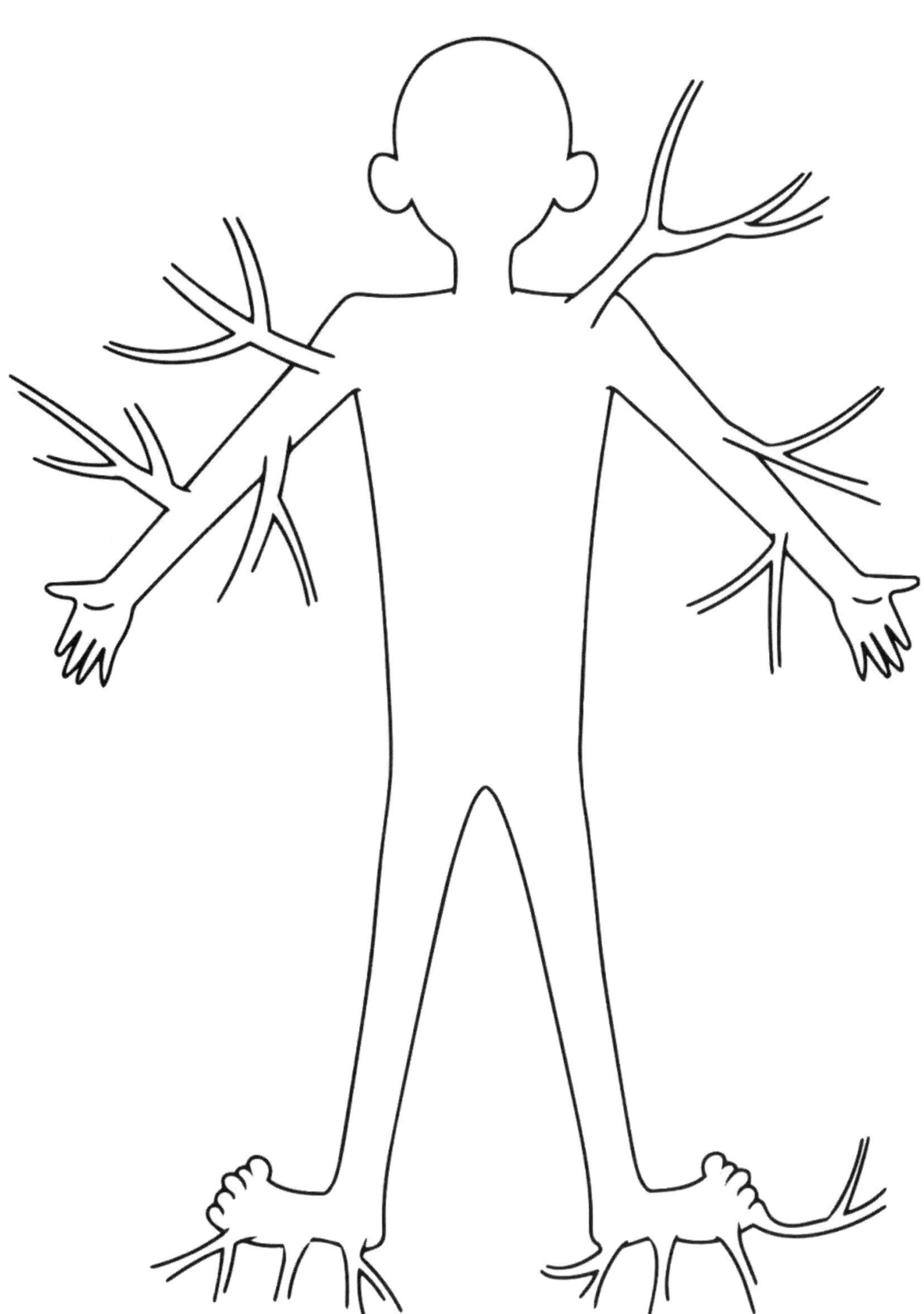

나의 나무

나의 나무

나의 현재에 대한 알아차림을 목적으로 사용할 수 있습니다.

디렉션

1. '나'의 모습을 한 그루 나무로 표현해 본다면 어떤 모습을 하고 있을지 떠올려 주세요. 나의 뿌리는 무엇이며, 어떻게 자라 어떤 가지를 뻗고 어떠한 꽃을 피워 결국 열매를 맺을까요?
2. 나는 어디에선가에서부터 왔습니다. 나는 어떤 환경에서 자라 현재에 도달했는지 발 밑의 뿌리에 쓰거나 그려 표현해 주세요.
3. 나무의 뿌리가 나무의 몸통을 지탱하듯이, 나의 신념은 나를 굳건히 서 있도록 돕습니다. 내가 가장 가치를 두는 것은 무엇인가요? 몸통이 되는 나무의 줄기에 그리거나 써서 표현해 주세요.
4. 나는 여러 방향으로 가지를 뻗어 세상을 넓힐 수 있습니다. 다양한 관심사, 혹은 속해 있는 세계를 뻗어나가는 가지에 추가적으로 그려 표현해 주세요.
5. 나는 여러 사람과 영향을 주고받으며 살아왔습니다. 나에게 영향을 미친 이들을 떠올려 나뭇잎 위에 적고 오려서 가지 위에 붙여 주세요.
6. 꽃과 열매는 내가 삶을 통해 이루어 낸 성과입니다. 머릿속에 떠올려지는 것들을 열매와 꽃 위에 그리거나 써서 표현하고 오려서 가지 위에 붙여 주세요.

토론 및 질문

- 내가 살아온 환경과 배경에 대해 설명해 주세요.
- 내가 살면서 중요하게 생각하는 신념들에 대해 설명해 주세요.
- 나의 세계에 대해 설명해 주세요.
  - 내가 속해 있는 현실적 세계와 원하는 이상적인 세계는 어떻게 다른가요?
  - 내가 그 세계들에 소속감을 느끼는 이유는 무엇인가요?

- 나에게 긍정적/부정적 영향을 미친 사람들에 대해 설명해 주세요.
- 나는 지금까지 어떤 성과를 이루었고, 앞으로 어떤 목표를 가지고 살아갈 것인지 설명해 주세요.
  - 꽃에 표현된 성과와 열매에 표현된 성과는 어떤 차이가 있나요?
- 나의 나무에 이름을 지어 주세요.
  - 그 이름은 어떤 의미를 가지고 있나요?

나의 희망 바다

나의 희망 바다

소망과 희망을 알아보고 성취하기 위해 무엇을 할 수 있을지 생각해 보는 작업에 사용할 수 있습니다.

디렉션

1. 나의 마음속은 무의식과 의식을 드나드는 공간입니다. 이곳은 마치 드넓은 바다와 같습니다. 도화지에 나의 마음속 바다를 표현해 주세요. 물감으로 표현할 수도 있고, 파스텔이나 오일파스텔로 표현할 수도 있습니다.
2. 물고기 도안에는 나의 소망, 소원, 희망을 그리거나 글로 적어 주세요. 당장 이룰 수 있는 나의 희망사항이나 먼 미래에 이룰 수 있는 큰 목표가 되어도 좋습니다.
3. 소라와 조개는 언제든지 껍데기 안으로 몸을 숨길 수 있고 다시 밖으로 나올 수 있는 생명체입니다. 이 소라와 조개는 나의 무한한 잠재력과 내면의 힘을 상징합니다. 이곳에는 나의 희망을 이루기 위해 내가 할 수 있는 일을 적어 주세요.
4. 물고기 도안과 소라, 조개 도안을 모두 잘라서 나의 바다에 배치하며 풀로 붙여 주세요.
5. 그 외에 나의 소라와 조개에 힘이 되어 주는 것들을 나의 바닷속에 그려 보아도 좋습니다(예: 가족, 친구, 나에게 지지가 되어 주는 것 여러 가지).

토론 및 질문

- 나의 마음속 바다는 무슨 색이고 이 색의 의미는 무엇일까요?
- 어떤 물고기들이 나의 바닷속에 존재하고 있나요?
- 나의 소망과 희망은 언제 이룰 수 있을까요?
- 나의 희망과 소원을 이루기 위한 나의 잠재력과 내가 가진 힘은 무엇인가요?
- 이것들을 이루기 위해 나에게 지지해 주는 소라와 조개 주변에는 무엇이 있나요?

- 나의 희망을 이루기 위해서 어떤 실천 계획을 세우면 좋을까요?
- 이것들을 다 이루었을 때 나는 누구와 함께 무엇을 하고 있을까요? 그때의 나의 기분은 어떨까요?

감정 물고기 카드

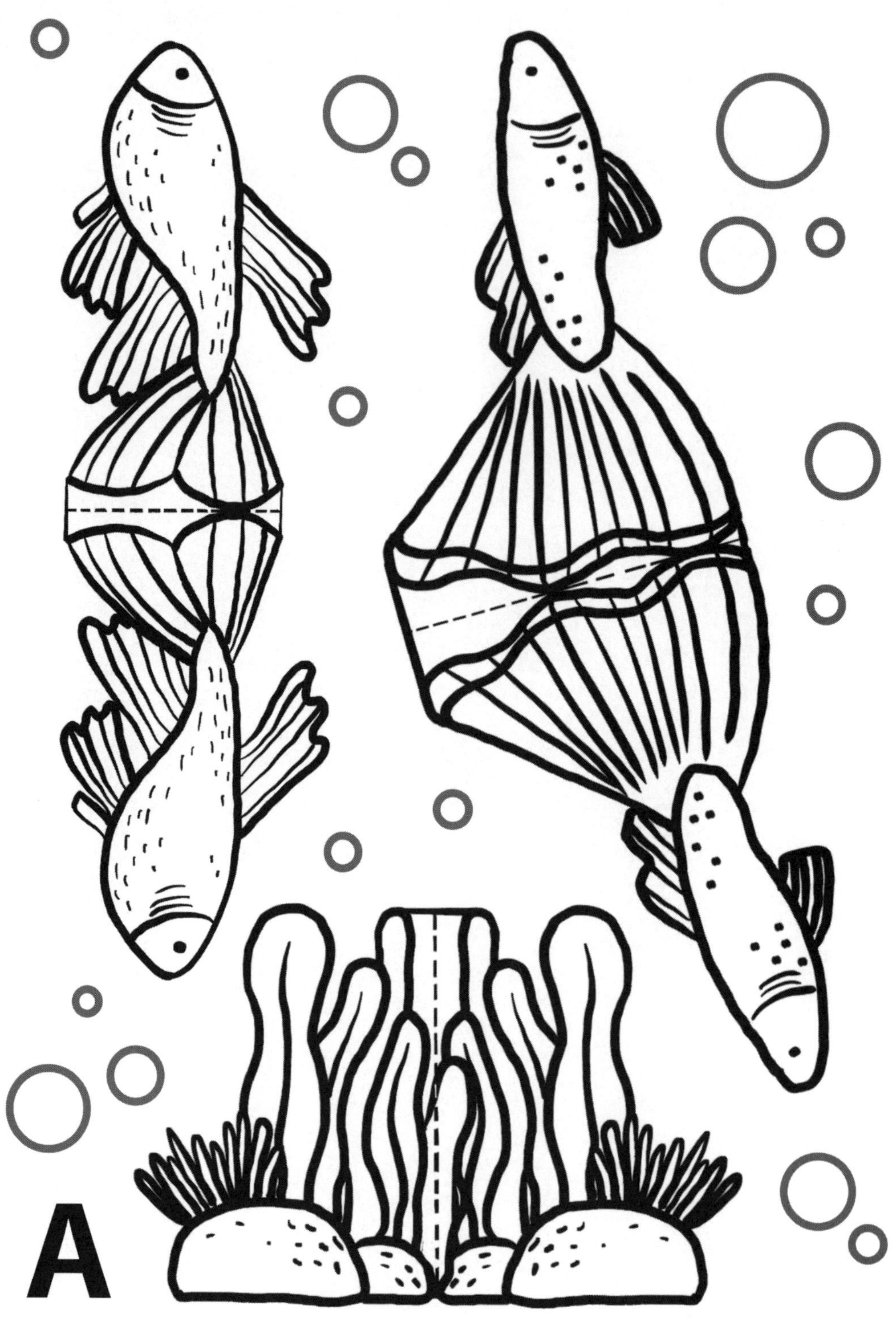

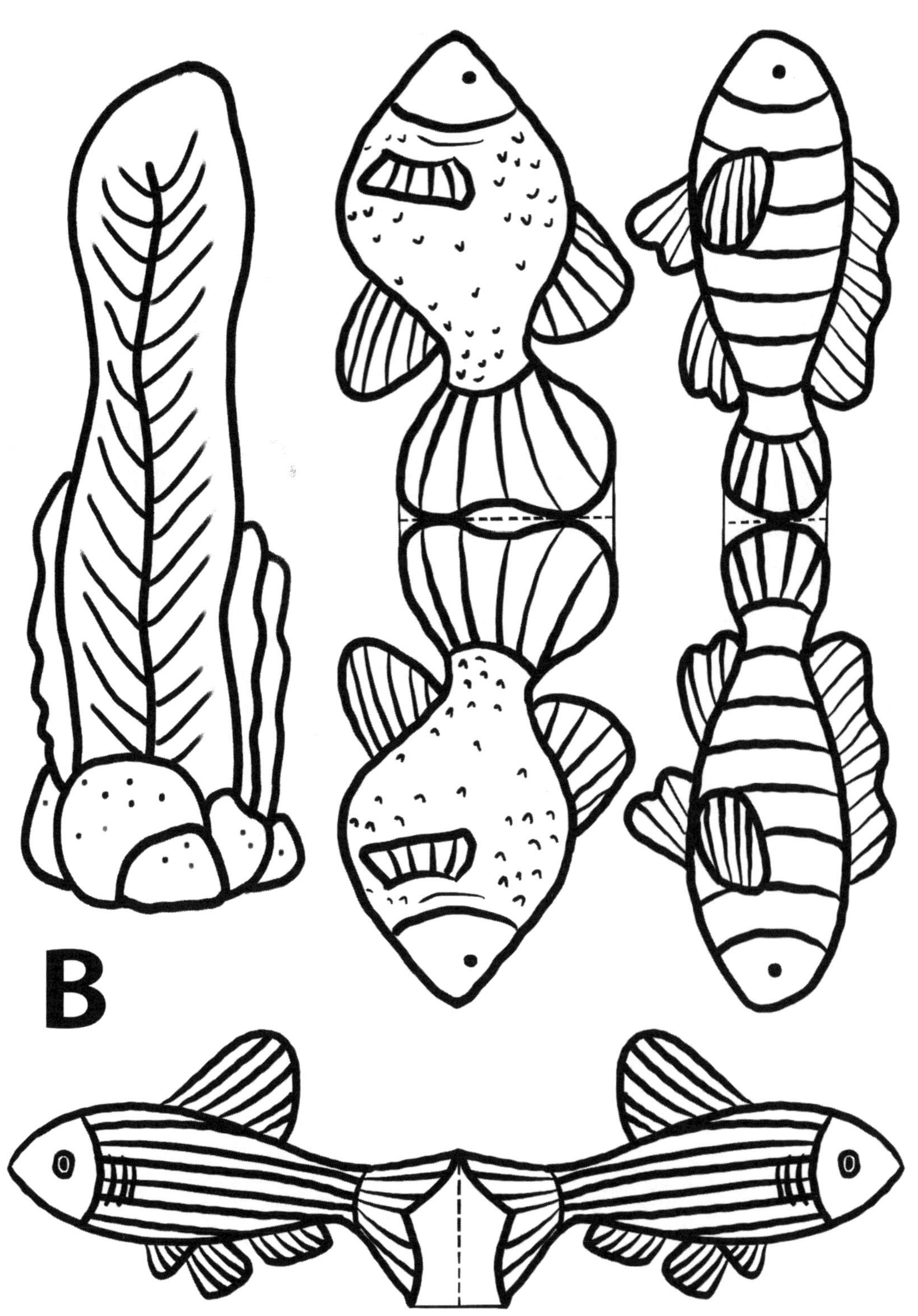
B

감정 물고기 카드

감정을 물고기로 대입해 표현해 봄으로써, 자신의 감정을 탐색하고 알아갈 수 있습니다.

디렉션

바다는 얕은 수면에서 모든 것이 보이는 상태에서는 아름다운 물속을 볼 수 있어 즐거운 감정을 주지만, 깊은 바닷속으로 내려가 무엇이 있는지 알 수 없을 때는 두려움이 생깁니다. 이와 마찬가지로 우리가 느끼는 감정을 만약 눈으로 볼 수 있다면, 그것을 통제할 수 있는 힘이 생길 것입니다. 반대로 깊은 내면의 감정을 볼 수 없다면 그 감정을 만났을 때 통제하지 못할 수도 있고, 휘둘릴 수도 있겠죠. 내 감정을 이해하고 인지하는 것은 나를 있는 그대로 받아들이는 과정을 수반합니다. 받아들이고 마주해야 이들을 다룰 힘이 생기는 것입니다.

우리가 살면서 느끼는 대표적 감정은 '기쁨, 화, 슬픔, 즐거움, 사랑, 미움, 욕심'입니다. 일곱 가지 감정 중에서 어떤 감정이 제일 마음에 드나요? 우리는 이 감정을 언제 느꼈을까요?

1. 도안 속 일곱 가지 바다 생물을 잘라 주세요.
2. 바다 생물들을 반으로 접어 카드 형태로 만들어 주세요.
3. 바다 생물의 한쪽 면에는 일곱 가지 감정 중 하나를 적고, 반대편에는 그 감정이 일어났던 상황을 적어 주세요.
4. 모든 물고기에 감정과 감정이 일어났던 상황을 적어 주세요.
5. 그 감정에 맞는 색을 골라 물고기를 색칠해 주세요.

토론 및 질문

- 각각의 물고기는 어떤 감정을 가지고 있나요? 물고기에 대해 설명해 주세요.
  - 그 물고기에 이름을 지어 준다면 어떤 이름을 지어 주고 싶나요?
  - 어떤 물고기가 가장 마음에 드나요? 마음에 드는 이유를 말해 주세요.
  - 어떤 물고기가 가장 불편한가요? 불편한 이유를 말해 주세요.
- 나에게 어떤 물고기가 많이 나타나나요?
  - 그 물고기는 어디에서 나타날까요?
  - 주로 무엇 때문에 그 물고기가 나타날까요?
  - 그 물고기로 인해 나는 어떤 영향을 받고 있나요?

Tip

- 큰 도화지에 바다를 먼저 표현한 후 물고기를 그 위에 붙여 작업할 수 있습니다.
- 집단으로 작업할 경우, 하나의 큰 바다에 참여자들의 물고기를 함께 붙일 수 있습니다.

나를 소개합니다

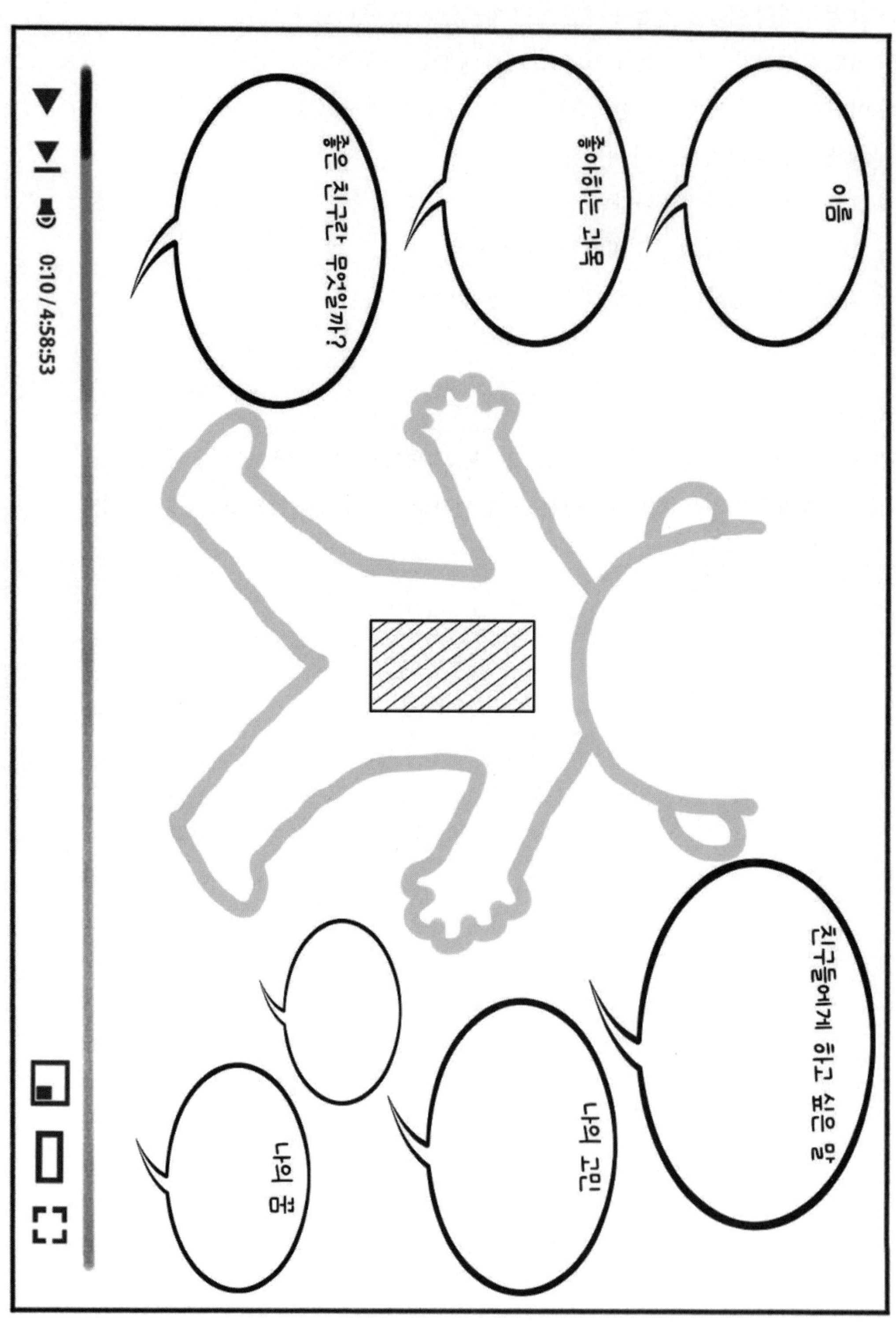

나를 소개합니다

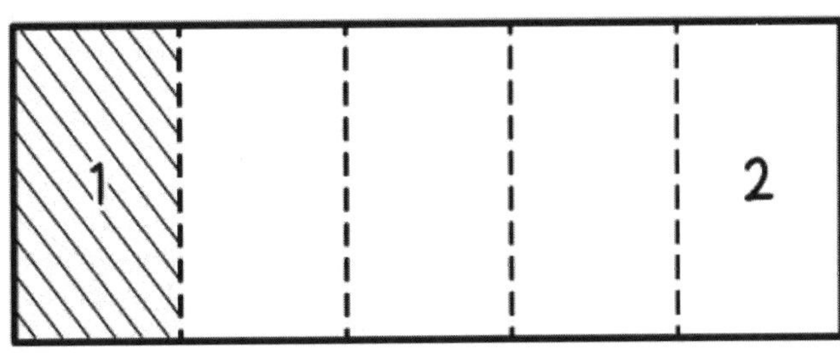

나를 소개합니다

초등학생을 대상으로 만든 도안입니다. 유튜브라는 요소를 사용하여 시청자들에게 자신을 소개할 때 어떤 모습을 보이고 싶은지 생각하고 자신의 표현 욕구를 알아볼 수 있습니다. 첫 상담 회기에 사용하며 자신을 소개하기에 좋습니다.

디렉션

나의 유튜브 채널이 개설되었습니다. 첫 영상으로 나를 소개하는 영상을 올립니다. 유튜브 속 사람들은 가명을 쓰기도 하고 내가 콘텐츠를 영상으로 만들어 업로드한 후에 사람들과 공유합니다. 유튜버들은 보여 주고 싶은 모습으로 또 다른 나를 꾸며서 보여 주기도 하고, 있는 그대로의 모습을 보여 주기도 합니다. 나를 소개하는 영상에 어떤 사람으로 소개하고 싶을까요? 또 어떤 모습으로 영상을 촬영하고 싶나요?

1. 첫 번째 도안의 말풍선을 채워 주고 유튜브 화면과 말풍선을 꾸며 주세요.
2. 두 번째 도안의 캐릭터를 내가 생각하는 나의 모습(머리, 옷, 표정)으로 표현해 주세요.
3. 두 번째 도안의 캐릭터와 아래 네모를 잘라 주세요.
4. 스프링처럼 튀어나오게 네모를 접은 뒤, 캐릭터 뒤에 붙여 주세요.
5. 캐릭터를 유튜브 화면 가운데에 붙여 주세요.

토론 및 질문

- 말풍선 속 내 이야기를 설명해 주세요.
- 더 추가하고 싶은 나를 설명하는 말풍선이 있다면 무엇일까요?
- 내 캐릭터에 대해서 설명해 주세요. 어떤 머리와 옷을 입고 있나요? 표정은 어떠한가요?
- 언제, 어디서, 누구에게 이 캐릭터를 보여 주고 싶나요? 캐릭터의 모습을 하고 친구들을 만난다면 친구들은 어떻게 반응할까요?

- 도안 속 나의 모습은 실제 내 모습과 어떤 부분이 비슷하고 어떤 부분이 다른가요?
- 그림 속에는 표현하지 않고 보여 주고 싶지 않은 내 모습이 있다면 어떤 모습일까요?
- 무엇 때문에 보여 주고 싶지 않나요? 만약 그 모습이 사람들에게 보여진다면 나에게 어떤 일이 일어날까요?

Chapter 2

투사(projection)

2장은 감정과 생각의 투사가 적용 가능한 도안들로 구성되어 있습니다. 사람마다 같은 그림을 보고 느끼는 감정과 떠오르는 생각이 다릅니다. 이 감정과 느낌은 지금 그림을 보는 사람의 현재 또는 자주 사용하는 감정 및 생각과 맞닿을 확률이 높습니다. 각 그림의 작업을 시작하기 전에 다음과 같은 공통된 질문을 사용할 수 있습니다.

1. 그림 속 인물은 지금 어떤 감정을 느끼고 있을까요?
2. 그림 속 인물은 어떤 생각을 하고 있을까요?
3. 그림 속 인물은 지금 어떤 상황일까요?
4. 그림 속 인물에게 어떤 일이 있었을까요?
5. 그림 속 인물은 앞으로 어떻게 될까요?
6. 그림 속 인물에게 필요한 것은 무엇일까요?
7. 지금 대답한 내용과 나의 삶을 어떻게 연결지어 설명할 수 있을까요?
8. 그림 속 인물이 느끼는 감정과 유사한 감정을 최근 언제 느꼈나요?
9. 그림 속 인물에게 해 주고 싶은 말이 있다면 어떤 말을 해 줄 수 있을까요?
10. 9번의 답을 누군가 나에게 해 준다면 나는 어떨 것 같은가요?

눈 가린 사람

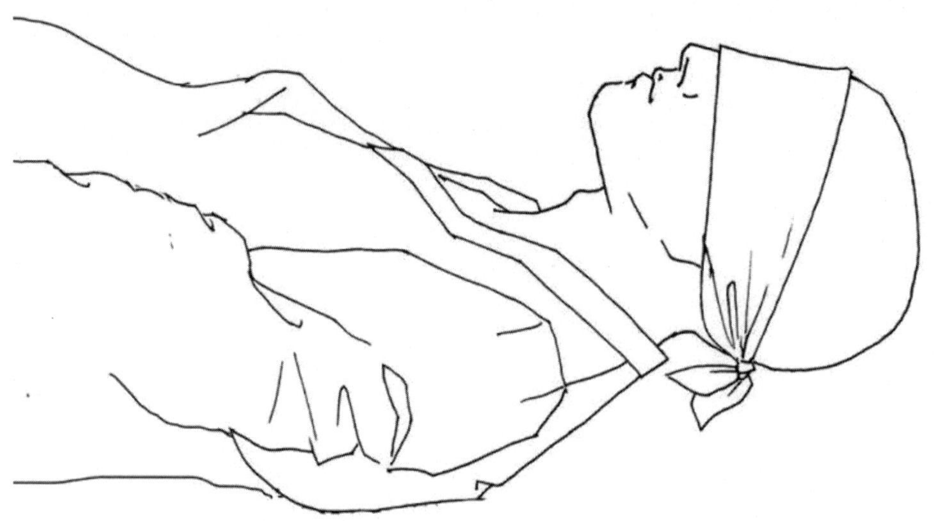

눈 가린 사람

두려움과 불안에 대한 감정을 구체화하여 자신에게 끼치는 부정적 영향력을 줄여 나갈 수 있습니다.

디렉션

눈을 감고 있는 사람이 있습니다. 지금 이 사람은 눈을 가리고 있어 아무것도 보이지 않습니다. 이 사람은 눈이 보이지 않아 편안함을 느낄 수도 있고 또는 눈이 보이지 않아 불안함을 느낄 수도 있습니다.

1. 이 사람이 느끼는 감정을 그림의 배경에 표현해 주세요. 구상적으로 무언가 그려 표현해도 좋지만 추상적인 패턴이나 색으로 표현해도 좋습니다.
2. 사람을 색칠해 완성해 주세요. 배경과 분리된 색일 수도 있고, 배경과 유사한 색일 수도 있습니다. 배경과 사람의 표현은 눈을 가린 상황에서 자신이 감정에 얼마나 영향받는지를 생각하며 칠해 주세요.
3. 이 사람이 느끼는 감정 단어 다섯 개를 골라 주변에 적어 주세요. 이를 통해 느껴지는 감정을 보다 구체적으로 확인할 수 있습니다.

토론 및 질문

- 눈을 가린다는 것은 나에게 어떤 의미가 있을까요?
- 이 사람의 앞에는 무엇이 존재할까요?
- 이 사람은 자신의 의지로 눈을 가렸을까요, 아니면 누군가에 의해 눈을 가리게 되었을까요?
- 표현된 그림 속 인물과 비슷한 감정을 느꼈던 때는 언제였나요?
- 만약 한 달 동안 보는 것, 듣는 것, 말하는 것 중 하나의 활동을 할 수 없게 된다면 어떤 것이 가장 불편할 것 같은가요? 그 이유는 무엇인가요?

- 내가 무언가를 제대로 보지 못해 나에게 좋지 않은 결과로 돌아왔던 사건은 어떤 것이 있나요?

Extra Activity

- 집단 작업의 경우, 집단원끼리 서로의 그림을 보고, 해 주고 싶은 응원의 메시지를 적어 줄 수 있습니다. 응원의 메시지는 말풍선 도안을 이용해 작업할 수 있습니다.
- 작업을 끝마친 후 눈 가린 사람에게 보내는 편지를 간단하게 적어 소리 내어 읽도록 할 수 있습니다. 처음 읽을 때는 "눈 가린 사람에게"라고 읽도록 한 후, 그다음 다시 자신의 이름을 넣어 "○○에게"라고 말한 후, 어떤 느낌을 받았는지 설명하도록 해 주세요.
- 감정을 적을 때, '답답해 보인다' '막막해 보인다' 등과 같은 부정적 감정 단어가 나올 확률이 높습니다. 이때 그 답답한 느낌을 줄여 줄 수 있도록 그림에 추가적인 작업을 하도록 할 수 있습니다.
- 눈 가린 사람에게 필요해 보이는 것을 그림으로 그려 붙여 줄 수 있습니다.

고뇌하는 사람

고뇌하는 사람

스트레스를 받는 상황에 처했을 때 자신이 느끼는 감정을 깨닫고, 해소와 표출의 옳은 방향성을 탐색할 수 있습니다.

디렉션

1. 머리를 붙들고 고뇌에 빠진 사람이 있습니다. 이 사람은 어떤 감정을 느끼고 있을까요? 무엇 때문에 이런 표정을 짓는지, 어떤 생각을 하고 있을지 떠올리고 말풍선 안에 표현해 주세요. 생각풍선 안에는 구체적인 감정부터 추상적인 난화까지 어떤 것이든 채워질 수 있습니다. 자신이 생각하는 감정을 연상할 수 있는 색들을 사용해 표현하기를 권장합니다. 시간에 제한을 크게 두지 않고 가득 채우는 과정 자체가 하나의 스트레스 표출법 중 하나임을 깨달을 수 있습니다.
2. 도안 속 사람이 느끼는 감정을 그 사람 주변에 적어 주세요. 단어로 나열하여 정리하도록 하면 현재 나의 상태와 연관 짓기가 용이합니다.
3. 단어들을 토대로 도안 속 사람의 표정을 완성해 주세요.

토론 및 질문

- 이 사람을 괴롭히고 있는 문제는 무엇일까요?
  - 그 문제는 얼마나 오래되었을까요?
  - 그 문제 이외에 이 사람을 괴롭히는 또 다른 문제에는 무엇이 있을까요?
- 이 사람이 현재 가지는 감정들을 어떻게 표현할 수 있을까요?
  - 이 감정을 나는 일상생활에서 언제 느끼나요?
  - 이 감정을 해소하기 위해 나에게 도움이 되었던 방법에는 무엇이 있나요?
- 이 사람은 자신의 스트레스를 말로 표현하지 못하고 있습니다. 무슨 이유 때문일까요?

- 스트레스를 마음에 담아 두면 어떤 일이 일어날까요? 스트레스나 고민이 생길 시 표출하는 방법에는 어떤 것이 있나요?

Extra Activity

- 스트레스나 분노를 표출하는 자기파괴적 방법을 긍정적 방향으로 변화하도록 방향을 새로 잡기 위해 자신이 사용했던 방법들을 떠올리고 공유할 수 있습니다.
- 생각풍선에 채워진 것들을 소리 내어 읽도록 하여 표현하지 못하던 마음속 이야기를 직접 말로 표현해 보는 경험을 할 수 있습니다.

고장난 로봇

고장난 로봇

상실과 관련된 미해결 과제에 대해 생각해 보고, 이별을 대하는 성숙한 자세를 배울 수 있습니다.

디렉션

고장난 로봇의 그림이 있습니다. 고장난 로봇이 혼자 고개를 떨구고 아래를 보고 있습니다. 로봇이 새 제품이었을 때, 누군가 이 로봇을 구매하여 좋은 시간을 보내며 추억을 쌓았을 것입니다. 그러나 시간이 흘러 낡아 버린 로봇은 새로운 로봇에게 밀리게 되었고, 이제는 버려진 신세가 되었습니다.

1. 이 로봇을 볼 때 내가 느끼는 감정을 로봇의 주변에, 로봇이 느끼고 있을 감정을 로봇 안에 표현해 주세요. 구상적으로 무언가 그려 표현해도 좋지만 추상적인 패턴이나 색으로 표현해도 좋습니다.
2. 로봇을 보고 느끼는 나의 감정과 로봇이 느끼고 있을 감정을 단어로 적어 주세요.
3. 우리에게는 수명이 다하거나 끝이 나버려 무언가를 버렸던 기억이 있습니다. 그런데 실은 헤어지고 싶지 않았지만 버려야만 했던 것들이 있습니다. 그것은 물건이 될 수도 있고, 인간관계가 될 수도 있습니다. 이 대상에게 하지 못했던 이야기를 적어 보겠습니다(114페이지 편지지 도안 활용).

토론 및 질문

- 어떤 이유로 폐기된 것일까요? 로봇이 고장난 이유는 무엇일까요?
  - 로봇은 고장난 지 얼마나 되었을까요?
  - 로봇은 무엇으로 인해 고장나게 되었을까요?

- 로봇은 누군가에 의해 만들어진 존재이고, 누군가의 소유이기 때문에 스스로 버려지지 못합니다. 로봇을 버린 것은 누구인가요?
  - 로봇을 버린 사람은 버리기 전에 로봇과 어떻게 지냈을까요?
  - 로봇이 버려진 자리에는 무엇이 대신하고 있을까요?
- 지금 로봇은 어떤 생각을 하고 무슨 감정을 느끼고 있을까요?
- 로봇은 이제 어떻게 될까요? 당신이 해 줄 수 있는 일이 있을까요?

Extra Activity

- 버려진 로봇과 로봇을 버린 사람 둘 모두의 시점에서 2명씩 짝지어 상황극을 할 수 있습니다.
- 그림 위에 오일파스텔이나 스티커 등을 활용하여 로봇을 고쳐 주거나, 폐기된 로봇의 환경에 변화를 줄 수 있습니다.

문득 돌아봤을 때

문득 돌아봤을 때

누구나 느낄 수 있는 고독에 대한 구체적 상황에 대해 떠올려 볼 수 있습니다. 더 나아가 자신의 그림자와 그것을 대하는 태도에 대해서 확장하여 고찰할 수도 있습니다.

디렉션

열심히 앞만 보고 걸어가던 한 사람이 뒤를 돌아보았습니다. 그런데 주변에는 아무도 없고, 오직 자신의 그림자만이 길게 드리워져 있습니다. 자신이 텅 빈 공간 속 홀로 서 있다는 사실을 깨달았습니다.

1. 인물이 처한 상황과 느끼는 감정을 인물의 주변에 자유롭게 표현해 주세요. 구상적으로 무언가 그려 표현해도 좋지만 추상적인 패턴이나 색으로 표현해도 좋습니다.
2. 그림자는 음영(shadow)의 의미와 반영(reflection)의 의미 두 가지로 사용이 가능한 단어입니다. 원하는 쪽으로의 이야기를 이끌어 낼 수 있습니다. 이 사람의 그림자는 어떤 쪽일까요? 그림자의 모습을 꾸며 주세요.
3. 지금 이 사람에게는 무엇이 필요할까요? 이 사람에게 필요한 것들을 주변에 그려 주세요.

토론 및 질문

- 이 사람이 있는 곳은 어디인가요?
  - 이 공간은 내가 아는 어떤 공간과 닮아 있나요?
  - 내가 이 공간을 떠올렸을 때 들었던 감정과 생각은 무엇인가요?
- 이 사람은 언제부터 혼자였을까요? 언제 그것을 처음 깨닫게 되었을까요?
- 이 사람은 이제 무엇을 하려고 할까요? 이 사람에게 필요한 것은 무엇이 있을까요?
- 이 사람의 그림자는 어떤 모습을 하고 있나요?
  - 뒤돌아서 그림자를 처음 봤을 때, 이 사람은 어떤 기분을 느꼈을까요?

• 이 그림자는 이 사람에게 어떤 역할을 해 주고 있나요?

Extra Activity

- 이 사람을 보고 외로움이나 고독 같은 감정을 느끼는 경우가 많습니다. 이는 서로에게 다른 의미로 해석될 수 있기 때문에, 집단 작업의 경우 이에 대해 서로 가지고 있는 주관적 시선에 대해 토론해 볼 수 있습니다.
- 이 사람의 향후 행동에 대해 표현해 볼 수 있습니다. 고독한 곳을 탈출할 수도 있고, 친구를 만들어 줄 수도 있습니다. 혹은 그 고독에 머물러 있거나 그림자를 친구로 삼을 수도 있습니다. 그림 위에 표현할 수도 있지만, 다른 종이를 제공하여 다음 상황을 직접 구성해 보는 작업을 할 수 있습니다.

꼬인 실뭉치 풀기

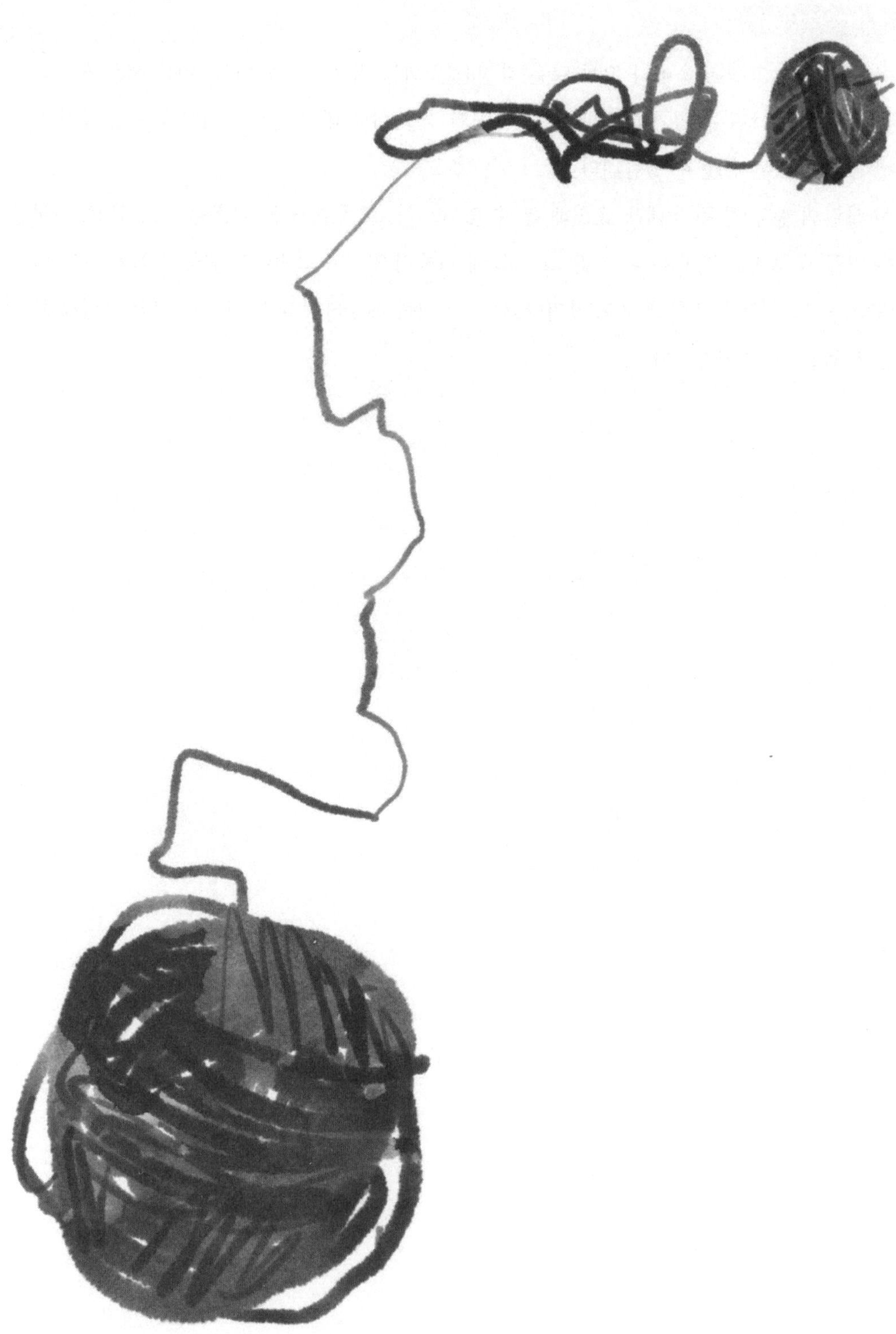

꼬인 실뭉치 풀기

자신이 처한 문제를 탐색하고, 해결방안을 스스로의 내면에서 찾는 활동에 사용될 수 있습니다. 또한 자신의 미해결 과제를 들여다보는 접근도 가능합니다.

디렉션

잔뜩 엉킨 두 개의 실뭉치가 하나의 실로 연결되어 있습니다. 실뭉치는 처음에는 하나였을 수도 있고, 처음부터 두 개의 다른 실뭉치가 뒤엉켜 하나처럼 보이는 것일 수도 있습니다.

1. 꼬인 실뭉치에 이름을 붙여 주세요. 처한 상황일 수도 있고(예: 집으로부터 벗어나 자유를 얻고 싶은 마음과 재정 및 경제적 궁핍), 특정 인물의 이름일 수도 있습니다(예: 엄마와 나). 하나로 이어진 실을 결국 맞닥뜨리게 된 구체적 문제로 특정 지어 작업할 수 있습니다(예: 이해관계가 얽혀 감정이 상해 가고만 있는 회사 동료들과의 관계).
2. 이 실뭉치를 어떻게 하고 싶은가요? 실뭉치가 어떻게 변할지를 직접 그림 위에 표현할 수 있습니다. 실뭉치가 늘어나 꼬인 실이 그림을 가득 채울 수도 있고, 혹은 하나로 합쳐질 수도 있습니다. 후에 채색 작업을 위하여 본 작업은 연필이나 검정 색연필 등의 색이 없는 재료로 진행합니다.
3. 실뭉치는 나에게 무엇을 떠오르게 하나요? 실뭉치 주변에 떠오르는 것들을 색연필, 오일파스텔 등의 채색도구로 자유롭게 표현해 주세요. 구상적으로 무언가 그려 표현해도 좋지만 추상적인 패턴이나 색으로 표현해도 좋습니다.

토론 및 질문

- '엉켰다' '꼬였다'라는 말은 어떤 상황에서 자주 사용하나요?
  - 지금 내 상황 중 이 단어로 표현될 부분에는 무엇이 있나요?
  - 과거에는 언제 이 단어와 내 삶을 연결시켰나요?
- 이 실뭉치는 과연 몇 개일까요? 결국 몇 개가 될까요?
- 나는 실뭉치를 어떻게 처리하고 싶은가요? 그것을 위해서 필요한 것들은 무엇이 있을까요?
- 엉킨 실뭉치를 풀었던 경험이 내 인생에 있다면, 어떤 결과가 있었나요? 만약 엉킨 실뭉치를 그대로 두었다면, 그 실뭉치를 풀지 못하게 만든 것은 무엇인가요?

Extra Activity

- 꼬인 실뭉치를 보면 답답하거나 짜증스럽다는 부정적 감정을 느끼는 경우가 많습니다. 그러한 감정에 처했을 경우 보통 어떻게 반응하며 그에 대한 자신의 민감도에 대해 생각해 볼 수 있습니다. 떠오르는 생각들을 바로 도안 위에 그리거나 써서 표현할 수 있습니다.
- 실뭉치를 처리하는 방법을 덧그리거나 콜라주로 표현할 수 있습니다. 이때는 오일파스텔이나 아크릴 등의 두껍게 덧발리는 재료를 사용하는 것이 좋습니다.

무엇이 자라날까요?

무엇이 자라날까요?

자신의 소망과 욕구를 확인하고, 목표의 실현을 위해 수행 가능한 실천사항들을 구체화할 수 있습니다.

디렉션

밭에서 무언가에 물을 주고 있는 농부가 있습니다. 어떤 씨앗을 얼마나 뿌렸는지, 어떤 것이 자라날지는 아무도 모릅니다.

1. 어떤 것을 수확하고 싶은지, 혹은 또 심고 싶은지 생각해 보며 씨앗을 그려 주세요. 씨앗은 실제 작물의 씨앗일 수도 있지만, 현재 나에게 씨앗으로 상징될 수 있는 무엇이든 그려도 좋습니다.
2. 밭의 환경을 꾸며 주세요. 지금 내가 현재 처한 상황, 환경 등에 연관지어 표현할 수 있습니다.
3. 이 씨앗이 자라면 무엇이 될까요? 자라난 결과물을 그려 주세요. 꽃이나 작물 같은 식물을 그릴 수도 있지만, 실제로는 밭에서 나지 않는 것들을 그릴 수도 있고(예: 상장, 집), 성취감이나 사랑과 같은 추상적인 개념을 그릴 수도 있습니다.
4. 이 밭에 무엇이 있다면 더 건강하게, 더 크게 성장할 수 있을까요? 필요한 것들을 그려 주세요.

토론 및 질문

- 씨앗을 심은 때는 어떤 계절일까요? 구체적인 날씨를 설명해 주세요.
- 어떤 씨앗을 심었을까요? 몇 개의 씨앗을 심었을까요?
- 씨앗에서 자라난 것을 설명해 주세요. 꽃이라면 어떤 꽃인지, 열매라면 어떤 열매인지 구체적으로 설명해 주세요(모양, 향기, 색, 맛 등). 식물이 아닌 결과물이라면 이것을 그린 이

유를 공유해 주세요.

- 결과물을 얻기까지 어느 정도의 시간이 필요할까요?
- 밭에 필요한 것들을 설명해 주세요. 집단 작업의 경우에는 서로에게 필요해 보이는 것을 선물할 수 있습니다.
- 나의 삶에서 씨앗과 결과물에 해당하는 것에는 무엇이 있었나요? 앞으로 나는 어떤 씨앗과 결과물을 기대하고 있나요?

Extra Activity

- 씨앗을 어떤 깊이에 심을 것인지, 어떤 모양을 하고 있으며 어느 정도 성장해 있는지를 통해 자신이 가진 잠재력과 자신이 느끼는 현재의 자아실현의 정도를 투사할 수 있습니다. 지면 위에 위치한 결과물의 형태에 따라 소망의 크기와 종류를 가늠해 볼 수 있으며, 나무의 형태에는 나무 심리검사의 지표를 따를 수 있습니다.
- 심상을 떠올리는 것에 어려움을 느끼는 내담자들을 위하여 콜라주 작업을 진행하는 것도 효과적입니다. 욕구의 종류별로 구분된 이미지들로 다양한 선택지를 마련하여 자신이 정말 원하는 것이 무엇인지, 그것을 위해서는 무엇이 필요한지 현실주의적인 관점에서 접근해 볼 수 있습니다.

어린 나에게 전하는 위로

어린 나에게 전하는 위로

나를 힘들게 했던 어린 시절의 상황을 떠올려 보고 내면아이와 접촉하여 위로를 전하는 프로그램입니다.

디렉션

우리는 마음속에 내면아이가 있습니다. 내면아이란 어린 시절에 상처를 받아 성장하지 못하고 내 안에 함께 살아가며 어른이 된 내가 다시 아이처럼 변하게 만드는 존재입니다. 몸은 어른이 되었지만, 힘든 시간을 만날 때면 성장하지 못한 아이가 불쑥 튀어나와 나에게 영향을 줍니다.

충분히 보듬고 위로해 주지 못한 아이는 자라지 못합니다. 어린 시절, 나에게 필요했던 적절한 위로는 무엇이었을까요?

1. 울고 있는 어린 시절의 내가 있습니다. 나는 어떤 상황에 처해 있었나요? 그때의 내가 느꼈던 감정은 무엇이었나요? 어린 나에게 필요한 위로는 무엇이었나요? 떠올려 주세요.
2. 나를 위로해 주는 곰과 어린 시절 나의 모습을 자유롭게 색칠해 주세요.
3. 말풍선 두 개 중 하나의 말풍선에는 아이가 슬픈 이유를 적거나 그림으로 표현합니다.
4. 나머지 말풍선에는 곰이 전해 주는 위로를 글이나 그림으로 표현합니다.

토론 및 질문

- 내 마음속의 어린 나를 생각해 주세요. 그 아이는 어떤 모습을 하고 있나요? 어떤 표정을 짓고 있나요?
- 그 아이가 슬퍼하며 울고 있습니다. 어린 시절 나를 힘들거나 슬프게 했던 사건은 무엇이 있었나요?
  - 언제, 무엇 때문에 울고 있을까요?
  - 그 상황이 없었더라면 지금의 나는 어떤 모습일까요?

- 그 상황이 여전히 나에게 영향을 미치는 이유는 무엇일까요?

- 그 때 내가 원하고 필요했던 위로와 격려를 떠올려 주세요.
  - 내가 떠올린 위로와 격려의 내용을 설명해 주세요.
  - 그 상황에 내가 원하는 위로와 격려를 받았더라면 지금 나는 무엇이 달라졌을까요?
- 어른이 된 지금의 나에게 필요한 위로와 격려는 무엇인가요?
  - 이 격려를 내게 해 주는 사람이 있다면 누구인가요?
  - 그 격려는 나에게 어떤 영향을 줄까요?
  - 나 스스로 나에게 해 줄 수 있는 응원의 메시지를 소리 내어 말해 주세요.

절벽 끝에서

절벽 끝에서

현재의 감정과 자신에게 필요한 것을 구체화하고 시각화시키는 과정에서 해결점을 찾기 위해 사용할 수 있습니다.

디렉션

기울어진 절벽 끝에 서 있는 사람이 있습니다. 한 발은 아직 땅을 디디고 있지만, 나머지 한쪽 발은 허공에 걸쳐져 있습니다. 한쪽 손은 뒤를 향해, 한쪽 손은 앞으로 뻗은 이 사람은 지금 어떤 상황에 처해 있는 것일까요?

1. 이 사람은 어떤 감정을 느끼고 있을까요? 이 사람이 느끼는 감정을 얼굴 안에 표현해 주세요.
2. 절벽의 아래에는 무엇이 있을까요? 아래에 표현해 주세요.
3. 이 사람을 도와줄 수 있는 것을 그려 주세요.

토론 및 질문

- 이 상황은 어떤 상황일까요? 그렇게 생각하는 이유는 무엇인가요?
- 절벽의 높이는 얼마나 될까요? 절벽 아래에 표현한 것은 무엇인가요?
- 절벽 밑을 바라보며 그림 속 인물은 무슨 생각을 했을까요? 어떤 감정을 느끼고 있을까요?
- 그림 속 인물이 절벽 끝에 서게 된 이유는 무엇일까요? 마지막 한 발을 뗄 때 어떤 생각을 할까요?
- 이 다음에는 어떤 일이 일어날까요?
- 내 삶에서 절벽 끝에 서 있는 것처럼 느껴졌던 순간은 언제였나요?

Extra Activity

- 위기에 처한 사람에게 도움을 주며 효능감을 느끼는 것과 동시에 자기 자신을 위로하는 방법 역시 생각해 볼 수 있습니다. 깃털 모양의 종이들을 준비하여 도움이 될 만한 것들을 스스로 적거나 표현하도록 하고, 그것을 날개처럼 꾸밀 수도 있고, 인물을 구해 줄 수 있는 다른 어떤 것을 만들어 붙이거나 그림 위에 그리도록 할 수도 있습니다.
- 그림 속 사람이 자살을 시도하는 상황을 전제하는 프로그램을 진행할 수 있습니다. 두고 온 것과 앞으로 할 수 있는 것에 대해 상기시키는 작업이 필요합니다. 그림 속 인물의 생각과 상황을 전환시키기 위해 어떤 것들이 필요한지 구체적으로 생각해 보고, 그것을 이미지화하는 작업을 함께 진행하는 것이 좋습니다.

하늘을 보는 사람

하늘을 보는 사람

현재 자신의 감정을 들여다보고, 잠시 멈추어 스스로에게 집중하는 활동으로 사용할 수 있습니다.

디렉션

하늘을 보고 있는 사람이 있습니다. 표정이 보이지 않는 이 사람은 하늘을 보며 개운함을 느낄 수도 있고, 또는 허망함을 느낄 수도 있습니다.

1. 이 사람이 느끼는 감정을 그림의 배경에 표현해 주세요. 구상적으로 무언가 그려 표현해도 좋지만 추상적인 패턴이나 색으로 표현해도 좋습니다.
2. 이 사람이 느끼는 감정 단어 5개를 골라 주변에 적어 주세요. 이를 통해 느껴지는 감정을 보다 구체적으로 확인할 수 있습니다.
3. 이 사람에게 필요한 것을 주변에 추가로 그려 주세요.

토론 및 질문

- 하늘은 어떤 의미를 가지고 있나요? 어떨 때 하늘을 바라보나요? 나는 하늘이나 허공을 바라볼 때 어떤 감정을 느끼나요?
- 이 사람을 둘러싼 검은 원은 무엇을 의미할까요? 그것에 이름을 붙인다면 무엇인가요?
  - 현재 내 삶에 검은 원과 같은 존재는 무엇일까요?
  - 검은 원이 가지는 장점이 있다면 무엇이 있을까요?
- 이 사람은 지금 어떤 표정을 짓고 있을까요?
  - 이 사람의 감정 단어 다섯 가지 중 최근에 사용한 감정은 무엇이고, 언제 사용했나요?
- 이 사람과 같은 행동을 취했던 경험이 있나요? 어떠한 상황에 처했었나요?

Extra Activity

- 하늘은 주관적인 해석이 판이하므로 완전히 다른 결과가 나올 수 있습니다. 집단 작업의 경우 작업 전에 서로의 생각을 나누는 작업이 수반되면 좋습니다. 작업 후에는 서로 표현한 그림 속 인물에게 응원의 메시지를 작성하는 등의 추가 작업을 진행할 수 있습니다.
- 이 사람에게 필요한 것을 표현할 때, 콜라주 재료를 붙여 표현할 수 있습니다.

풍선은 두둥실

풍선은 두둥실

자신의 욕구를 살펴보고, 목표를 이루기 위해 사용할 수 있는 개인적 자원과 방해요소를 탐색할 수 있습니다.

디렉션

한 사람이 여러 개의 풍선을 손에 쥔 채 공중에 떠 있습니다. 어떤 풍선은 크고, 어떤 풍선은 작으며, 어떤 풍선은 끈이 끊어져 어디론가 날아가고 있습니다. 이 사람은 지금 무엇을 하고 있는 걸까요? 이 그림에는 어떤 제목이 어울릴까요?

1. 이 사람을 떠오르게 하는 풍선은 무엇일까요? 풍선 안에 표현해 주세요.
2. 사람이 처한 환경을 꾸며 주세요. 자신이 현재 처한 상황, 환경 등에 연관지어 해석하는 것이 가능합니다.
3. 이 사람에게 위협요소나 방해요인이 있다면 표현해 주세요. 나에게 필요한 도움과 장애요인에 대해 파악해 볼 수 있습니다.
4. 이 사람에게 필요한 것들을 추가로 그려 주세요.

토론 및 질문

- 이 사람은 어떤 상황에 처한 것일까요? 본인의 의지였을까요?
- 이 사람은 지금 올라가는 중일 수도, 내려가는 중일 수도 있습니다. 혹은 어디론가 이동하고 있는 중일 수도 있습니다. 이 사람은 어디에서 와서 어디로 향하는 중일까요?
- 손에 쥔 여러 개의 풍선에 각각의 이름을 지어 주세요.
- 끈이 끊어진 풍선이 있습니다. 어떤 이유로 끈이 끊어졌을까요? 그 풍선의 이름은 무엇이었을까요?

- 풍선처럼 과거 자신이 무언가 붙잡고 있다가 놓아 버린 것은 어떤 것인가요? 어떠한 이유로 놓아 버렸나요? 지금은 그것을 어떻게 추억하나요?

Extra Activity

- 공중에 있다는 것은 기반이 없는 것과도 같은 의미입니다. 어떤 감정을 느끼는지에 따라서 풍선 외에도 그림 속 사람에게 필요한 것을 표현하여 선물하는 방식으로의 접근이 가능합니다. 직접 그려 넣을 수도 있고, 콜라주 재료를 이용하여 붙여 작업할 수도 있습니다.

잃어버린 조각

잃어버린 조각

상실과 이별, 혹은 변화에 관련된 미해결 과제에 접근해 볼 수 있으며, 지금 자신이 되찾고 싶은 것을 확인함으로써 욕구를 들여다볼 수 있습니다. 또한 '완벽함'에 대한 자신의 태도를 점검할 수도 있습니다.

디렉션

하트 모양에 퍼즐 한 조각이 빠져 비어 있습니다. 비어 있는 공간을 보며 누군가는 공허함을 느낄 수도, 불안함을 느낄 수도 있습니다.

1. 이 그림을 보고 내가 느끼는 감정을 하트 안에 자유롭게 표현해 주세요. 구상적으로 무언가 그려 표현해도 좋지만 추상적인 패턴이나 색으로 표현해도 좋습니다.
2. 잃어버린 조각은 무엇이었을까요? 내가 생각하는 지금 내게 빠져 있는 그 무엇을 퍼즐 조각 안에 표현해 주세요.

토론 및 질문

- 완성된 것과 완성되지 않은 것의 차이는 무엇일까요? 완성되지 않은 것을 보면 어떤 기분이 드나요?
- 하트 안에 표현된 감정을 설명해 주세요. 여기에 구체적으로 어떤 이름을 붙일 수 있을까요?
- 잃어버린 조각은 무엇인가요? 어떻게 잃어버렸으며, 지금 어디에 있을까요?
- 원래부터 없었던 것과 나에게 있다가 사라진 것은 어떻게 다를까요? 일상에서 이것을 느꼈던 순간은 언제인가요?
- 잃어버린 조각이 채워진 감정을 느끼기 위해 나에게 필요한 것은 무엇일까요?

Extra Activity

- 상실에 대한 구체적인 경험을 떠올려 볼 수 있습니다. 아직 치유가 끝나지 않은 상처가 있다면 마음을 치유하기 위해 무엇을 할 수 있을지 구체적인 방안을 모색할 수 있습니다.
- 부족함과 불완전함에 대한 주관적 평가에 대해 알아볼 수 있습니다. 집단 작업의 경우 도안을 보고 작업 전 서로의 의견을 공유하며 서로 다른 시선 안에서 깨달음을 얻을 수 있습니다.
- 하트의 주체가 나일 수도 있지만, 잃어버린 조각이 나인 경우도 존재합니다. 내가 떨어져 나온 집단이나 뿌리는 어디인지 생각해 보고, 잃어버린 조각의 입장에서 하트에 건네는 말을 작성해 볼 수 있습니다.

반쪽 날개

반쪽 날개

한쪽 날개만을 가진 불완전한 상태의 사람에게 자신을 투사하여 자신의 현재 상태와 재생, 소실, 이별 등 각자에 맞는 상황에 빗대어 생각해 볼 수 있습니다.

디렉션

반쪽 날개를 가진 사람이 있습니다. 날개로부터 흩어진 깃털이 이리저리 날리고 있고 사람은 웅크려 뒤돌아 앉아 있습니다. 이 사람은 천사일 수도, 사람일 수도 있습니다. 날개가 나고 있는 것일 수도, 한쪽 날개를 잃은 것일 수도 있습니다.

1. 이 사람이 느끼는 감정과 상황을 그림의 배경에 표현해 주세요. 구상적으로 무언가 그려 표현해도 좋지만 추상적인 패턴이나 색으로 표현해도 좋습니다.
2. 이 사람에게 필요해 보이는 것을 그림을 그려 선물해 주세요. 이때는 오일파스텔이나 아크릴 등 두껍게 발려지는 재료들을 사용하는 것을 추천합니다.
3. 이 사람에게 어떤 말을 해 줄 수 있을까요? 빈칸 혹은 접착메모지, 작은 메모장에 이 사람에게 전하는 메시지를 적어서 붙여 주세요.

토론 및 질문

- 날개는 무엇을 상징할 수 있을까요?
- 뒤돌아 앉아 있는 사람은 어떤 사람일까요?
  - 이 사람은 무엇을 꿈꾸는 사람이었을까요?
  - 이 사람은 무엇 때문에 주저앉아 있을까요?
- 이 사람에게 한쪽 날개밖에 없는 이유는 무엇일까요?
  - 다른 한쪽 날개는 지금 어디에 있을까요?
  - 처음부터 날개가 하나였을까요? 혹은 둘 중 하나를 잃어버린 걸까요?

- 반드시 두 개가 있어야만 기능을 할 수 있는 것에는 어떤 것들이 있을까요?
- 둘이었다가 한 짝을 잃고 남겨진 것은 어떻게 변하나요?
- 한쪽 날개를 잃은 것과 같은 감정을 경험했던 순간을 공유해 주세요.
- 나에게 날개가 생긴다면 무엇이 어떻게 변할까요? 내 삶에서 날개에 해당하는 것은 무엇이 될 수 있을까요?

Extra Activity

- 주인공이 느끼는 감정에 대해 구체적으로 표현해 볼 수 있습니다. 해석이 판이할 수 있으므로 긍정적으로 느끼는 사람과 부정적으로 느끼는 사람의 현재 상태를 가늠할 수 있습니다.
- 날개는 한쪽만으로는 제 기능을 할 수 없습니다. 본래의 기능을 할 수 없는 것은 가치를 완전히 잃은 것인지, 일부를 소실하고 남겨진 것에 대해 생각해 볼 수 있습니다(예: 한쪽 다리, 팔, 눈 등에 장애를 얻게 된 경우).
- 종교적인 접근이 가능합니다.

이불 밖은 위험해

이불 밖은 위험해

안전하다는 감각과 불안하다는 감각을 함께 다룰 수 있습니다. 불안을 구체화시키고 그에 대해 스스로 안정감을 찾는 방법에 대해 생각해 볼 수 있습니다.

디렉션

이불 속에 들어가 어둠 속에 자신을 숨긴 채 바깥을 바라보고 있는 어떤 존재의 그림입니다. 두 눈만을 드러낸 이 존재는 두려움을 느끼는 것일 수도 있고, 안정감을 느끼는 중일 수도 있습니다.

1. 이불 밖은 어떤 상황일까요? 주변을 표현해 주세요.
2. 이 인물을 덮고 있는 이불은 어떤 모습일까요? 자유롭게 이불을 표현해 주세요.
3. 이불 안 인물이 느끼고 있는 감정을 인물 주변에 적어 주세요.

토론 및 질문

- 내가 '안전함'을 느끼는 곳은 어디인가요?
- 나는 어떤 상황에서 '불안함' '공포' 등의 감정을 느끼나요?
- 은신은 안전함의 의미도 있지만, 격리의 의미도 가지고 있습니다. 공포로부터 해방되는 대신 외부와 격리되어야 하는 상황이라면 어떤 쪽을 선택할 것이며, 그 이유는 무엇인가요?
- 두려움에서 도망치기 위해 했던 특별한 행동이 있나요?
- 이불 안의 인물을 밖으로 나오게 하기 위해서는 어떤 행동을 할 수 있을까요?

Extra Activity

- 내담자의 나이에 따라 두려움을 주는 대상이 달라질 수 있습니다. 예를 들어, 아동 내담자가 가족 구성원과의 문제점을 표출할 경우, 이에 맞는 질문과 디렉션을 해 주면 좋습니다.
- 집단 작업의 경우, 이불 안 사람의 감정을 적거나 공포를 느끼는 상황을 공유한 후, 그의 두려움을 극복할 수 있는 방법들에 대해 각자의 의견을 제시할 수 있습니다. 그림을 교환하여 각자에게 선물하고 싶은 것들을 그려 줄 수 있습니다.
- 이불 외에 안정감을 주는 것들을 나열해 공통점을 찾는 과정을 추가할 수 있습니다. 공포나 두려움을 느낄 때 공통적으로 나타났던 특징들을 통해 불편한 감정을 완화하는 훈련을 할 수 있습니다.

화가 난 사람

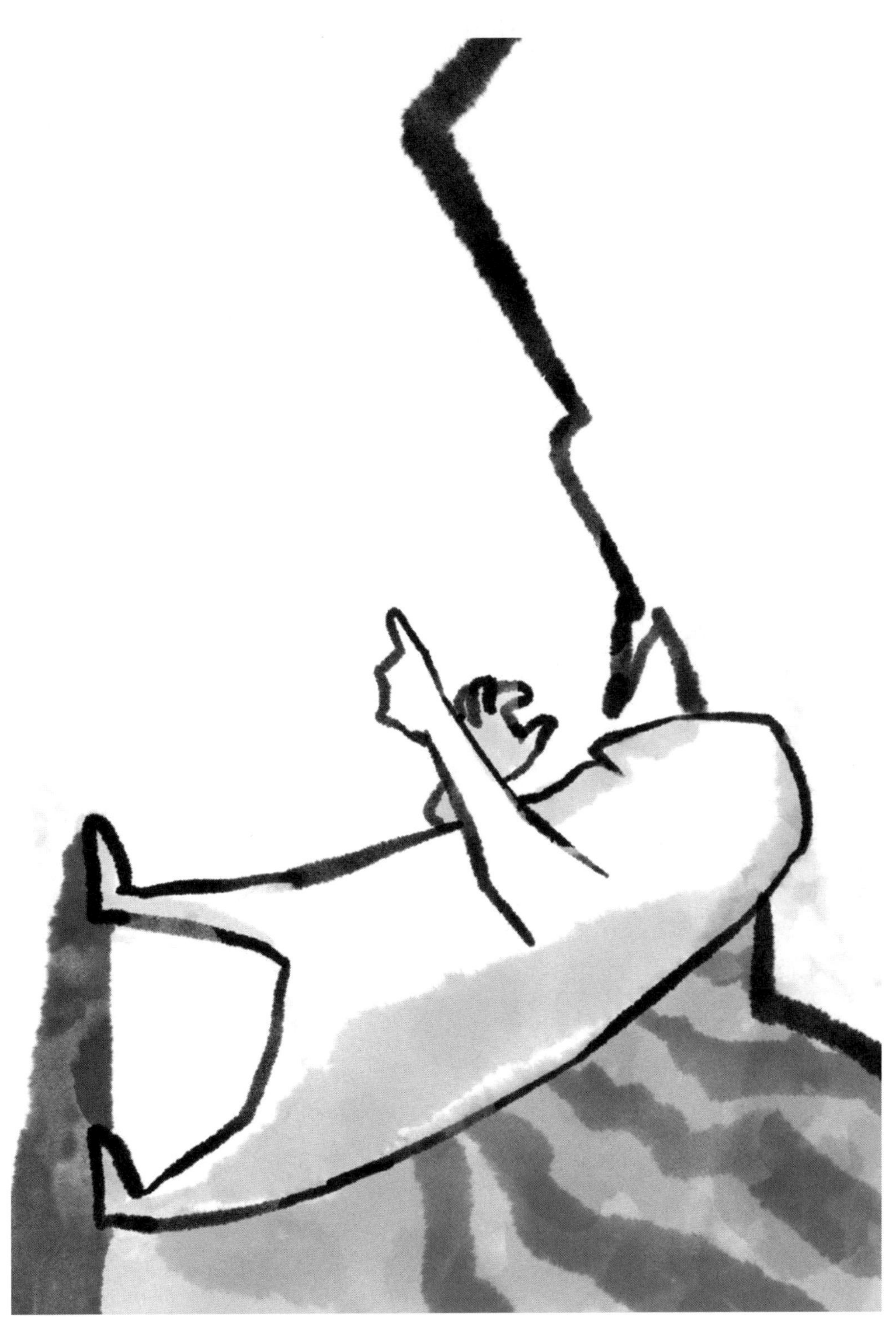

화가 난 사람

분노 조절에 어려움을 느끼는 사람, 혹은 감정 표현에 어려움을 느끼는 사람에게 적절한 표현법을 찾는 목적으로 사용할 수 있습니다.

디렉션

화가 나 손가락질 하고 있는 사람이 있습니다. 어떤 일로 화가 났는지, 누구를 향한 화인지는 알 수 없습니다.

1. 어떤 상황일까요? 이 사람의 손가락 앞에 화내고 있는 대상을 그려 주세요.
2. 이 사람의 표정을 그려 주세요.
3. 상단의 말풍선 안에 대사를 써 넣어 이 사람이 무엇이라 말하며 화내고 있는지를 적어 주세요.
4. 주변을 자유롭게 색칠하거나 그려서 그림을 완성해 주세요.

토론 및 질문

- 이 사람은 누구에게, 무슨 이유로 화를 내고 있을까요?
- 상대는 어떤 표정을 짓고 있을까요?
- 화를 내고 난 뒤, 화를 낸 사람과 혼이 난 사람은 각각 어떤 기분이 들까요?
- 나는 주로 화를 내는 사람인가요, 당하는 사람인가요?
- 최근에 가장 화가 났던 순간은 언제였나요? 그때 나는 어떻게 행동했나요?
- 화를 내는 방법말고 다른 해결법에는 어떤 것이 있을까요?
- 어떻게 해야 잘 화낼 수 있을까요?

Extra Activity

- 집단으로 진행될 경우, 집단원끼리 각자의 역할을 맡아 역할극을 진행해 볼 수 있습니다. 주어진 상황에 맞춰 정해진 대사 외 추가적인 대화를 이끌어 낼 수도 있습니다.
- 화를 내는 상황에서 느끼는 감정에 대해 접근해 볼 수 있습니다. 극도의 공포나 불안감을 느낀다면 그와 관련된 사건을 경험했을 수 있습니다. 이에 대해 표현하고, 극복해 볼 수 있는 방법에 대해 탐색할 수 있습니다.

나의 심연

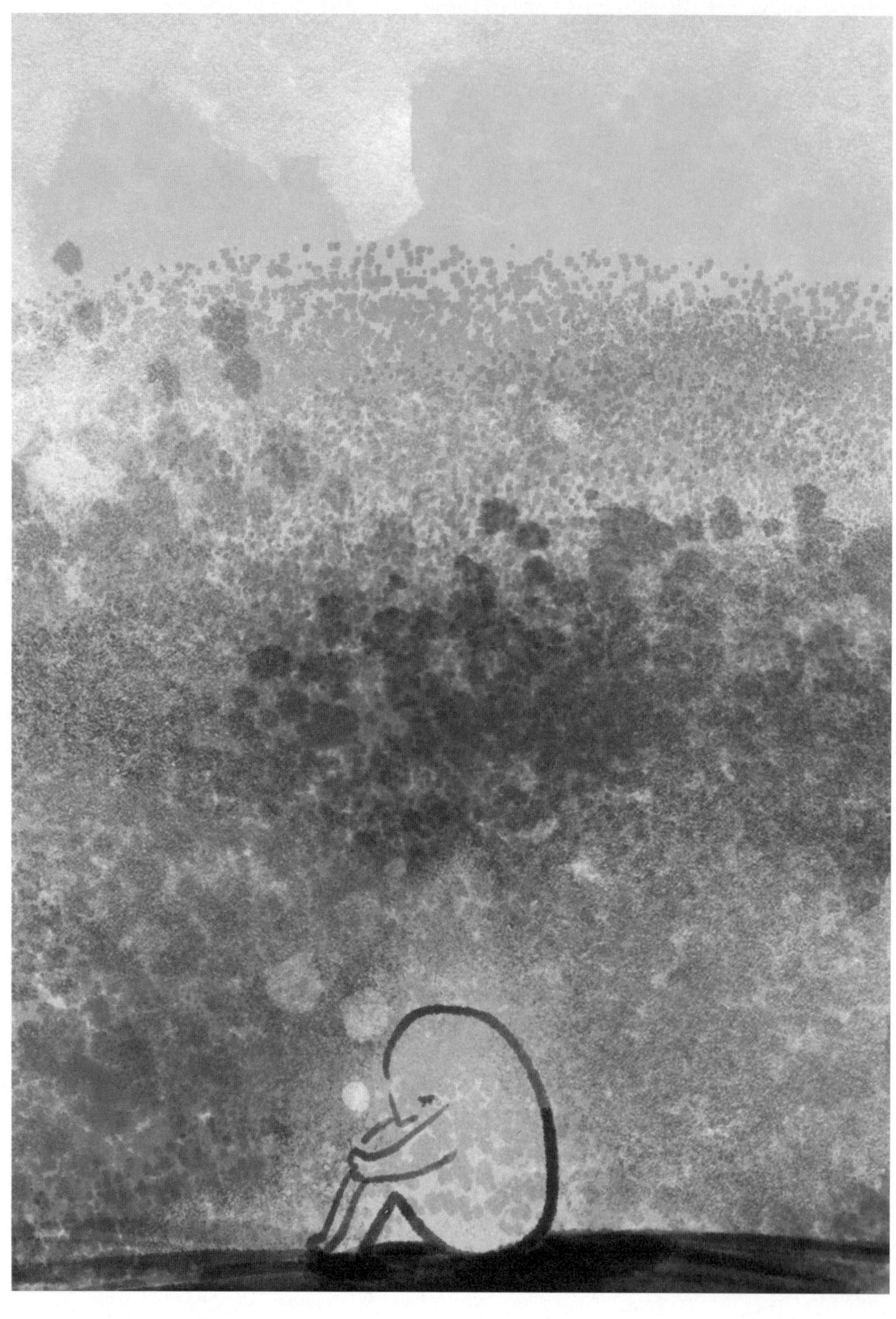

나의 심연

깊은 바닷속에 홀로 웅크리고 앉아 있는 사람에게 자신의 상황을 투사하여 마음속 깊은 이야기를 꺼낼 수 있도록 도울 수 있습니다.

디렉션

사람은 태어나기 전 엄마의 뱃속에서 양수 가운데 웅크린 채로 성장합니다. 자각하지 못하겠지만, 처음 들은 소리는 어쩌면 물이 움직이는 소리일 것입니다. 이것은 바다의 소리와도 유사합니다. 그래서 바다를 떠올릴 때 사람들은 두려움을 느끼기도 하지만, 또 안정감을 느끼기도 합니다. 마치 뱃속에서 바깥으로 나오기를 기다리던 태아처럼요.

그림을 들여다보면 한 사람이 바닷속에 웅크려 앉아 있습니다. 이곳이 얼마나 깊은 바닷속인지는 알 수 없습니다.

1. 이 사람은 무슨 이유로 바닷속에서 혼자가 된 것일까요? 무슨 생각을 하고 있을까요? 이 사람이 느끼는 감정을 사람 외곽선 안쪽에 색이나 패턴으로 표현해 주세요.
2. 바다는 어떤 느낌으로 다가오나요? 이 사람의 주변 환경을 표현해 주세요. 오일파스텔이나 아크릴 등의 두껍게 덧발리는 재료를 사용하는 것을 추천합니다. 어떤 것이 이 사람에게 공격적이거나 위협적인지, 어떤 것이 이 사람에게 힘이 되고 보호해 주는지를 생각하며 그려 넣어 주세요.
3. 이 사람에게 응원의 메시지를 적어 주세요. 빈칸에 적을 수도 있고, 접착메모지나 작은 메모장에 적어서 붙여 줄 수도 있습니다.

토론 및 질문

- 나에게 바다는 어떤 의미인가요? 바다를 떠올리면 생각나는 단어들을 말해 주세요.
  - 내게 바다와 같은 존재로 또 어떤 것이 있을까요?
- 이 바다는 얼마나 깊을까요? 그림 속 사람은 어떻게 이 바다에 들어오게 되었을까요?
  - 누군가 내 안에 깊게 들어온다면 그 사람은 나의 무엇을 보게 될까요?
  - 누군가와 깊게 교류한 경험이 있나요? 그 사람은 누구였나요?
- 이 사람은 얼마나 오래 이 안에 있었을까요? 이 사람은 언제부터 혼자였을까요?
- 이 사람은 지금 어떤 감정을 느낄까요? 어떤 생각을 하고 있을까요?
- 이 다음에는 어떤 일이 일어날까요? 그건 얼마나 시간이 흐른 후에 일어날까요? 그 일이 일어나는 계기는 무엇일까요?

Extra Activity

- 그림 속 인물에게 필요한 것이 무엇인지 직접 그리거나, 콜라주 작업으로 표현할 수 있습니다. 또한 인물에게 건네고 싶은 말을 직접 해 볼 수도 있습니다. 이는 보통 자신에게 해주고 싶은 응원의 말일 가능성이 높기에 다른 작업들과 연결하여 확장할 수 있습니다.

구덩이에 빠진 사람

구덩이에 빠진 사람

구덩이에 빠진 사람

고립과 단절에 대해 생각해 볼 수 있습니다. 사회적응력 향상을 목적으로 하는 프로그램에 사용하기 적합합니다. 대상에 따라 두 도안 중 선택하여 사용할 수 있습니다.

디렉션

깊은 구덩이에 빠진 사람이 있습니다. 지금 이 사람이 혼자 구덩이 밖으로 나갈 수 있는 방법이 없습니다. 아무도 없는 공간에서 이 사람은 외로움을 느낄 수도 있고, 오히려 혼자 있기에 편안함을 느낄 수도 있습니다.

1. 이 사람은 어떻게 구덩이에 들어가게 되었을까요? 이 사람이 느끼는 감정을 사람 그림 안과 주변에 표현해 주세요.
2. 구덩이는 안정감, 불안감 등 다양한 감정을 느끼게 할 수 있습니다. 색이나 패턴을 그려 구덩이를 표현해 주세요.
3. 이 사람이 삶을 계속 살아가기 위해서는 구덩이에서 나와야 할 것입니다. 이 사람을 도와줄 수 있는 방법은 어떤 것이 있을지 생각해 보고, 그림으로 표현해 주세요. 도구나 사람, 그 무엇이든지 괜찮습니다.
4. 이 사람을 도와줄 누군가를 그려 주세요. 도움을 청하는 사람에게 어떤 방법으로 도움을 줄 수 있을지, 나라면 어떻게 탈출할 수 있을지에 대해 자유롭게 표현해 주세요.

토론 및 질문

- 만약 그림 속 상황에 처하게 된다면 어떤 것이 가장 큰 공포로 다가올까요?
- 이 상황은 왜 일어났을까요? 무슨 이유로 구덩이에 빠지게 되었을까요?
- 구덩이의 깊이는 얼마나 될까요? 이 사람의 눈앞에 보이는 것은 무엇일까요?
- 누군가의 도움 없이는 빠져나갈 수 없는 상황에 처했을 때, 나는 보통 어떤 방식으로 도움

을 요청하는 편인가요? 만약 도움 요청하기를 망설이는 편이라면 무엇 때문인가요?

- 이 사람이 구덩이를 빠져나온다면 어떤 기분이 들까요? 구덩이 밖의 상황은 구덩이 안에서의 상황과 어떻게 다를까요?

Extra Activity

- 격리와 단절에서 오는 두려움과 공포의 감정에 대해 생각해 볼 수 있습니다. 느껴지는 감정을 구체적인 단어나 문장으로 정리해 보는 것도 좋습니다.
- 타인에게 도움을 요청하는 것을 어려워하는 사람의 경우, 도움을 요청하고 도움 받는 연습을 해 볼 수 있습니다. 대사를 준비하여 진행자와 참여자 혹은 집단 안에서 연습해 볼 수 있습니다.
- 도움을 요청하는 사람, 도움을 주는 사람의 상황 모두에 투사가 가능합니다. 집단 작업의 경우, 집단원끼리 짝을 지어 각자 반대의 상황을 경험해 볼 수 있습니다. 도움을 주는 경우의 경험을 하면, 도움을 청하는 것이 쉬워질 수 있습니다. 도움을 주는 사람 역시 얻는 긍정적 감정이 있음을 깨달을 수 있습니다.
- 집단 작업의 경우, 마지막에 서로의 그림에 응원의 메시지를 적어 줄 수 있습니다.

어린 왕자

어린 왕자

『어린 왕자』라는 유명한 동화책을 매개로 관계 속에 일어날 수 있는 만남과 이별에 대해 생각해 볼 수 있습니다. 또한 자신의 인생을 어린 왕자에 빗대어 여행으로 정리해 볼 수도 있습니다.

『어린 왕자』는 앙투안 드 생텍쥐페리(Antoine de Saint-Exupéry)가 1943년 발표한 소설입니다. 소설의 주인공인 조종사는 사막 한가운데에서 세 개의 작은 화산이 있는 소행성의 주인인 어린 왕자를 만납니다. 어린 왕자의 소행성에는 외부에서 날아와 싹을 틔운, 어린 왕자가 처음으로 애정을 준 소중한 존재, 장미꽃이 피어 있습니다. 장미꽃은 마음이 여리지만 자존심이 세고 감정 표현이 서툴어 결국 어린 왕자와 크게 다투고, 어린 왕자는 그 때문에 긴 여행을 떠나게 됩니다.

어린 왕자는 조종사에게 외로운 왕, 허영심 많은 남자, 술꾼, 사업가, 가로등을 켜는 사람 등 여행하며 만났던 수많은 존재들을 얘기해 줍니다. 지구에서 만난 상인, 장미꽃들, 뱀과 여우까지. 어린 왕자는 여우와 좋은 친구가 됐지만, 결국 지구를 떠나 자신의 소행성으로 돌아갈 것을 결심합니다. 그 이유는 수많은 장미꽃과는 다른 자신의 하나뿐인 장미꽃 때문이었습니다.

디렉션

어린 왕자는 긴 여행을 막 끝내고 자신의 의지로 오래된 친구인 장미가 있는, 직접 가꾼 보금자리인 별로 돌아왔습니다. 수많은 만남과 이별이 존재하는 여행을 통해 어린 왕자는 만남의 즐거움을 느꼈을 수도 있고, 관계에서 비롯된 피로감을 느꼈을 수도 있습니다.

1. 어린 왕자의 별 이름은 무엇일까요? 어린 왕자 소설 속 별의 이름이 아니어도 좋습니다. 특별한 이름을 지어 주세요. 어떤 의미를 가지고 있나요? 그에 맞게 어린 왕자의 별을 색이나 패턴을 이용하여 표현해 주세요.
2. 어린 왕자는 여행 중에 많은 별에 들러 다양한 친구를 만났습니다. 그 친구들은 어린 왕자에게 어떤 의미를 가지고 있을까요? 그 친구들은 장미와 어떻게 다를까요?

3. 돌아온 어린왕자의 손에는 여행에서 얻은 것이 쥐어져 있습니다. 그것은 무엇일까요? 이 역시 원작 소설의 내용과 별개로 설정해 주세요. 무슨 이유로 이것을 가져오기로 마음먹었을까요? 직접 그리거나 붙여 표현해 주세요.
4. 장미는 돌아온 어린 왕자에게 어떤 인사를 건넸을까요? 그 인사에 대한 어린 왕자의 대답도 함께 작성해 주세요.
5. 어린 왕자는 무엇을 통해서 '돌아왔다'고 느낄까요? 그것은 여행을 마치고 돌아오기로 마음먹은 어린 왕자의 마음과 어떻게 다를까요?

토론 및 질문

- 어딘가 뚝 떨어졌다고 생각했던 때가 있다면 언제였나요?
- 나에게 여행은 어떤 의미를 가지고 있나요?
  - 기억에 남는 여행을 들려주세요.
  - 무언가 배울 수 있었던 여행은 언제였나요?
  - 새로운 누군가를 만나게 된 여행의 이야기를 들려주세요.
- 어린 왕자 없이는 살아갈 수 없는 장미처럼, 나 없이는 살아갈 수 없는 사람이 나에게는 누구인가요? 나에게 어린 왕자와 같은 사람은 누구인가요(누구였나요)?
- 여행에서 돌아온 내가 장미를 만났다면 처음 어떤 말을 건네고 싶은가요?
- 어린 왕자는 여행 중에 여우를 만났습니다. 여우는 어린 왕자가 돌아가지 않기를 바랐습니다. 나라면 어떤 선택을 했을까요?
  - 나에게 익숙해지고 길들여진 사람은 누구일까요? 나는 누구에게 익숙하고 길들여졌을까요?
- 내가 돌아온 보금자리 별은 어떤 이름을 가지고 있을까요?

Extra Activity

- 인트로에서 어린 왕자에 대한 간단한 설명이 필요합니다. 긴 여행 중에 만난 친구, 여우의 의미와 관계 등 어린 왕자가 자신의 별로 돌아갈 이유가 된 장미에 대해 이해시켜 주는 작업을 대사와 이미지를 통해 간단히 전달합니다.
- 어린 왕자의 별이 처한 환경을 꾸미는 작업도 가능합니다. 이웃 별을 그려 주는 등의 작업으로 현재 자신의 상황을 알아볼 수 있습니다.

- 작업을 끝마친 후, 지구에 두고 온 여우에게 편지를 적어 읽도록 할 수 있습니다. 크고 작은, 납득하거나 납득하지 못한 이별들을 겪은 자신에게 해 주는 말일 수 있습니다. 발표 후 수신자도, 발신자도 자신임을 알려 주세요.
- 지나온 새로운 별들을 그려 나만의 여행지도를 제작할 수 있습니다. 별의 이름과 모양, 그곳에서 자신이 만난 사람들 그리고 특징과 기억들을 적어 나가며 과거의 관계가 현재에 미치는 영향, 그리고 그 관계들을 바라보는 나의 태도를 확인할 수 있습니다.

등불

등불

불은 각자에게 다른 의미를 줄 수 있습니다. 빈 공간에 홀로 켜 있는 등불에 대한 해석을 통해 자신이 처한 상황과 그에 대한 감정을 표현해 볼 수 있습니다.

디렉션

텅 빈 공간에 불이 붙어 있는 등불이 놓여 있습니다. 이 공간은 어떠한 이유로 이미 밝을 수도, 어두운 상태일 수도 있습니다. 등불의 불꽃은 막 타오르는 것일 수도, 이제 꺼져 가는 것일 수도 있으며, 충분히 밝을 수도 혹은 충분하지 못할 수도 있습니다.

1. 등불을 보며 떠오르는 생각과 감정을 등불의 병 안에 표현해 주세요. 구상적으로 무언가 그려 표현해도 좋지만 추상적인 패턴이나 색으로 표현해도 좋습니다.
2. 등불이 놓인 환경을 그려 주세요. 번지고 섞이는 특징을 가지고 있는 수채나 파스텔 등의 재료를 사용하는 것도 좋습니다. 자신이 어둡다고 생각하는 것, 혹은 밝혀 주고 싶은 것들을 떠올리고 표현하는 것을 추천합니다.
3. 등불을 보며 느끼는 감정 단어 다섯 개를 주변에 적어 주세요.
4. 등불에게 메시지를 보낸다면 어떤 이야기를 하고 싶은가요? 접착메모지나 메모지에 적은 후 등불 옆에 붙여 주세요.

토론 및 질문

- 이 등불은 어디에 놓여 있을까요? 누가 켜 놓았을까요?
- 등불은 무엇에 필요한 등불일까요? 등불이 할 수 있는 일은 무엇이 있나요?
- 등불을 보며 나는 어떤 감정을 느끼나요?
- 등불의 불꽃이 꺼지는 때는 언제일까요? 그 이유는 무엇일까요?
- 내 삶에서 등불과 같은 역할을 하는 것은 무엇인가요?

- 내가 누군가에게 등불과 같은 존재가 되었던 경험을 공유해 주세요.

Extra Activity

- 불꽃이 꺼지지 않게 유지하는 방법에 대해 생각해 볼 수 있습니다. 추가로 주변 환경을 꾸며 보는 방법으로의 접근도 가능합니다. 표현이 어려운 참여자의 경우 콜라주 등의 방법을 사용하는 것도 효과적입니다.

빙산의 일각

빙산의 일각

일부는 바다 위에 노출되고 일부는 잠겨 있는 바다 위의 빙산에 자신을 투사해 그림자와 페르소나 등의 원형에 접근해 볼 수 있습니다.

디렉션

바다 위 어디에서부터인가 떠내려와 천천히 어디론가 향하는 빙산이 있습니다. 더 큰 덩어리의 빙산에서 분리되어 떠내려온 것일 수도 있고, 작은 조각들이 모여 하나로 뭉쳐져 거대한 빙산이 되었을 수도 있습니다.

1. 바다 위 빙산을 보며 떠오르는 생각과 감정을 빙산 그림의 외곽선 안에 표현해 주세요. 구상적으로 무언가 그려 표현해도 좋지만 추상적인 패턴이나 색으로 표현해도 좋습니다. 드러난 빙산 위에 살고 있는 누군가를 그려 넣을 수도 있습니다.
2. 빙산과 바다 등 주변 환경을 자유롭게 표현해 주세요. 빙산이 지금 둥둥 떠 있는 곳은 어디일까요? 오일파스텔이나 아크릴 등의 두껍게 덧발리는 재료를 사용하는 것을 권장합니다. 바다 밑과 바다 위 환경의 다른 점을 비교하며 표현하는 것을 추천합니다.
3. 물속에는 무엇이 있을까요? 보이지 않는 곳에서 존재하고 일어나고 있는 것들의 모습을 그려 주세요.
4. 빙산을 보며 느끼는 감정 단어 다섯 개를 주변에 적어 주세요.

토론 및 질문

- 빙산은 얼마나 큰가요? 눈에 보이는 크기와 바다 밑에 잠겨 있는 빙산의 크기는 어떻게 다른가요?
  - 눈에 보이지 않는 것이 보이는 것보다 더 크게 다가왔던 경험이 있다면 언제인가요?
  - 살아가면서 보이지 않는 부분과 보이는 부분 중 어떤 것이 더 중요하다고 생각하나요?

그렇게 생각한 이유는 무엇인가요?

- 다른 사람들은 나에 관해 어느 정도를 알고 있나요?

- 빙산은 어디에서 왔을까요? 또 이 빙산은 어디로, 어떤 속도로 흘러가고 있을까요?
  - 처음에 빙산의 크기는 얼마나 컸을까요? 빙산이 있던 곳은 어떤 곳이었을까요?
- 처음 이 빙산을 봤을 때 느낀 감정을 이야기해 주세요. 이전에 이와 같은 감정을 느꼈던 적이 있나요?
- 빙산은 결국 어떻게 될까요? 그렇게 되는 데에는 얼마만큼의 시간이 소요될까요?

Extra Activity

- 바다 밑에 잠겨 있는 빙산의 이야기를 완성해 보는 작업으로 내면의 문제에 접근해 볼 수 있습니다. 크기, 표현법, 빙산 안에 갇혀 있는 것들에 대해 자유롭게 표현하여 남들에게 보이고 싶지 않은 그림자에 대해 알아보는 것도 가능합니다.
- 바다 위로 보여지는 빙산의 부분을 완성해 자신의 페르소나에 접근해 볼 수 있습니다.

무엇이 보이나요

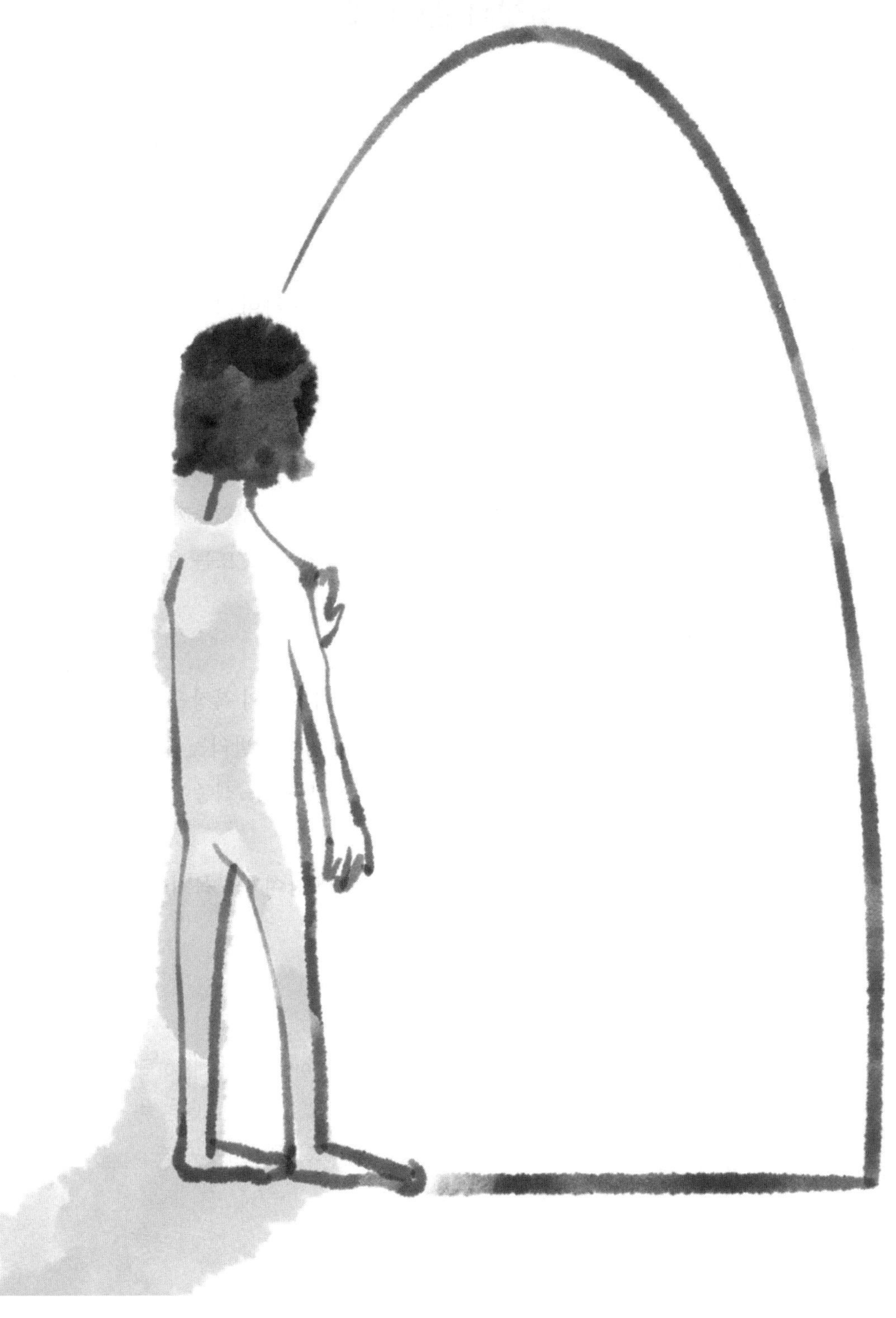

무엇이 보이나요

사각형은 튼튼하고 안전하지만, 동시에 보수적이고 답답한 이미지가 있습니다. 반면에 원은 원만하고 부드럽지만 유약하고 둔한 이미지를 가지고 있습니다. 이 둘이 합쳐져서 만들어진 모양이 아치입니다. 아치형의 틀 앞에 선 이 사람에게 자신을 투사하여 자신의 내면을 탐색해 볼 수 있습니다.

디렉션

아치형의 틀 앞에 선 사람이 있습니다. 사람은 무엇을 보고 멈춰 서 있을까요? 그것은 누군가에게는 다른 곳으로 통하는 문일 수도, 나를 비춰 주는 거울일 수도, 또는 유명한 화가가 그린 멋진 작품일 수도 있습니다.

1. 이 사람은 어디에서 와서 왜 이 앞에 멈춰 서 있나요? 이 사람의 복장을 포함한 환경을 자유롭게 표현해 주세요. 오일파스텔이나 아크릴 등의 두껍게 덧발리는 재료를 사용하는 것을 추천합니다. 그림을 그리는 것에 어려움을 느끼는 경우에는 색종이나 잡지 등의 콜라주를 사용하여도 좋습니다.
2. 다양한 방법으로 활용될 수 있는 도안입니다. 프로그램 참여자와 목적에 따라 활용해 주세요.

거울

내 마음이 비치는 거울이 있습니다. 머리부터 발끝까지 나의 겉모습이 아닌 나의 속마음이 비치는 거울입니다. 나는 여기에 어떻게 비춰질까요? 속이 새카맣게 타들어 간 모습일 수도, 어깨가 짓눌린 부담 가득한 모습일 수도, 사랑에 빠져 둥둥 떠다니는 모습일 수도 있습니다. 내 마음의 모습을 그려 주세요.

출구

이 인물은 한참을 걷고 또 걸어 이제 나가는 문 앞까지 도달했습니다. 이제 출구를 나가면 편안하게 쉴 수 있는 장소가 나올 예정입니다. 어떤 모습이 눈앞에 기다리고 있을까요?

작품

이 사람은 미술관에 방문했다가 어떤 한 그림 앞에 멈춰 섰습니다. 그림 속 내용이 지금 나의 이야기와 너무 맞닿아 있고, 또 나의 마음을 알아주는 것만 같았거든요. 이 사람이 본 그림은 어떤 그림일까요? 이미 알고 있는 유명 작가의 작품일 수도 있지만, 처음 접하는 작가의 작품일 수도 있습니다.

토론 및 질문

- 아치형 틀 앞에 선 사람은 무슨 생각을 하고 있을까요? 어떤 감정을 느끼고 있을까요?
- 아치형 틀 안에 그려진 작품이 나의 삶의 어떤 부분과 닮아 있는지 알려 주세요.
- 그림 속 사람에게는 어떤 일이 있었을까요? 이 사람은 어디에서 왔을까요? 이제 어디로 가게 될까요?

Extra Activity

- 이 그림을 통해 이야기를 구성할 수 있습니다. 그림 속 장면이 이야기의 시작인지, 전환점인지, 여정의 마지막인지를 정해 그 다음 혹은 그 전의 이야기를 꾸며 보는 작업으로 전개가 가능합니다.
- 이 사람에게 필요한 것을 그림으로 그리거나 콜라주 재료를 붙여 표현할 수 있습니다.

나를 슬프게 하는 것들

나를 슬프게 하는 것들

자신의 슬픔에 대해서 인지하고 그 원인과 해결방법 탐색을 위해 사용할 수 있습니다.

디렉션

하던 일을 잘 마무리하지 못했을 때, 소중한 대상과 이별했을 때, 마음이 생각과 다르게 흘러갈 때 우리는 슬픔이라는 감정을 느낍니다. 어떨 때에는 슬픔을 대체하는 무언가를 찾는 과정이 나를 더 힘들게 하기도 합니다. 예를 들면, 폭식을 하거나 술을 너무 많이 마셔 버리는 것이 있을 수 있습니다. 때론 슬픔을 다루지 못하고 그대로 내버려두기도 합니다.

1. 요즈음 나를 슬프게 하는 것은 무엇이 있나요? 최근의 내가 슬픔을 느끼지 못했다면 조금은 과거로 돌아가도 좋습니다. 그때의 감정, 상황, 그리고 생각을 함께 떠올려 보겠습니다.
2. 도안 속에 여러 개의 구름이 있고, 그 아래로 비가 내리고 있습니다. 비는 구름이 흘리는 눈물이라고 상상을 해 주세요. 구름의 눈물은 어떤 색이며, 어떤 패턴일까요? 구름의 눈물을 그려 주세요.
3. 구름이 눈물이 내리고 있는 이유는 다양합니다. 구름 안에 상황을 표현해 주세요.
4. 나에게 주는 격려와 응원의 메시지 카드를 적어서 붙여 주세요.

토론 및 질문

- 나의 비는 어떤 모습인가요? 비를 이렇게 표현한 이유는 무엇인가요?
- 비가 내리는 그림을 보고 어떤 생각이 들었나요?
- 구름이 눈물을 흘리고 있는 이유는 무엇일까요? 이 상황들은 나의 삶과 어느 정도 맞닿아 있나요?
- 나는 슬픔을 느낄 때 구름 속에 눈물을 감추는 편인가요, 아니면 비처럼 쏟아 내는 편인가요?
- 내가 살면서 가장 큰 슬픔을 느꼈던 때는 언제였나요? 나는 그때를 어떻게 극복했나요?

- 평소 내 눈물을 멈추게 하기 위해서 어떤 것들이 필요하나요? 내 슬픔의 감정에 도움이 되는 것들을 세 가지 생각해 주세요.
- 비가 그치고 나면 내 감정은 어떻게 변화하나요?

Extra Activity

- 집단 작업의 경우, 나에게 주는 메시지 대신 집단원끼리 서로의 그림을 보고 해 주고 싶은 응원의 메시지를 적어 줄 수 있습니다.
- 눈물은 슬픈 상황에서만 흘리는 것이 아닙니다. 다른 상황에서 눈물을 흘렸던 상황들을 함께 공유할 수 있습니다.

구멍 난 마음

구멍 난 마음

자신의 삶 속에 버거운 문제들을 탐색하고 그것으로 인한 마음의 모습을 확인하기 위해 사용할 수 있습니다.

디렉션

살아가다 보면 힘이 드는 순간이 오고, 그럴 때 삶의 무게가 버겁게 느껴지기도 합니다. 그러다 보면 무기력해져서 해야 할 일을 수행하지 못하기도 하고, 우울함 감정 속에 젖어 버리기도 합니다. 어떨 때는 그냥 모든 것을 포기하고 숨고 싶은 생각이 들기도 합니다. 나에게 이런 순간은 언제였나요? 지금 나의 삶의 무게는 얼마나 되나요? 몸에 커다란 구멍이 있는 사람이 뒤돌아 앉아 있습니다. 이 사람 머리 위에는 무거워 보이는 것이 올려져 있습니다.

1. 이 사람이 머리 위로 짊어지고 있는 것은 무엇일까요? 머리 위의 선 안에는 삶에 버거운 것을(예: 시험, 직장, 부모님, 돈, 건강 등), 그리고 처해진 상황을 그림, 단어, 문장으로 표현해 주세요.
2. 이 사람은 현재의 상황을 어떻게 느끼고 있나요? 이 사람이 느끼는 감정을 사람 주변에 표현해 주세요. 예를 들어, 가시밭길에 있는 기분이라면 가시를 그릴 수도 있고, 물에 잠긴 느낌이라면 물을 채울 수도 있습니다. 느껴지는 감정의 색을 골라 자유롭게 색칠할 수 있습니다.
3. 이 사람에게 보내는 격려와 응원의 메시지를 접착메모지나 메모장에 적어서 붙여 주세요.
4. 이 사람에게 무엇이 필요할까요? 이 사람에게 도움이 되는 것을 그려 붙이거나 잡지 콜라주를 이용하여 표현해 주세요.

토론 및 질문

- 몸에 있는 커다란 구멍을 봤을 때 어떤 감정이 떠오르나요?
- 어떤 과정을 통해서 이 구멍이 뚫리게 되었을까요?
- 이 구멍이 뚫리지 않기 위해 이 사람은 어떤 노력을 해왔을까요?
- 머리 위에 짊어진 것들에는 무엇이 있나요?
- 머리 위에 짊어진 것들로 인해 나는 어떤 감정이 드는지 떠올려 주세요. 지금 내 감정은 어떤가요?
- 머리 위에 짊어진 것들의 무게를 줄이려면 무엇이 바뀌면 좋을까요? 나는 무엇을 실천할 수 있을까요?
- 무게를 줄이기 위해 내가 할 수 있는 것과 남의 도움이 필요한 것을 구분해 주세요. 나는 누구에게 어떤 도움을 요청할 수 있을까요?
- 머리 위의 짐을 잘게 부수어 생각해 보겠습니다. 너무 많은 것을 한꺼번에 생각하면 버거운 느낌이 들지만, 작게 나누어 보면 내가 하나씩 할 수 있는 것들이 보이기도 합니다.

Extra Activity

- 이 사람이 느끼는 감정 단어 다섯 개를 골라 주변에 적을 수 있습니다. 이를 통해 느껴지는 감정을 보다 구체적으로 확인할 수 있습니다.
- 집단 작업의 경우, 나에게 주는 메시지 대신 집단원끼리 서로의 그림을 보고 해 주고 싶은 응원의 메시지를 적어 줄 수 있습니다. 메시지 카드는 215페이지의 사각형 도안을 이용해 작업할 수 있습니다.

이별한 것들

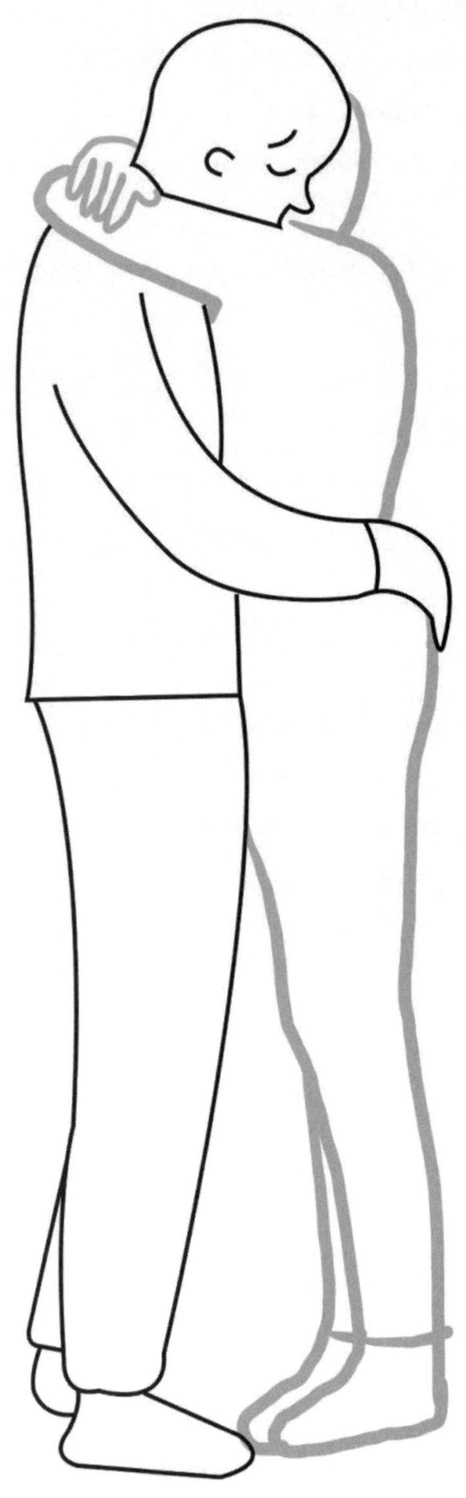

이별한 것들

이별한 것들

내가 이별한 것들에 대해 생각해 보고 그것에 대한 감정을 탐색할 수 있습니다.

디렉션

한 사람이 회색 선으로 된 사람을 안고 있습니다. 회색 선으로 된 사람은 과거에 존재했지만 지금은 존재하고 있지 않습니다. 회색 선으로 된 사람은 사람일 수도 있고, 동물일 수도 있고, 물건일 수도 있습니다. 그리고 그것을 다시 만날 수도 있지만 만나지 못하는 경우도 있습니다. 그것이 없어진 이 사람은 지금 어떤 감정을 느끼고 있을까요?

1. 나에게 소중했지만 지금은 사라진 것들에 대해서 회색 선으로 된 사람의 몸 안에 표현해 주세요. 구상적으로 무언가 그려 표현해도 좋지만 그것에 대한 감정을 패턴이나 색으로 표현해도 좋습니다.
2. 내가 느낀 감정들을 검정색 외곽선의 인물 안과 밖에 표현해 주세요.
3. 사람 도안의 바깥 부분에 내가 당시 처했던 상황과 이 사건으로 인해 파생되었던 상황이나 감정을 표현해 주세요. 느껴지는 감정의 색을 골라 자유롭게 색칠해도 좋습니다.
4. 그때의 나에게 편지를 적어 주세요. 편지지는 114페이지의 편지지 도안을 이용할 수 있습니다. 추가적으로 격려와 응원의 메시지를 접착메모지나 메모장에 적어서 붙일 수도 있습니다.

토론 및 질문

- 이 사람이 안고 있는 것은 무엇일까요? 얼마나 강하게 안고 있나요?
- 이 사람이 안고 있는 것은 이 사람에게 어떤 의미였을까요?
- 이 사람은 어떤 방식으로 이별을 했나요?
- 이별을 해야 했던 이유가 무엇일까요?

- 만약 그때로 돌아간다면 어떻게 하고 싶나요? 무언가 바꾸고 싶다면 그 이유는 무엇인가요?
- 소중했지만 떠나보낸 것들에 대해서 이야기를 나눠 주세요.
- 나에게 예정된 이별에는 무엇이 있나요? 나는 그 이별을 어떻게 준비하면 좋을까요?

Extra Activity

- 집단 작업의 경우, 집단원끼리 서로의 그림을 보고 해 주고 싶은 응원의 메시지를 적어 줄 수 있습니다. 메시지 카드는 사각형 도안을 이용해 작업할 수 있습니다.

말풍선

말풍선

부정적인 마음을 느끼게 하는 말들에 대해서 생각해 보고 그로 인해 생겨나는 감정들을 탐색할 수 있습니다.

디렉션

한마디의 말이 누군가를 살리기도 하고, 누군가에게 상처를 입히기도 합니다. 하루에 사람은 평균 7,000개의 단어를 사용하며 말을 하고 있는 것을 알고 있나요? 그 많은 단어가 가지는 힘을 알고 있다면 누군가에게 말을 할 때 한 번 더 생각하고 말을 할 수 있을 것 같아요. 내가 들었던 말 중에 힘이 되었던 말, 그리고 나에게 여전히 마음속에 남아 나를 아프게 하는 말들을 떠올려 볼게요. 또 반대로 나도 누군가에게 이러한 영향을 주었을 수 있습니다.

여러 가지 말풍선을 업고 걸어가는 사람이 있습니다. 말풍선들이 너무 많아서 혼자서 짊어지기에 무거워 보이고 버거워 보입니다.

1. 나에게 무겁고 버거운 마음을 느끼게 하는 말들에는 무엇이 있나요? 어떤 말들이 그림 속 사람처럼 힘들게 만드는지 말풍선 안을 채워 주세요.
2. 도안 주변에 말풍선의 말을 했던 사람이나 상황을 표현해 주세요. 단어, 문장, 그림, 그 말로 인해 생겨난 감정의 색을 골라 자유롭게 색칠해도 좋습니다.
3. 내 마음속에 남아 나를 힘들게 하는 말들을 없애 주세요. 펜이나 오일파스텔, 매직 등으로 덮어서 없앨 수 있습니다. 모든 것을 없앨 필요는 없습니다. 비록 상처를 받았지만 나의 성장에 도움이 되었던 말은 남겨 두어도 좋습니다.

토론 및 질문

- 어떤 말풍선이 이 사람에게 가장 무겁게 느껴질까요?
- 이러한 말을 들었을 때 이 사람은 어떤 생각과 감정을 느꼈을까요?
- 말풍선 속 말을 한 사람은 누구인가요? 이 사람과는 어떤 관계일까요?
- 가장 없애고 싶은 말풍선은 무엇이었나요? 그 이유는 무엇인가요?
- 누군가의 말이 나에게 좋지 않은 감정을 들게 했던 기억에는 어떤 것이 있나요?
- 말풍선 속 말을 내가 누군가에게 해 준 적은 없을까요?

Extra Activity

- 감정을 표현하는 것이 불편한 경우, 잡지의 사진을 오려 콜라주로 표현할 수 있습니다.
- 말풍선 속의 말들을 어떻게 바꾸고 싶은지 새로운 종이에 적고 잘라서 적은 말풍선 위에 붙일 수 있습니다.

새장 속의 사람

새장 속의 사람

하고 싶은 말을 못하고 자유롭게 행동하지 못하는 상황에 놓인 감정을 표현함으로써 자신의 내면에 잠재된 욕구를 발견할 수 있습니다.

디렉션

새장 속에 사람이 있습니다. 새장은 비좁아서 일어설 수도 없고 몸을 크게 움직일 수도 없습니다. 그리고 입에는 붕대가 감겨져 있어 아무 말도 하지 못합니다. 말을 할 수 없기 때문에 도와달라는 말도, 이곳이 불편하다는 말도 표현할 수 없습니다.

1. 새장 밖의 배경에 새장 속 사람을 힘들게 하는 것들을 그려 주세요. 이 사람에게 부담을 주거나, 불편하게 하고, 압박을 느끼게 하는 대상일 수 있습니다. 또는 이 사람이 조절할 수 없는 어떤 상황이 될 수도 있고, 이 사람에게 주어진 책임감이 될 수도 있습니다. 상황을 직접적으로 표현할 수도 있고, 상징적인 이미지로 그릴 수도 있습니다. 필요할 경우에는 누군가가 이 사람에게 하는 말을 문장으로 적을 수도 있습니다.
2. 이 사람이 느끼는 감정은 무엇일까요? 사람 도안 안에 색이나 패턴으로 표현해 주세요.
3. 새장 속 사람에게 필요해 보이는 것을 그림으로 그려 선물해 주세요.

토론 및 질문

- 자신의 의견을 말하지 못한다는 것은 어떤 기분일까요? 사람들은 언제 이런 선택을 하게 될까요?
- 이 사람은 스스로 새장에 들어갔을까요, 아니면 누군가 가뒀을까요? 만약 스스로 들어갔다면 무엇을 위해 들어갔을까요? 만약 누군가 가둔 것이라면 그 사람은 누구일까요?
- 이 사람은 어떤 말을 하지 못하고 있을까요? 할 수 있다면 어떤 말을 하고 싶을까요? 무엇이 두려워 이 사람은 그 말을 하지 않는 걸까요?

- 이 사람이 새장 밖으로 나오기 위해서는 무엇을 해야 할까요? 지금 이 사람이 새장 밖으로 나오지 못하게 만드는 것은 무엇일까요?
- 내 뜻대로 하지 못하고 억압 받았던 기억이 있나요? 나를 억압했던 사람은 누구인가요? 나는 어떻게 새장에서 빠져나왔었나요?

Extra Activity

- 집단 작업의 경우, 집단원끼리 서로의 그림을 보고 해 주고 싶은 응원의 메시지를 적어 줄 수 있습니다.
- 감정의 표현이 어려운 경우에는 잡지의 사진을 오려 콜라주로 표현할 수 있습니다.
- 선물을 그릴 때 도안에 바로 그려도 좋지만, 별도의 종이에 그린 후 오려서 붙일 수도 있습니다.
- 관련된 감정과 이어지는 잡지의 사진을 오려 콜라주로 표현할 수 있습니다.

저 위에는 무엇이 있을까?

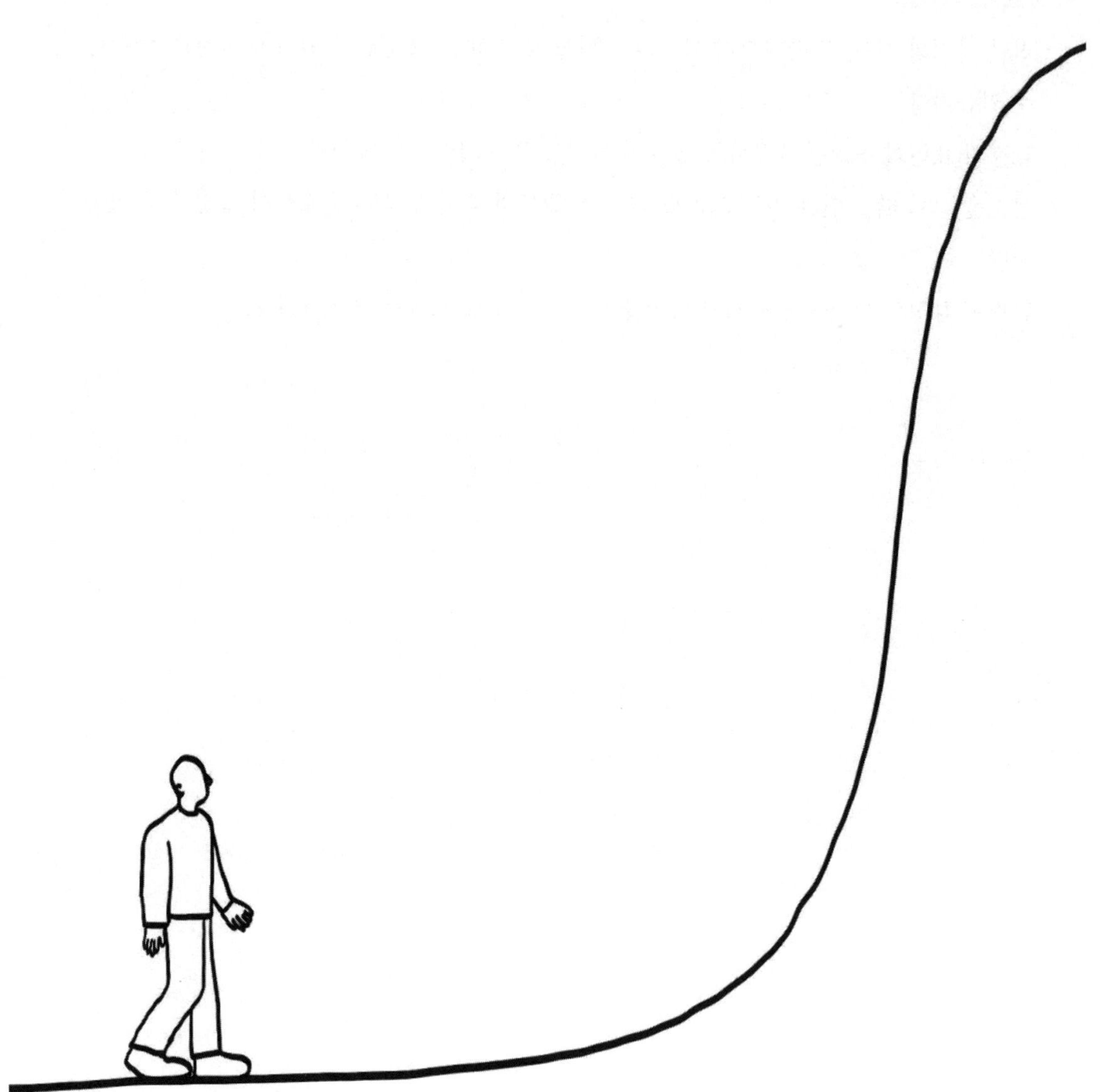

저 위에는 무엇이 있을까?

자신의 목표에 대해 구체화하고, 현재의 상황과 비교하며 목표를 위해 자신이 실천할 수 있는 사항들과 장애요소들을 확인할 수 있습니다.

디렉션

가파른 언덕 아래 어떤 사람이 위를 올라가려고 쳐다보고 있습니다. 언덕 위에 무엇이 있어서 오르려고 할까요? 더 나은 나 자신을 위해 지금보다 더 높은 곳을 바라볼 때가 있습니다. 지금 내가 바라보는 곳은 어디인가요?

나의 목표는 무엇이고, 성취하고 싶은 것은 무엇인가요? 목표는 장기목표가 될 수도 있고, 단기목표가 될 수도 있습니다. 목표는 내가 무엇을 위해 사는지를 알려 주는 단서가 되기도 합니다.

1. 이 사람이 바라보고 있는 곳에는 어떤 것이 있을까요? 내가 도달하고 싶은 목표를 생각하며 자유롭게 표현해 주세요.
2. 이 사람의 출발점은 어떤 모습이고 어떤 상황인가요? 인물과 인물의 주변을 표현해 주세요.
3. 위쪽으로 가기 위해서는 어떤 장치가 필요할까요? 필요한 것들을 사람 앞에 표현해 주세요.

토론 및 질문

- 이 사람이 바라보고 있는 곳에는 어떤 것이 있을까요?
  - 그곳은 이 사람에게 어떤 의미일까요?
  - 그곳에는 언제 갈 수 있을까요?
  - 목표로 하는 지점에 도달하게 된다면 누구에게 알리고 싶나요?
  - 그곳에 누구와 함께하고 싶나요?

- 현재 이 사람의 상황은 어떤가요?
  - 목표에 도달하지 못하게 막는 장애물은 무엇이 있나요?
  - 목표에 갈 수 있도록 도와주는 자원에는 무엇이 있나요?
  - 이 사람은 이 자원을 어떻게 활용할 수 있을까요?
- 바라보고 있는 곳으로 가려면 어떤 장치가 필요할까요?
  - 그곳으로 가려면 어떤 행동이 필요할까요?
  - 그곳으로 가기 위해 도움을 받을 수 있는 사람이 있다면 누구일까요?
  - 그곳으로 가기 위한 행동 중 실제로 할 수 있는 행동은 무엇이 있을까요?
- 바라보고 있는 곳을 가게 된다면 현재와 어떤 점이 달라질까요?
  - 그곳에 가게 되었을 때 장점과 단점은 무엇이 있을까요?
  - 그곳에 도착한 나와 도착하지 못한 나는 어떻게 달라질까요?

마지막 잎새

마지막 잎새

자신에게 희망을 주는 것들을 생각하며 자신의 긍정적 자원을 탐색할 수 있습니다.

디렉션

소설 『마지막 잎새』는 미국의 작가 오헨리(O. Henry)가 1907년 발표한 소설입니다. 주인공 존시는 폐렴이 걸려 위독한 상황에서 창 밖의 담쟁이에 붙어 있는 마지막 잎새를 보고 자신과 동일시합니다. 존시는 모든 희망을 잃어버린 상태에서 마지막 잎새를 보며 자신의 죽음을 떠올립니다. 존시의 이야기를 들은 늙은 화가는 존시를 위해 벽에 잎사귀를 그려 넣습니다. 주인공은 떨어지지 않고 버티고 있는 잎새를 보며 희망을 가지게 됩니다.

1. 나를 위한 잎새를 그린다면 나는 잎새에 어떤 희망을 담을 수 있을까요? 잎새 안을 꾸며 주세요.
2. 표현하고 싶은 희망이 더 있다면 마지막 잎새 옆 하늘 공간에 희망들을 생각하여 글자나 그림으로 표현해 주세요.
3. 떨어진 잎새들은 사라진 희망입니다. 그 희망들은 어떤 색이었나요? 혹은 어떻게 변하였나요? 사라진 희망과 가까운 색을 생각하여 떨어진 잎에 색칠해 주세요.
4. 희망은 어떤 일을 이루거나 하기를 바람 또는 앞으로 잘될 수 있는 가능성을 뜻합니다. 나에게 희망은 어떤 느낌으로 다가오나요? 희망을 생각하며 색칠이 안 되어 있는 부분을 자유롭게 색칠해 주세요(하늘, 땅, 화가, 나무).

토론 및 질문

- 마지막 잎새
  - 나의 마지막 잎새에는 어떤 희망이 있나요?
  - 그 희망은 나에게 어떤 의미로 다가오나요?

- 언제, 어디서, 누구와 희망을 이룰 것이라 예상하나요?
- 희망을 이룬 나는 지금의 나와 어떤 면에서 다를까요?
- 희망하는 모습에 가까워지려면 나는 어떤 행동과 생각을 할 수 있나요? 또 그것을 도와줄 사람이 주변에 누가 있을까요?
- 하늘에는 어떤 희망들이 있나요? 그 희망들 중 빨리 이룰 수 있는 것과 가장 나중에 이뤄질 것 같은 희망은 어떤 것이 있나요?

- 떨어진 잎새들
  - 떨어진 잎새들은 나에게 어떤 의미로 다가오나요?
  - 나에게 사라진 희망은 어떤 것이 있나요? 그 희망은 어떻게 사라졌나요?
  - 희망이 사라져서 좋은 점이 있을까요?
  - 그 희망들이 사라지고 나에게 어떤 변화가 있었나요?

삭제 버튼을 눌러 주세요

삭제 버튼을 눌러 주세요

자신에게 필요 없는 것, 버려야 할 대상에 대해 생각해 볼 수 있습니다.

디렉션

원하지 않은 기억 때문에 괴로울 때가 있습니다. 내가 원하지 않은 행동, 상황, 사람 때문에 상처를 받거나 창피한 감정이 생겨날 수 있습니다. 여기 그 기억을 삭제할 수 있는 버튼이 있습니다. 이 버튼을 누를 수 있다면 어떤 기억을 선택하고 싶은가요? 그 기억은 언제, 어디서, 누구와 생겨났을까요? 그 기억이 없다면 현재의 나는 어떻게 달라질까요?

1. 지우고 싶은 기억을 말풍선에 표현해 주세요. 그때의 상황이나 감정을 색으로 표현할 수도 있고, 어떤 상황을 그릴 수도 있습니다. 또는 상징적인 이미지로 그릴 수도 있습니다. 표현이 불편하거나 어려울 경우에는 그때의 내용을 글로 적을 수도 있습니다.
2. 지우고 싶은 기억 때문에 생겨난 내 감정을 말풍선 주위에 색이나 패턴으로 표현해 주세요.
3. 만약 그 기억을 지울 수 있다면 어떤 기분일까요? 불편한 기억을 모두 지울 수 있다면 어떤 감정이 느껴질지, 삭제 버튼 주변에 표현해 주세요.

토론 및 질문

- 내가 지우고 싶은 기억은 어떤 기억인가요?
  - 그 기억은 현재 나에게 어떤 영향을 미치나요?
  - 그 기억으로 인해 나는 예전에 비해 어떻게 변화했나요?
  - 그 기억을 지운다면 나는 지금과 어떻게 달라질까요?

- 지우고 싶은 기억에 등장하는 인물은 누가 있나요?
  - 그 인물과 지금은 어떤 관계를 유지하고 있나요?
  - 그 인물은 나에게 어떤 영향을 주고 있나요?
  - 그 인물과의 관계를 유지하거나 혹은 끊어야 한다면 어떤 이유 때문일까요?
- 그때로 돌아가서 새로운 기억을 만들 수 있다면 어떻게 할 것인가요?
  - 그 기억이 사라지고 내가 원하는 새로운 기억으로 채운다면 나는 지금과 뭐가 달라질까요?
  - 우리는 매일 새로운 기억을 만들어 가고 있습니다. 미래를 위해 내가 지금 만들 수 있는 좋은 기억에는 어떤 것이 있을까요?

애착

애착

자신이 가지고 있는 애착에 대해 이해하고 대상과의 적절한 거리를 두는 연습을 할 수 있습니다.

디렉션

사람과 동물은 부모나 특별한 대상과 형성하는 친밀한 정서적 관계가 있습니다. 어린 시절에는 어머니의 품 속에서 안정감을 느끼지만, 서서히 성숙해지며 부모와 멀어집니다. 정신분석학 이론에서는 정신적 에너지를 어떤 사람이나 대상에 집중하는 일을 애착이라고 정의내립니다. 애착이라는 것은 부자지간의 정, 친구 사이의 우정, 학교 선생님에 대한 존경심 등 다양하게 나타날 수 있습니다.

그림 속 팔이 하트를 끌어안고 있습니다. 이 하트는 내가 가지고 있는 애착 대상의 상징입니다. 애착은 현재 나에게 있어서 안정감을 주며, 편안함을 줄 수 있고, 또 몹시 사랑하고 좋아하고 집착하는 것입니다.

1. 내가 애착을 가지고 있는 것은 무엇이 있을까요? 내가 가지고 있는 애착의 대상들을 하트 안쪽에 그려 주세요.
2. 애착의 대상에게 그동안 하지 못했던 말 또는 솔직한 마음을 하트 바깥 부분에 적어 보고 애착 대상에게 느끼는 감정의 색을 색칠해 하트를 채워 주세요.
3. 내가 가지고 있는 애착 대상과의 거리에 대해서 생각해 보고 빈 종이에 나를 중심에 그려 주세요. 애착 대상들과의 심리적 거리에 따라 대상을 배치하여 그려 주세요. 그 애착 대상과 나와의 거리 사이에는 어떤 것들이 있는지 생각해 보며 표현해 주세요.

토론 및 질문

- 나는 누구와 혹은 어떤 대상과 애착을 가지고 있나요?
- 이 애착 대상과 분리가 되었을 때 또는 없어졌을 때 나는 어떤 감정이 들까요?
  - 이런 감정이 생긴다면 나는 어떤 행동을 하게 될까요?
  - 어떤 이유로 나는 그 행동을 했을까요?
- 어린 시절의 나는 누구와 혹은 어떤 대상과 애착을 가지고 있었나요?
  - 그 대상과 분리를 하게 된 경험에 대해서 공유해 주세요.
  - 그 경험을 토대로 내가 얻은 것은 무엇인가요?
- 만약 한 달 동안 애착을 가진 것들 중 가장 소중한 것이 없다면 어떤 것이 가장 내게 불편할 것 같은가요? 그 이유는 무엇인가요?

Extra Activity

- 애착 대상을 도화지에 그리게 한 후 자릅니다. 306페이지의 사람 도안을 활용하여 나와의 거리감에 따라 배치를 해 볼 수도 있습니다. 적절하지 못한 애착이거나 평소 조금 더 거리를 넓히고자 하는 것들은 나와 멀리 떨어뜨려 붙일 수 있습니다.
- 멀리 떨어뜨려 놓은 애착 대상과 나 사이에 현재 나에게 필요한 것은 무엇일지 그려 보도록 할 수 있습니다.
- 나의 애착 대상과 적절한 거리를 두기 위해 무엇을 할 수 있을지 생각할 수 있습니다.

가면

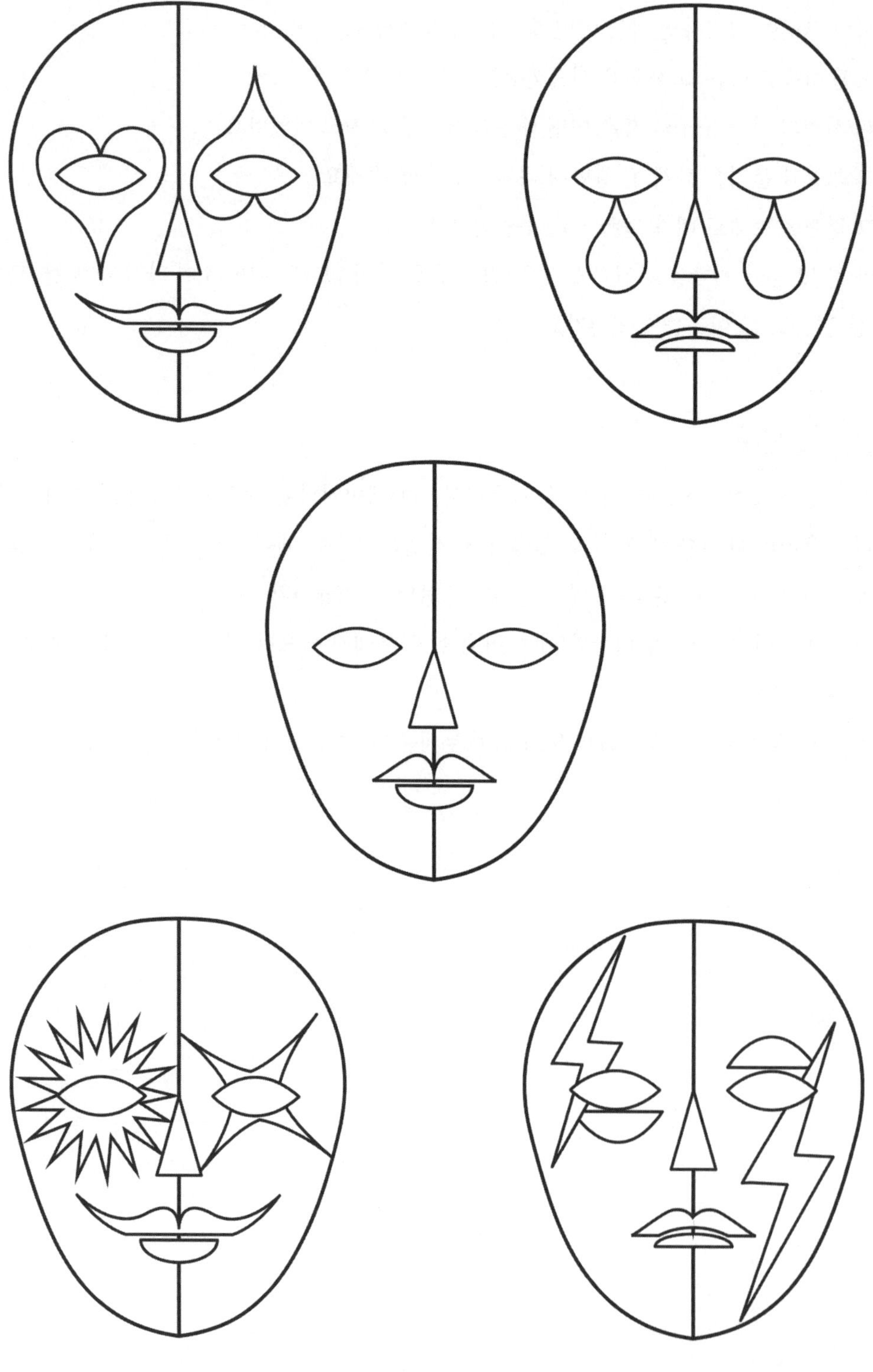

가면

사회적 가면인 페르소나 및 보여 줌과 숨김에 대한 다양한 은유를 다룰 수 있습니다.

디렉션 & 토론 및 질문

다양한 방법으로 활용될 수 있는 도안입니다. 프로그램 참여자와 목적에 따라 활용해 주세요.

나의 감정을 표현하기(투사)

1. 나는 현재 어떤 감정을 느끼고 있을까요? 가면 중에서 내가 현재 느끼는 감정을 골라 오려 주세요.
2. 오린 가면을 이용하여 내가 현재 느끼는 감정의 형태를 표현해 주세요.

Q. 나의 감정의 색은 어떤 색이며, 가면을 쓴 나는 어떤 행동을 하고 있을까요?(하고 싶을까요?)

가면을 보고 떠오르는 대상 그리기

1. 각각 가면을 보고 떠오르는 대상을 표현해 주세요.
2. 각각의 가면은 어떤 감정을 가지는지 생각해 보고, 가면을 이용하여 떠오르는 대상을 표현해 주세요.

Q. 가면에서 대상이 떠오른 이유는 무엇일까요? 대상이 하는 행동이나 특징이 어떻게 드러났나요?

집단-감정 다루기

1. 각각 집단원들이 느끼는 감정을 선택하도록 합니다(현재 혹은 최근 느끼는 감정).
2. 각자 고른 감정에 대해 이유를 이야기하고, 이 감정으로부터 느껴지는 색을 골라 각각의 작은 도화지 혹은 하나의 큰 도화지에 표현하도록 합니다.
3. 해당 감정이 나에게 미치는 긍정적 영향과 부정적 영향을 설명하고, 자신이 앞으로 더 사용하고 싶은 감정과 버리고 싶은 감정을 적도록 합니다.

Q. 가지고 싶은 감정을 가졌을 때와 버리고 싶은 감정을 버렸을 때, 현재의 나는 어떻게 변화될 수 있을까요?

시선

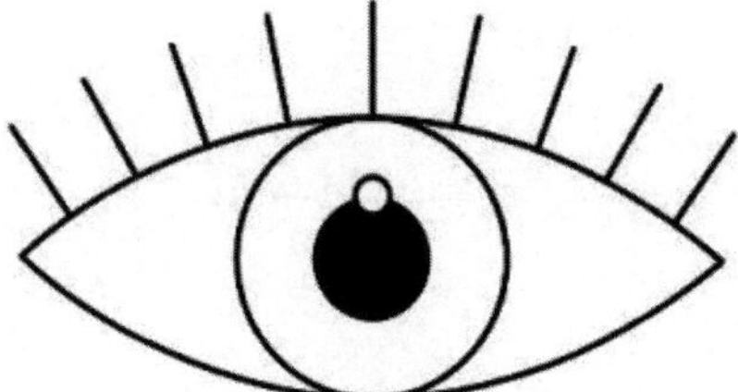 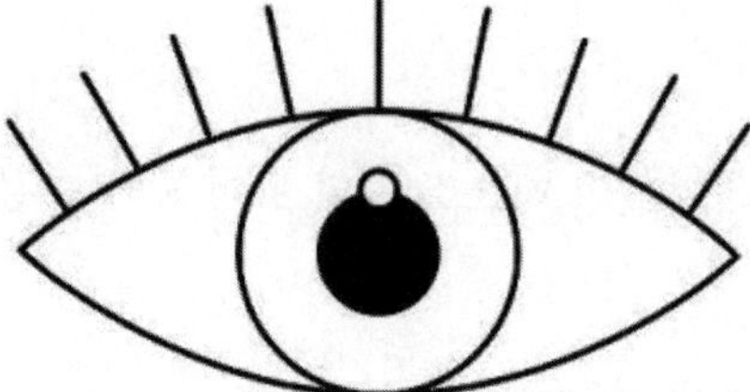

시선

시선에 대한 불안 감정에 대해서 생각해 볼 수 있습니다. 특정한 느낌이 담긴 시선을 받았던 기억을 떠올려 보고 불안감에서 벗어날 수 있는 방법을 이야기해 볼 수 있습니다.

디렉션

나는 지금 누군가로부터 시선을 받고 있습니다. 나는 지금 어디에 있나요? 지금 나는 어떤 감정을 가지고 있을까요? 또 어떤 생각을 하고 있을까요?

1. 시선을 받고 있는 나의 기분과 그 상황의 분위기를 눈 주변에 자유롭게 그려 주세요. 구체적인 형상이 아니라 색이나 모양으로 표현해도 좋습니다.
2. 시선이 어떤 표정으로 바뀌길 바라나요? 표정을 도화지에 그려 주세요. 눈빛과 입 모양, 그리고 얼굴빛도 그려 주세요.
3. 특정 시선을 받았던 경험은 언제였나요? 그때의 감정은 어땠나요? 빈 도화지에 자유롭게 그림으로 표현해 주세요. 구체적인 상황을 그림으로 표현하기 어렵다면 글로 적어도 좋습니다.

토론 및 질문

- 내가 누군가로부터 시선을 받고 있는 것을 상상해 보고, 구체적으로 설명해 주세요. 내가 이런 시선을 받고 있는 이유는 무엇일까요?
- 시선을 받고 있는 나는 지금 어떤 감정을 느끼고 있나요?
- 나에게 시선을 보내고 있는 이 사람에게 하고 싶은 말이 있을까요?
- 이 상황을 극복할 수 있는 구체적인 방법에는 어떤 것들이 있을까요?
- 누군가에게 특정 시선을 보냈던 경험을 공유해 주세요.

Extra Activity

- 구체적으로 시선을 피할 수 있는 방법을 찾는 활동으로도 좋지만, 반대로 시선을 받는 것에 대한 긍정적 요소들을 찾는 활동을 해도 좋습니다. 타인으로부터 받는 시선에서 나는 무엇이 필요한지 생각해 보고, 나는 어떤 말을 듣고 싶으며 나에게 큰 용기를 줄 수 있는 응원은 무엇인지 탐색할 수 있습니다.
- 집단 작업의 경우, 서로를 도와줄 수 있는 방법들을 돌아가면서 응원의 메시지로 보낼 수 있습니다. 심리적으로 지지하는 메시지를 적어 줄 수도 있고, 추상적인 단어(용기, 안심, 따스한 눈빛 등)로도 전달할 수 있습니다. 다른 참여자들과 그러한 감정을 느꼈던 기억을 떠올려 보고, 그때의 나는 어떻게 빠져나왔는지 공유해 볼 수 있습니다.

무거운 짐을 진 사람

무거운 짐을 진 사람

현재 자신이 지고 있는 마음의 짐에 대해서 생각해 볼 수 있습니다. 도안에 자신을 투사해 어떤 짐을 지고 있는지 알아보고, 버릴 수 있는 것들이 있는지 구체적으로 탐색할 수 있습니다.

디렉션

무거운 무언가를 지고 가는 사람이 있습니다. 지금 이 사람은 땀을 뻘뻘 흘리면서 한 발 한 발 힘겹게 나아가고 있습니다.

1. 이 사람은 지금 무엇을 들고 가고 있는 중일까요? 어떤 짐인지 잠시 생각해 보고, 연상되는 것들을 판 위에 자유롭게 표현해 주세요.
2. 이 사람의 감정을 생각해 보고, 그 감정의 모습을 사람 외곽선 안에 자유롭게 표현해 주세요. 감정을 그리기가 어렵다면, 추상적인 패턴이나 색으로 표현해도 좋고 이모티콘 그림이나 스티커를 이용하여 콜라주 작업을 할 수도 있습니다.
3. 이 사람에게 필요한 것은 무엇일까요? 사람 주변에 그려 주세요.
4. 접착메모지나 메모장에 이 사람에게 보내는 응원의 메시지를 써서 붙여 주세요.

토론 및 질문

- 이 사람이 지고 가는 무거운 짐은 어떤 것인가요?
  - 그 짐은 언제부터 이 사람이 들고 가고 있었나요?
- 내가 그림으로 표현한 이 짐들을 지고 가는 이 사람의 감정은 어떨까요?
- 이 사람은 지금 이 짐을 지고 어디로 가는 중일까요?

- 이 사람이 짐을 지기까지 어떤 일들이 있었을까요? 지고 있는 짐들은 자신의 의지로 진 것일까요, 아니면 누군가에 의한 것이었을까요?
- 이 짐들은 언제까지 들고 있어야 할까요? 지고 있는 짐들 중에서 버릴 수 있는 것들이 있을까요? 만약 있다면 언제, 어떻게 버릴 수 있을까요?
- 지금 내가 지고 있는 짐들을 분류해 주세요. 버릴 수 있는 짐, 내가 평생 가지고 가야 할 짐, 어느 정도 시간이 지나면 내려놓을 수 있는 짐 등 구체적으로 설명해 주세요.
- 내가 최근에 내려놓은 짐은 어떤 것이 있는지 이야기해 주세요.

Extra Activity

- 짐을 지고 가는 사람을 보면서 '힘들어 보인다' '내려놓고 싶다'라는 부정적인 답변이 나올 수 있습니다. 내 마음의 짐을 탐색하는 활동이지만 도와주는 활동도 할 수 있습니다. 짐을 지고 가는 사람에게 필요해 보이는 것을 추가로 그려서 붙여 줄 수 있습니다.
- 집단 작업의 경우, 서로를 도와줄 수 있는 방법들을 돌아가면서 그림으로 그려 줄 수 있습니다. 짐을 내려놓게 만드는 물리적인 방법을 그려 줄 수도 있고, 심리적으로 지지하는 메시지를 적어 줄 수도 있습니다.
- 나를 투사할 수 있는 도안이지만, 나의 주변 가까운 누군가를 연상할 수도 있을 것입니다. 완성된 도안을 보고, 주변 사람 중에서 연상되는 인물이 있다면 이야기를 나누어도 좋습니다.

위태로운 사람

위태로운 사람

'위기'에 대해서 생각해 볼 수 있습니다. 감정적으로 위태로웠던 자신의 경험에 대해서 이야기해 보고, 어떤 도움이 필요할 것인지 찾아갈 수 있습니다.

디렉션

절벽에서 떨어지기 직전에 놓여 있는 위태로운 사람이 있습니다. 이 사람은 곧 절벽 아래로 떨어질 것만 같습니다.

1. 지금 이 사람이 하고 싶은 말은 무엇일까요? 옆에 적어 주세요.
2. 이 절벽 아래에는 어떤 것들이 있을까요? 이 사람이 절벽에 떨어진다면 만나게 될 상황들을 표현해 주세요.
3. 이 사람이 절벽에서 위태롭게 있게 된 이유는 무엇일까요? 이 사람을 밀어붙이고 있는 무언가가 있을까요? 이 사람 주변에 표현해 주세요.
4. 이 사람은 어떤 감정을 느끼고 있을까요? 이 사람의 주변에 색칠을 하거나 다양한 붙이는 작업 혹은 드로잉으로 표현해 주세요.
5. 위태로운 이 사람은 도움을 바라고 있는지도 모릅니다. 이 사람을 도와줄 수 있는 방법은 무엇일까요? 이 사람의 주변에 자유롭게 표현해 주세요.

토론 및 질문

- 이 사람이 위태로운 상황에 놓이게 된 이유는 무엇일까요?
- 바로 전에 어떤 일이 있었을까요?
- 절벽의 밑에 있는 것들 중 이 사람에게 피해가 되는 것과 도움이 되는 것에는 무엇이 있을까요?
- 지금 이 사람이 느낄 수 있는 감정을 세 가지 감정 단어로 설명해 주세요.

- 이 상황에서 벗어나기 위해 스스로 할 수 있는 일들은 어떤 것들이 있을까요?
- 위태로운 이 사람을 도와줄 수 있는 방법은 어떤 것들이 있을지 구체적으로 설명해 주세요.
- 내 인생에서 절벽에 몰려 떨어질 것 같은 위태로운 상황은 언제였나요?

Extra Activity

- 이 사람을 위태롭게 만드는 '박해자'를 탐구해 볼 수 있습니다. 나를 심적으로 벼랑 끝으로 내모는 사람에 대해서 생각해 보고, 구체적으로 그리거나 적어 볼 수 있습니다.
- 집단 작업의 경우, 서로를 도와줄 수 있는 방법들을 돌아가면서 그림으로 그려 줄 수 있습니다. 이 사람을 구하는 물리적인 방법을 그려 줄 수도 있고, 심리적으로 지지하는 메시지를 적어 줄 수도 있습니다.

Tip

심리게임에서의 드라마 삼각형: 심리게임에 빠지게 되면 이 세 가지 각본 중 하나를 맡게 됩니다.

박해자: 힘의 우위에 서서 상대방을 억압하거나 지시하는 역할

희생자: 인간관계에서 양보하고 희생하는 역할

구원자: 박해자와 희생자를 중재하거나 화해시키는 역할, 또는 구원의 역할로 다가가 희생자를 더욱 희생하게 만드는 역할

외딴섬

외딴섬

'외로움'이라는 감정에 대해서 생각해 볼 수 있습니다. 곰돌이에 본인을 투사해 외로운 감정을 느꼈던 기억을 떠올려 보고, 벗어날 수 있는 방법을 이야기해 볼 수 있습니다. 어린이를 위한 상담 프로그램의 인트로에 사용할 수도 있습니다.

디렉션

외딴섬에 곰돌이가 혼자 서 있습니다. 주변을 살펴봐도 아무도 없습니다. 지금 이 곰돌이는 어떤 감정을 가지고 있을까요? 또 어떤 생각을 하고 있을까요?

1. 곰돌이의 기분이 어떨지 섬 주변에 자유롭게 그려 주세요. 구체적인 형상이 아니라, 색이나 모양으로 표현해도 좋습니다.
2. 곰돌이가 앉아 있는 섬의 크기는 어떤가요? 누군가에게는 너무 좁아 보일 수도 있고, 누군가에게는 혼자 있기에는 딱 좋아 보일 수도 있습니다. 곰돌이가 앉아 있는 섬을 꾸며 주세요. 크기를 늘릴 수도, 이대로 색을 칠할 수도 있습니다.
3. 곰돌이가 외롭지 않도록 도와줄 수 있습니다. 외로운 곰돌이에게 무엇인가 선물할 수도 있고, 곰돌이가 섬을 빠져나올 수 있도록 도와줄 수도 있습니다. 이 곰돌이에게 지금 당장 필요한 것은 무엇일까요? 잠시 생각해 보고, 곰돌이를 도와주기 위한 구체적인 방법들을 도안에 자유롭게 표현해 주세요. 그림이 어렵다면 글로 적어도 괜찮습니다.
4. 날씨는 어떤가요? <u>혼자 있는 것</u>을 떠올렸을 때, 떠오르는 감정을 날씨로 표현해 주세요. 어떤 사람은 혼자가 몽글몽글 구름 뜬 날씨처럼 편하기도 하고, 어떤 사람은 혼자가 비 오는 날처럼 쓸쓸하기도 하며, 어떤 사람에게 혼자란 바깥에서 사람들과 만나며 잃어버린 에너지를 채우는 화창한 나만의 시간일 수도 있습니다.

토론 및 질문

- 곰돌이가 외딴섬에 가게 된 과정을 상상해 보고 구체적으로 설명해 주세요.
  - 갇힌 이유는 무엇일까요?
- 외딴섬에 있는 곰돌이는 지금 어떤 감정을 느끼고 있을까요?
  - 그 감정은 나의 어떤 부분과 닮아 있나요?
- 곰돌이가 지금 하고 싶은 말이 있다면 무엇일까요?
  - 곰돌이는 그 말을 다른 사람 앞에서도 할 수 있나요?
- 곰돌이를 도와줄 수 있는 구체적인 방법은 어떤 것들이 있을까요?
  - 그 방법을 나에게 쓰기 위해서는 무엇이 필요할까요?
  - 그 방법을 내 주변 혼자 있는 누군가에게 사용할 수 있을까요?
- 곰돌이와 비슷한 감정을 느꼈던 기억을 떠올려 보고, 그때의 나는 어떻게 빠져나왔는지 설명해 주세요.
  - 나의 경험을 바탕으로 곰돌이에게 해 주고 싶은 말이 있나요?
  - 그 때의 감정, 그리고 빠져나온 후의 감정은 어땠나요?

Extra Activity

- 구체적으로 곰돌이가 섬을 빠져나올 수 있도록 도와주거나 지지할 수 있는 활동으로도 좋지만, 반대로 섬을 살기 좋게 꾸며 주는 활동을 해도 좋습니다. 섬에 머무르는 동안 무엇이 필요할지 생각해 보고, 섬을 넓히거나 친구를 추가로 그려 줄 수 있습니다.
- 집단 작업의 경우, 서로를 도와줄 수 있는 방법들을 돌아가면서 그림으로 그려 줄 수 있습니다. 곰돌이를 구하는 물리적인 방법을 그려 줄 수도 있고, 심리적으로 지지하는 메시지를 적어 줄 수도 있습니다.

조종당하는 곰돌이

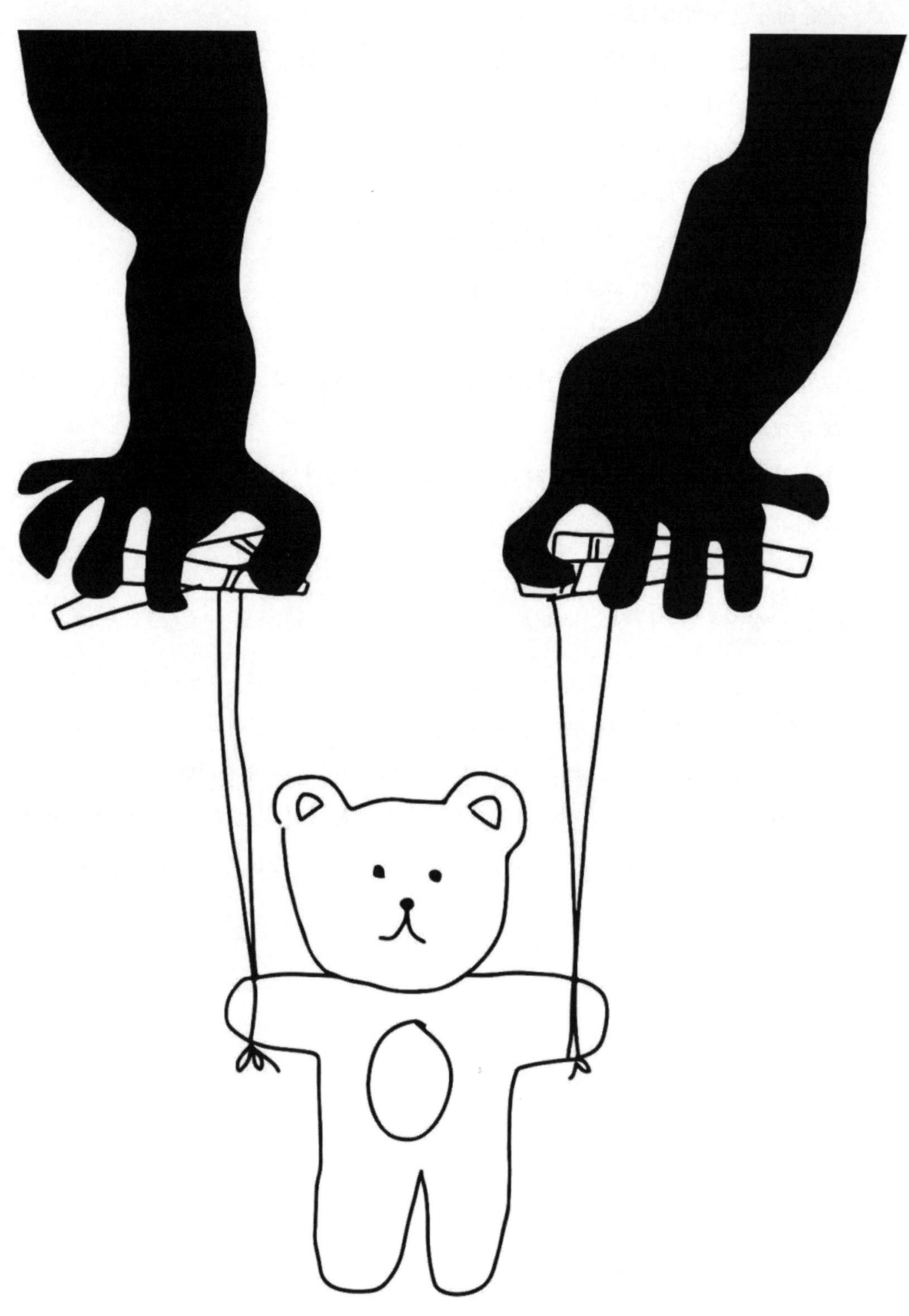

조종당하는 곰돌이

나의 의지대로 행동할 수 없었던 상황에 대해서 생각해 볼 수 있습니다. 도안에 자신을 투사해 의지대로 행동할 수 없었던 이유와 환경에 대해서 생각해 보고, 해결 방안을 이야기해 볼 수 있습니다. 어린이를 위한 프로그램에 사용할 수 있습니다.

디렉션

곰돌이가 서 있습니다. 그런데 곰돌이의 손이 묶여 있네요. 위에서 누군가가 조종하고 있습니다.

1. 지금 이 곰돌이를 조종하는 사람은 누구일까요? 왜 이렇게 조종하는 걸까요? 생각해 보고 손의 위쪽에 확장하여 누구일지 그려 주세요. A4 용지에 복사하여 자른 후 도화지의 하단에 붙이면, 나머지 괴물의 모습을 완성해 나갈 수 있습니다.
2. 지금 이 곰돌이는 어떤 감정들을 느끼고 있을까요? 곰돌이의 감정을 곰돌이 외곽선 안에 자유롭게 표현해 주세요. 곰돌이 외곽선의 바깥까지 사용하셔도 좋습니다.
3. 곰돌이는 자신의 상황을 어떻게 받아들이고 있을까요? 누군가 조정한다는 것을 안전하고 편안한 울타리처럼 느끼는 사람도 있고, 조정당하는 것이 자신을 공격하는 무언가처럼 느끼는 사람도 있고, 조정당하는 것은 물에 잠겨서 아무것도 못하는 상황처럼 느끼는 사람도 있습니다. 곰돌이의 생각을 추측하여 곰돌이 주변에 적어 주세요.
4. 곰돌이는 지금 이 상황에서 벗어나고 싶을까요? 만약 그렇다면 곰돌이를 도와주기 위해서 어떤 일들을 할 수 있을지 생각할 수 있습니다. 그리고 내가 곰돌이라고 생각해 보고, 어떤 행동을 하면 벗어날 수 있을지 생각해 보고 곰돌이에게 도움이 되는 것들을 주변에 표현해 주세요.

토론 및 질문

- 곰돌이를 조종하는 검은 손에 대해 설명해 주세요.
  - 곰돌이를 조종하는 손의 주인은 누구이며, 곰돌이와 어떤 관계를 가진 인물일까요?
  - 이 사람은 어떤 이유로 곰돌이를 조종하고 있는 것일까요?
- 만약에 내가 조종당하는 곰돌이라면 지금 어떤 생각을 하고 있을까요? 또 하고 싶은 말이 무엇일지 구체적으로 설명해 주세요.
- 곰돌이가 조종하는 사람에게 느끼는 감정에 대해서 구체적으로 설명해 주세요.
- 곰돌이를 도와줄 수 있는 방법은 어떤 것들이 있을지 생각해 보고 이야기해 주세요.
  - 이런 방법을 나에게 적용하기 위해서는 무엇이 필요할까요?
- 이 상황의 장점이 있다면 무엇일까요?
- 최근 곰돌이처럼 나의 의지대로 행동할 수 없었던 일들이 있었나요?

Extra Activity

- 특정한 인물과의 관계를 이야기할 수도 있지만, 검은 손은 어떤 환경으로 지정해서 프로그램을 진행할 수도 있습니다. 최근에 나의 의지대로 행동하거나 표현할 수 없었던 상황을 떠올려 보고, 함께 이야기를 나누어 볼 수 있습니다.
- 모든 활동이 마무리된 후, 수동적인 삶의 태도에서 극복할 의지를 가지게 되었다면 가위로 곰돌이와 손을 연결하는 줄을 끊어 버리는 활동을 함께 진행할 수 있습니다.

트라우마

트라우마

자신의 트라우마에 대해서 생각해 볼 수 있습니다. 나의 정신적 트라우마는 어떤 것들이 있는지 생각해 보고, 다룰 수 있는 노력에 대해서 이야기할 수 있습니다. 어린이를 위한 프로그램에서 활용하기 좋습니다.

디렉션

곰돌이가 쪼그려 앉아 있습니다. 곰돌이의 뒤에 커다랗고 무시무시한 형상이 있네요. 마치 곰돌이를 괴롭히고 있는 것처럼 보입니다. 이 형상은 곰돌이의 과거로부터 왔다고 합니다.

1. 곰돌이를 괴롭히는 이 괴물의 정체는 무엇일까요? 왜 이렇게 괴롭히는 걸까요? 이 괴물의 정체는 무엇일지 생각해 보고, 괴물의 모습을 완성해 주세요. A4 용지에 복사하여 자른 후 도화지의 왼쪽 하단에 붙이면, 나머지 괴물의 모습을 완성해 나갈 수 있습니다.
2. 지금 이 곰돌이가 느끼는 감정들은 어떤 것들이 있을까요? 곰돌이 외곽선 안에 표현해 주세요.
3. 검은 형상 이외에 곰돌이를 괴롭히는 것에는 무엇이 있을까요?
4. 곰돌이를 도와줄 수 있는 구체적인 방법이 있을까요? 곰돌이 주변에 다양한 표현을 해 주세요. 곰돌이 스스로가 만드는 무언가일 수도 있고, 제삼자의 도움일 수도 있습니다.

토론 및 질문

- 곰돌이를 괴롭히는 괴물은 살면서 겪은 좋지 않은 과거의 경험일 수도 있고, 곰돌이를 과거부터 괴롭혀 온 특정인물일 수도 있습니다. 곰돌이에게 괴물은 구체적으로 어떤 존재일까요?
  - 이 경험에 비해 특별히 괴롭다고 느껴지는 이유는 무엇일까요?
- 곰돌이가 지금 느끼고 있을 감정을 감정 단어 세 가지로 이야기해 주세요.

- 내가 곰돌이와 같은 감정을 경험했던 적은 언제였나요?
  - 나는 이 감정에 어떻게 대처해 왔나요?
  - 내가 사용했던 방법 중 가장 도움이 되었던 것은 무엇이었나요?
- 곰돌이가 지금 하고 싶은 말이 있을까요? 또 곰돌이에게 해 주고 싶은 말은 무엇인가요?
- 곰돌이를 도와줄 수 있는 구체적인 방법은 어떤 것들이 있을까요?
- 곰돌이가 만약 이 괴물을 싫어하고 있지 않다면 어떤 이유에서일까요?

Extra Activity

- 살면서 겪은 트라우마들을 이야기해 보는 프로그램이지만, 처음부터 나를 괴롭혔던, 혹은 여전히 나를 괴롭히는 사람으로 주제를 잡고 시작할 수도 있습니다.
- 괴롭히는 수준을 넘어서 내게 위협이 되는 존재에 대해 이야기할 수도 있습니다.
- 모든 활동이 마무리된 후, 괴물과 곰돌이를 가위로 오려 분리시키는 작업을 해도 좋습니다. 또 여분의 종이에 트라우마를 극복한 곰돌이의 모습을 함께 그려 볼 수도 있습니다.

공격받은 나

프로그램

공격받은 나

최근에 받았던 상처나 과거에 받았던 상처를 돌아보고 구체화하여 자신의 마음을 잘 지킬 수 있는 것들을 알아볼 수 있습니다.

디렉션

복싱 장갑을 끼고 있는 사람이 누군가한테 맞고 있어요. 얼마나 맞았는지 정신이 없어 보이네요. 마치 게임의 한 장면 같기도 한 이 그림을 잘 살펴보면, 아래에는 ATTACK! 공격이라고 적혀 있네요.

1. 어떤 몬스터가 이 사람을 공격하는 걸까요? 몬스터의 모습을 그린 후, 몬스터 주변에 상황을 표현해 주세요. 상황은 이미지로 표현할 수도 있지만, 글로 적을 수도 있습니다.
2. 많이 맞아서 게이지가 떨어졌어요. 나 게이지는 지금 몇 칸이 차 있는 상태일까요? 게이지를 채워 주세요.
3. 공격을 받고 있는 사람의 티셔츠에 'help me'라고 쓰여져 있습니다. 우리가 이 사람을 도울 수 있는 방법은 어떤 것들이 있을까요? 주변에 도움이 되는 것들을 그려 주세요.

토론 및 질문

- 공격을 받은 이 사람은 지금 어떤 상태인가요? 또 어떤 생각을 하고 있을까요?
- 에너지 바는 어느 정도 채워져 있나요? 이 정도로 설정한 이유는 무엇인가요?
- 에너지가 모두 고갈된다면 이 사람에게 어떤 일이 벌어질까요?
- 에너지 바를 채워 주기 위해서는 이 사람에게는 어떤 것들이 필요할까요?
- 내 삶을 돌아보면서 나를 공격하는 몬스터와도 같은 존재는 어떤 것들이 있을지 생각해 보고, 나의 마음을 지키고 이겨 낼 수 있는 방법에는 어떤 것들이 있을지 세 가지를 공유해 주세요.

Extra Activity

- 누군가로부터 받은 직접적인 공격이 아니라, 최근에 나의 감정적인 소모를 발생시킨 일들을 함께 이야기해 볼 수 있습니다.
- 몬스터의 입장에서 내가 누군가에게 상처를 줘서 관계가 단절된 경우를 함께 이야기해 볼 수 있습니다.
- 과거에 상처를 받았던 상황으로 돌아가 나-몬스터가 진행하는 대화의 형식으로 이야기를 재구성해 볼 수 있습니다. 진행자나 다른 내담자와 상황극을 해도 좋습니다.

내가 집착하는 감정

내가 집착하는 감정

내가 집착하는 감정

자신이 최근 많이 느끼고 있는 감정 또는 집착하고 있는 감정에 대해 알아볼 수 있습니다. 스스로 알아 차리지 못했던 감정 또는 미해결된 감정에 대해 이해해 볼 수 있고, 더 나아가 자신이 원하고 있는 감정에 대해 구체화할 수 있습니다.

디렉션

그림 속 사람은 두 손으로 마음을 잡은 채 얼굴을 넣고 마음속을 보고 있습니다. 솔직하고 거짓 없는 마음속 생각과 감정을 들여다보는 이 사람이 바로 나라고 생각해 주세요. 하루에도 여러 가지 감정을 느낄 수 있지만, 특히 내가 집착하고 있는 감정들에 대해 생각해 보겠습니다.

1. 하트 안에 내가 느끼는 감정들, 그중에서도 특히 내가 집착하고 있다고 느끼는 감정들을 적어 주세요. 복합적으로 느끼는 감정들은 묶어서 표현해 볼 수도 있습니다. 감정에 따른 나의 느낌을 패턴, 도형, 색으로도 표현해도 좋습니다.
2. 이 감정을 느낄 때 나의 모습을 인물 외곽선 안에 색이나 패턴으로 표현해 주세요.
3. 두 번째 거울 도안 속 거울은 솔직하고 온전한 나만이 볼 수 있는 거울입니다. 내가 집착하고 있는 특정 감정에 대해 더 자세히 알아보도록 하겠습니다. 어떤 상황이 될 때마다 나는 이런 감정을 느끼게 되나요? 이 감정은 나에게 어떻게 다가오는지 생각해 주세요. 집착하고 있는 감정을 느끼고 있는 나는 어떤 표정을 하고 있을까요? 거울 속 내 모습은 몸과 마음이 지친 모습일 수도, 행복만을 추구하다 보니 어떤 감정인지도 잘 모르는 그런 상황일 수도 있습니다. 거울 속 내 모습을 그려 주세요.
4. 두 번째 거울 도안을 한 장 더 복사한 후, 내가 느끼고 싶은 감정, 내가 가지고 싶은 감정을 느끼는 나의 모습을 그려 주세요.

토론 및 질문

- 내가 집착하고 있는 감정은 어떤 것이 있을까요? 이 감정은 언제 가장 강렬하게 나타나며, 어디에서부터 처음 시작이 되었을까요?
- 내가 집착하는 감정으로 인해 놓치고 있는 것은 무엇일까요?
- 그림에서 보여지는 사람과 같이 집착하고 있는 감정에서 떨어지려면 어떻게 해야 할까요?
- 내가 사회적으로 타인들에게 보여지고 싶은 특정 감정은 무엇이고, 솔직한 감정이 보여진다면 어떤 일이 일어날까요? 그렇게 생각한 이유는 무엇인가요?
- 현재 내가 가장 느끼고 싶은 감정은 무엇일까요?
- 나는 어떤 감정을 느낄 때 가장 나다움을 느끼나요?

Extra Activity

- 가장 나다울 때의 모습이 어떻게 거울에 비추어질지 작업해 볼 수 있습니다. 예를 들어, 내 모습이 편안한 모습이라면 어떠한 안면 근육도 사용하고 있지 않은 눈을 감고 입꼬리에 힘을 주지 않은 평온한 모습이 될 수 있습니다. 또, 행복에 취해 있는 모습이라면 웃으면서 봄날의 꽃들이 만개한 모습이 될 수도 있습니다. 이 모습을 거울 도안에 그릴 수 있습니다. 그 모습을 위한 구체적인 상황도 주변에 그릴 수 있습니다.
- 집단 작업의 경우, 참여원들 서로의 그림을 공유해 보고 서로에게 응원의 메시지를 적을 수 있습니다.

성냥팔이 소녀

성냥팔이 소녀

자신이 생각하는 이상적인 가족에 대해 탐색해 볼 수 있습니다. 가족에 관련된 이야기를 꺼내기 어려워하는 내담자를 위한 시작 프로그램으로 사용할 수도 있습니다.

디렉션

성냥팔이 소녀가 한겨울 길거리에 있습니다. 찬바람이 몰아치고 눈이 오던 날, 성냥팔이 소녀는 성냥을 다 팔기 전까지는 집에 돌아갈 수 없었습니다. 깊은 밤이 되자, 소녀는 추위를 이기지 못한 채 집 앞에서 성냥에 불을 붙였습니다. 소녀는 성냥의 불길과 함께 따듯한 난로, 맛있는 음식들이 진열된 식탁, 크리스마스트리, 화목한 가정 등 환상이 나타났다가 불길이 사라지면 동시에 사라지는 신기한 체험을 했습니다.

1. 창문 안에 성냥팔이 소녀가 바라본 가족, 가정의 모습을 그려 주세요. 내가 생각하는 이상적인 가족의 모습도 좋습니다.
2. 소녀는 어떤 표정을 짓고 있을까요? 소녀의 얼굴을 표현해 주세요.
3. 소녀 주변에 소녀를 바라보고 있는 한 낯선 사람이 있습니다. 이 사람은 어떤 시선으로 소녀를 바라보고 있을까요? 낯선 사람을 그려 주세요.
4. 소녀가 느끼는 감정에 색이 있다면 어떤 색일까요? 이 색을 이용하여 배경과 바닥을 완성해 주세요.

토론 및 질문

- 성냥팔이 소녀는 환상 속 집안을 보면서 어떤 감정을 느끼고 있을까요?
- 나에게 있어서 이상적인 가족/가정이란 어떤 모습인가요?
  - 가족 구성원은 어떤 사람들로 구성되어 있나요?
  - 가족은 함께 모인 자리에서 무엇을 하고 있나요?

- 소녀가 바라보았던 화목한 가정은 10년 후에는 어떻게 될까요?
  - 가족에 변화가 생긴다면 어떻게 변화할까요?
- 나의 일상과 비교했을 때, 소녀와 나는 어떤 공통점과 차이점이 있나요?
- 내가 생각한 성냥팔이 소녀의 이상적인 결말은 무엇일까요?
- 가족은 나에게 있어서 어떠한 존재인가요?
  - 가족이 나에게 가장 힘이 되어 주었던 때는 언제인가요?
  - 가족이 나에게 가장 버거웠던 때는 언제인가요?
  - 가족을 떠올리고 싶지 않다면 그 이유도 설명해 주세요.
- 가족과 특별한 하루를 보낸다면 어디서 무엇을 하고 싶나요?
  - 무제한의 돈이 일주일 동안 내 가족에게 제공된다면 나는 가족과 무엇을 하고 싶나요?
    (무제한의 돈은 가족활동을 위해서만 사용될 수 있음. 집을 사거나 대출을 갚는 것은 불가)
- 나의 가족을 생각하면 어떤 장면이 떠오르나요?
  - 떠오른 가장 최고의 장면은 언제인가요?
  - 떠오른 가장 최악의 장면은 언제인가요?
- 성냥팔이 소녀는 어떤 생각을 하고 있을까요? 지금 소녀에게 필요한 것은 무엇일까요?

Extra Activity

- 내가 생각한 이상적인 가족/가정과 현실 가족 사이에는 괴리감이 있을 수 있습니다. 그 차이를 줄이기 위해 할 수 있는 방법을 생각해 볼 수 있습니다.
- 성냥팔이 소녀에게 편지를 적어 소리 내어 읽을 수 있습니다. 처음에는 "성냥팔이 소녀에게"라고 읽도록 한 후, 그다음에는 자신의 이름을 넣어 "○○에게"라고 읽도록 합니다. 그리고 어떤 느낌을 받았는지 설명해 보도록 합니다.
- 성냥팔이 소녀의 미래 또는 결말을 그려 볼 수 있습니다. 나만의 새로운 방식으로 성냥팔이 소녀를 재해석해 보고 그려 보는 과정을 통해 나의 삶에서의 스토리텔링을 이어서 진행할 수 있습니다.

아슬아슬

아슬아슬

나의 무의식 속 욕구, 미래의 나, 내가 가지고 갈 것과 놓아 버릴 것에 대해 알아볼 수 있습니다. 나의 상황과는 어떤 유사한 점들이 있는지 알아보고 긍정적 결과를 기대하기 위해 내가 할 수 있는 일을 구체화할 수 있습니다.

디렉션

닿을 듯 말 듯한 손, 끊어질 듯 끊어지지 않은 밧줄이 있습니다. 이 끈은 누군가를 살리는 밧줄일 수도 있고, 또는 무언가를 끌어내리는 상황일 수도 있습니다. 보여지고 있는 손은 무언가를 놓친 손일까요, 아니면 무언가를 잡으려는 손일까요? 그 목적이 무엇일지 생각해 봅니다.

1. 이 손이 나의 손이라고 생각해 보고 나의 삶에서 나는 무엇을 잡고 어떤 것을 놓았는지 떠올려 본 후, 잡은 것은 위쪽 밧줄에, 놓은 것은 아래쪽 밧줄에 그려 주세요.
2. 밧줄은 무언가를 이어 주기도 하고, 속박하던 것을 풀어 줄 수 있는 역할을 하기도 합니다. 우리의 인생에 있어서도 밧줄처럼 끊어 버릴 수밖에 없는 것이 있을 수 있고, 나의 필연적 욕구가 반영되어 끊고 싶어도 못 끊는 것이 있을 수 있습니다. 나의 삶에서의 밧줄과 같은 존재는 무엇이 있는지 끊어질 듯한 밧줄 가운데 부분에 표현해 주세요.
3. 결론적으로 내가 붙잡고 있는 이 끈은 어떻게 될까요? 주변의 빈 공간에 글로 적어 주세요. 긍정적 결과와 부정적 결과를 모두 적어 주세요.

토론 및 질문

- 이 손은 어떤 손일까요? 무엇을 잡으려는 걸까요?
- 밧줄과 같은 존재는 내 인생에 어떤 존재일까요?
  - 그 존재는 여전히 나와 함께하고 있나요?
  - 만약 밧줄과 같은 존재가 아직 내게 없다면, 그 존재는 앞으로 나에게 어떻게 다가올까요?

- 밧줄과 손은 같은 상황과 유사한 상황일 수도 다른 상황일 수도 있습니다. 내가 끊어 내고 싶을 수도 있고, 끊어지려는 밧줄을 단단하게 만들고 싶을 수도 있습니다. 원하는 상황을 만들기 위해서는 나는 무엇을 할 수 있을까요? 그렇게 되면 밧줄은 어떻게 변하게 될까요?
- 앞으로 벌어질 긍정적 결과와 부정적 결과를 적은 내용을 공유하고, 그렇게 생각한 이유를 설명해 주세요.
  - 부정적 결과를 예방하기 위해 내가 할 수 있는 일은 무엇인가요?
  - 긍정적 결과에 가까워지기 위해 내가 할 수 있는 일은 무엇인가요?
- 내 삶과 연관 지어 밧줄을 생각해 주세요.
  - 나는 내 삶에서 무엇을 끊어 내고 싶나요?
  - 내가 더 단단하게 만들고 싶은 것은 무엇인가요?
  - 이것을 위해 내가 노력하고 있는 부분은 무엇인가요?
- 현재 상황을 반대로 생각해 봅시다.
  - 끊어질 것 같은 밧줄 → 절대 끊어지지 않는 밧줄, 놓치는 손 → 잡으려는 손
  - 결과는 어떻게 바뀔까요?
  - 이렇게 생각했을 때 10년 뒤의 나의 모습은 어떨까요?
  - 내 인생의 결말은 어떤 모습일까요?

Extra Activity

- 그림을 재해석하여 그려 볼 수 있습니다. 무엇을 잡으려 했던 것인지 그려 보고, 끈은 어떤 상황일지 구체적으로 그려 주세요(예: 절벽 위의 사람, 사람을 살리는 밧줄 등).
- 나의 욕구, 미래의 나, 내가 놓칠 수 없는 것과 포기할 수 있는 것들과 연관 지어 그려 보아도 좋습니다.

마법의 머리카락

마법의 머리카락

자신이 어떤 사건을 중요하게 생각하는지 그 상황으로 인해 어떤 영향을 받았는지를 생각해 볼 수 있습니다. 자신의 기분과 감정을 더 잘 이해하기 위해 활용될 수 있습니다.

디렉션

그림 속 아이는 감정에 따라 색이 바뀌는 마법의 머리카락을 가졌습니다. 그리고 이 아이는 어떤 장면을 보고 머리의 색이 바뀌었습니다. 아이는 무엇을 통해 마법의 머리카락을 가지게 되었을까요? 아이의 눈앞에는 무엇이 있을까요? 이 아이는 무엇을 보고 어떤 감정을 느꼈을까요?

1. 감정에는 슬픔, 기쁨, 두려움, 공포 등 다양한 감정이 있습니다. 아이가 느낄 것이라고 추측되는 감정의 색을 머리카락에 표현해 주세요. 여러 가지 색을 섞어서 그려 주어도 좋습니다.
2. 어떤 상황에 어떤 기분과 감정을 느꼈는지, 아이가 있는 배경과 장소를 상상하여 배경에 그려 주세요.
3. 아이는 어떤 표정을 짓고 있을까요? 표정을 채워 주세요.
4. 아이의 생각을 말풍선이나 글상자를 그린 후 적어 주세요.

토론 및 질문

- 그림에 등장한 아이는 무엇을 보았을까요? 아이의 앞에는 무엇이 있을까요?
- 원래 아이의 머리카락은 어떤 색이었을까요?
- 머리카락의 색은 어떻게 변했을까요?
- 변한 머리카락의 색은 어떤 감정을 담고 있을까요?
- 여러 가지 색이 표현되었다면 각각의 색이 지니는 의미는 무엇일까요?
- 최근 한 달간 제일 많이 느꼈던 감정을 두세 가지 이야기해 주세요.

- 제일 많이 느꼈던 두세 가지의 감정을 색으로 표현한다면 어떤 색일까요?
- 나의 감정 색은 어떻게 표현될까요? 머리카락 안에 표현될 수도 있고, 새로 머리카락을 그려 줄 수도 있고, 바깥에 배경까지 색칠될 수 있습니다.

Extra Activity

- 아이가 느끼는 감정 단어를 주변에 적을 수 있습니다. 또한 색을 통해서 감정을 연결시켜 이야기하며 이를 통해서 느껴지는 감정을 보다 명확하게 확인할 수 있습니다.
- 여러 색의 실이나 끈을 준비하여 그림에 붙여 주어 입체적인 작업을 진행할 수 있습니다.
- 색모래나 반짝이풀을 이용하여 머리색을 꾸며 주는 작업을 통해 다채로운 작업이 가능합니다.
- 수채화 물감을 사용하여 휴지나 천에 물감의 번짐을 이용해 작업한 후 그림에 붙여 줄 수 있습니다. 다양한 재료와 표현 방법으로 작업을 확장하여 작품을 완성할 수 있습니다.

나팔 부는 소녀

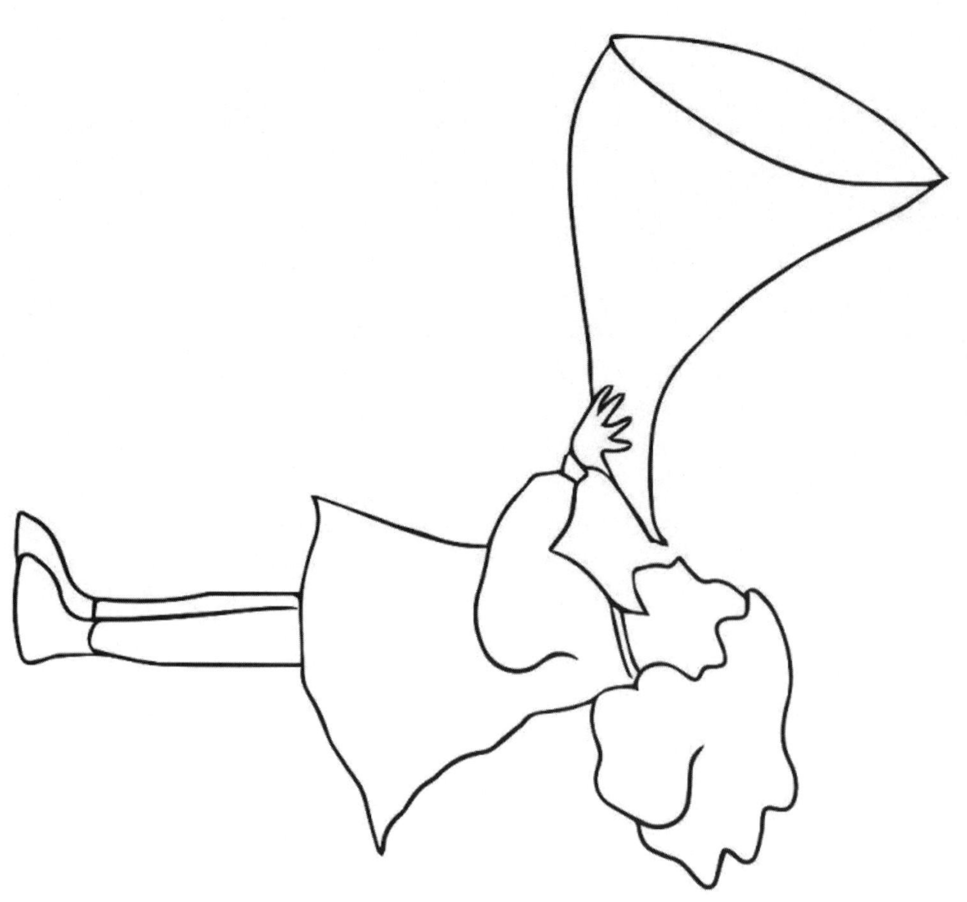

나팔 부는 소녀

자신이 가진 생각이나 감정, 욕구를 확인해 볼 수 있습니다. 속에 담아 두었던 감정이나 억눌러 두거나 참아 두었던 말이나 생각에 대해 표현해 볼 수 있습니다.

디렉션

나팔은 쇠나 짐승의 뿔로 만든 관악기로 나팔은 다른 사람에게 경고하는 메시지나 꼭 알려야 하는 중요한 메시지를 전하기도 합니다. 기념일이나 행사에서도 나팔을 불어 그날을 즐기며 축복하기도 합니다. 과거 전쟁 시에는 나팔을 불어 전쟁을 대비하는 역할을 했다고도 합니다.

1. 그림에 나팔을 부는 아이가 있습니다. 지금 소녀는 어떤 이유로 나팔을 불고 있을지, 또 어떤 상황일지 상상해 보고 아이가 느끼는 감정을 사람 도안 안에 표현해 주세요.
2. 어떤 상황일까요? 아이의 주변을 상상해서 그려 주세요.
3. 나팔을 통해 흘러나오는 것들을 그려 주세요. 그것이 어떤 소리라면 소리를 색과 패턴으로 표현해 주세요. 아이가 어떤 이야기를 하고 있다면 내용을 글로 적어 주세요.

토론 및 질문

- 그림 속 아이가 나팔을 부는 것은 어떤 의미가 있을까요?
- 나팔을 불어서 누구에게 어떤 말을 전하려 하는 걸까요?
- 아이에게 해 주고 싶은 말이 있다면 무엇일까요?
- 말이나 생각을 전달하고 싶었는데 잘 전달되지 않았던 경험은 언제였나요?
- 마음에 있는 어떤 말을 이야기하지 못했나요?
- 마법의 나팔은 대상과의 거리가 아무리 멀리 떨어져 있어도 나팔을 부는 사람의 말과 생각을 원하는 대상에게 고스란히 전달되는 능력을 가지고 있습니다. 만약 나에게도 마법의 나팔이 있다면 어떻게 사용하고 싶나요?

Extra Activity

- 108페이지의 용기 모자 도안을 활용하여 입체적인 나팔의 형태를 만들어 평면에서 입체로 영역을 확장하여 진행할 수 있습니다.
- 질문을 통해 느껴지는 감정을 생각해 보고 나팔에 적어 줄 수 있습니다. 이를 통해 느껴지는 감정을 눈으로 보면서 보다 명확하게 확인할 수 있습니다.
- 집단 작업의 경우, 집단원끼리 서로의 나팔을 보고 직접 나팔을 부는 행동과 하고싶은 말을 해 보는 상황을 연출할 수 있습니다. 그리고 작업에 대해 이야기를 나눌 수 있습니다.

웅크린 아이

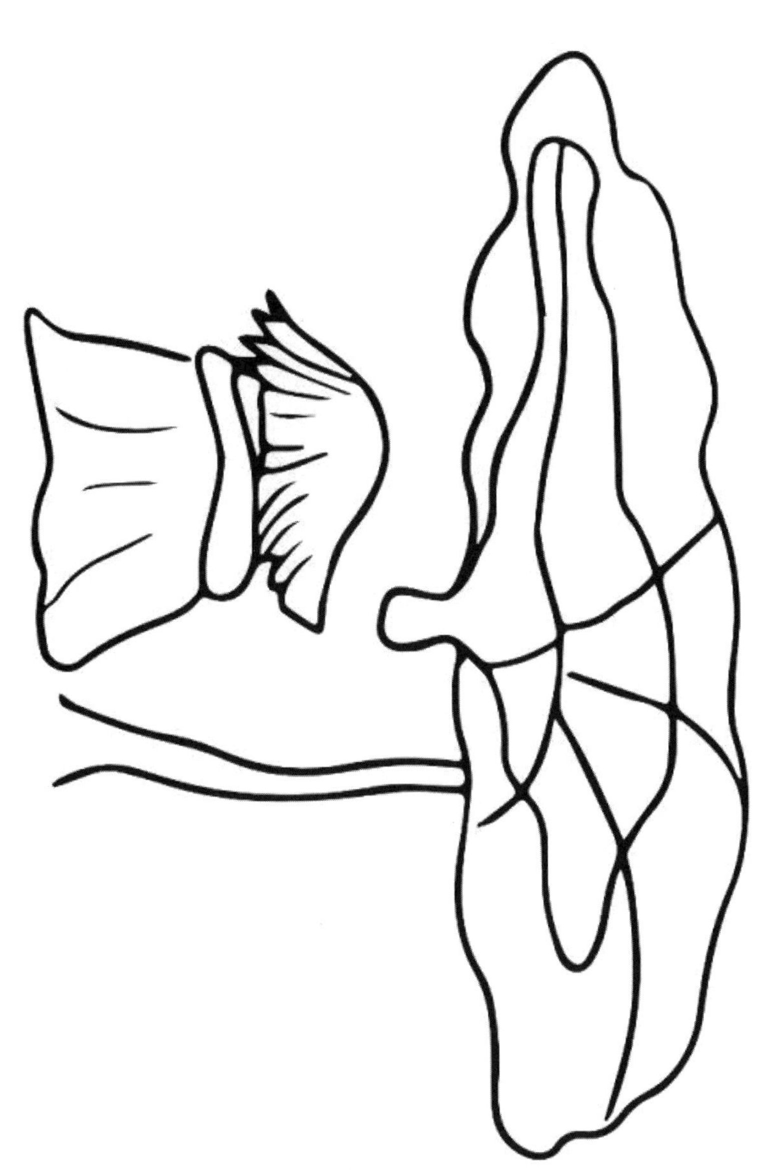

웅크린 아이

자신의 과거, 혹은 현재 사용하고 있는 감정을 탐색하여 지금 자신에게 필요한 것에 대해 구체적으로 설명할 수 있습니다.

디렉션

1. 웅크린 아이가 있습니다. 지금 아이는 어떤 감정을 느끼고 있을까요? 아이 도안의 안과 주변에 감정을 표현해 주세요.
2. 이 아이는 어떤 상황에 처해 있는 걸까요? 상황을 생각하며 주변을 자유롭게 그려 주세요.
3. 연잎 아래에 있는 이유는 무엇일까요? 연잎을 자유롭게 표현해 주세요. 색을 칠해 줄 수 있고, 다른 무엇을 그려 주어도 좋습니다. 연잎을 늘리거나 새로운 무언가를 그릴 수도 있습니다.
4. 아이는 어디에 앉아 있는 걸까요? 바닥일 수도 있고, 위태로운 어딘가일 수 도 있습니다. 카펫이나 양탄자, 구름 등 새로운 곳에 아이를 앉힐 수도 있습니다.

토론 및 질문

- 아이가 웅크린 자세를 하고 있는 이유는 무엇일까요?
  - 웅크린 자세는 나에게 어떤 감정과 연결되나요? 만약 편하다면 혹은 불편하다면 그 이유를 설명해 주세요.
- 아이는 누구일까요?
  - 아이의 성별은 무엇인가요?
  - 아이의 나이는 어떻게 될까요?
  - 아이는 어떤 성격을 가지고 있을까요?
- 아이의 주변에는 무엇이 있나요?
  - 식물, 동물, 사람 등 어떤 물체나 생명체가 있을까요?

- 그림의 아이처럼 웅크리는 행동과 비슷한 행동을 한 경험이 있나요?
  - 그 때 나는 어떤 상황이었나요?
  - 최근에도 그런 행동을 하고 있다면 '웅크림'은 나에게 어떤 의미인가요?
- 그림의 아이는 어떤 감정을 느끼고 있을까요?
  - 그 감정과 비슷한 감정을 느낀 경험이 있다면 언제인가요?
  - 이 감정을 더 긍정적으로 사용하기 위해서 무엇이 도움이 될까요?

Extra Activity

- 그림을 그리고 색칠한 후, 도안의 테두리를 오려 그림이 입체적으로 올라오도록 접어 작업할 수 있습니다.
- 집단 작업의 경우, 집단원의 작품을 이어 붙여 큰 하나의 작품을 만들 수 있습니다.
- 이어 붙인 하나의 큰 작품을 함께 바라보며 각각의 작품에 표현한 상황과 각자가 가진 이야기에 대해 공유하여 소통할 수 있습니다.

누워 있는 사람

누워 있는 사람

무기력한 생활패턴을 보이거나 심신의 지침에 대해 호소하는 경우 자신의 감정을 들여다보기 위해 사용할 수 있습니다. 쉼에 대한 이야기를 하기 위해 활용될 수도 있습니다.

디렉션

누워 있는 사람이 있습니다. 지금 이 사람은 잠을 자고 있을 수도 있고, 그냥 누워 있을 수도 있고, 그 밖의 다른 이유에서 누워 있을 수도 있습니다.

1. 이 사람은 왜 누워 있을까요? 이 사람이 느끼는 생각과 감정을 인물 도안 안에 표현해 주세요.
2. 이 사람을 덮고 있는 이불은 어떤 역할을 할까요? 이불은 이 사람을 짓누르고 있을 수도 있고, 보호하고 있을 수도 있습니다. 이불에 색이나 패턴을 채워 넣어 주세요.
3. 이 사람이 놓인 환경은 어떨까요? 아늑한 집안일 수도 있고, 덩그러니 버려진 상황일 수도 있습니다. 사람의 주변에 무엇이 있을지 상상해 주세요. 누군가가 지켜보고 있을 수도 있고, 주변에 함께 누워 있는 사람이 많을 수도 있습니다. 공간의 느낌을 표현할 수도 있고, 새로운 그림을 추가로 그려 넣어 그림을 완성할 수도 있습니다.

토론 및 질문

- 누워 있다는 것은 나에게 어떤 의미가 있을까요?
  - 다양한 의미의 누워 있음에 대해 이야기해 주세요.
- 그림 속 사람이 있는 장소나 환경은 어떤 모습인가요?
  - 이 장소와 환경은 나의 무엇과 닮아 있나요?
- 이 사람이 누워 있는 이유는 무엇일까요?
- 이 사람이 덮고 있는 것은 무엇일까요? 어떤 색일까요? 어떤 무게일까요? 촉감은 어떨까요?

- 내가 그림 속 사람이라면 어떤 생각과 감정을 가질 것 같나요?
- 최근 일주일간 내가 누워 있을 때를 상상해 보고 어떤 감정이었는지 떠올려 주세요.
- 이 사람이 만약 꿈을 꾸고 있다면 어떤 꿈을 꾸게 될까요?
  - 최근 한 달간 누워 있을 때 기억에 남는 꿈을 꾼 기억이 있나요?

Extra Activity

- 최근 기억에 남는 꿈을 주제로 이야기를 진행할 수 있습니다. 어떤 꿈이 기억에 남는지, 기억에 남는 이유는 무엇인지, 그 꿈을 통해 어떤 생각을 했는지, 어떤 감정을 느꼈는지, 꿈이 나의 현실에 어떠한 영향을 미쳤는지 이야기해 볼 수 있습니다. 꿈의 모습을 이 사람 위의 빈 공간에 표현할 수 있습니다.
- 쉼, 휴식이라는 주제가 나올 경우 현재의 나의 모습을 돌아볼 수 있습니다. 현재의 내가 정신적, 신체적으로 어떠한 상황인지 생각해 보고 에너지가 필요 이상으로 소진되지 않았는지, 어떤 방식으로 에너지를 소모하고 충전하는지, 쉼과 휴식을 원하는 이유에 대해 알아보고 앞으로 어떤 행동을 취하면 좋을지 이야기해 볼 수 있습니다.
- '죽은 사람' '죽어 있는 사람'이라는 이야기가 나올 경우, 죽음에 대한 주제로 확장하여 다룰 수 있습니다.
- 우리는 모두 각자의 삶을 살고 삶의 끝에는 죽음이 있습니다. 어떻게 죽음을 준비하면 좋을지, 죽기 전에 하고 싶은 일은 무엇인지, 남아 있는 사람들에게 하고 싶은 말은 무엇인지 공유할 수 있습니다.

선 위의 사람

선 위의 사람

위태로움, 긴장감, 균형 있는 삶 등에 대해 다룸이 필요할 때 사용할 수 있습니다. 부담스러운 상황을 대처해 나가야 하는 내담자, 안정감에 대한 욕구가 높은 내담자들에게 적용할 수 있습니다.

디렉션

그림 속 동그란 물체를 타고 선 위를 아슬아슬하게 올라가 있는 한 사람이 있습니다. 이 선은 어떤 선일까요? 아주 가늘고 약한 실일 수도 있고, 아주 두껍고 튼튼한 밧줄일 수도 있습니다.

1. 이 사람이 올라타 있는 동그란 것은 무엇일까요? 외발자전거, 바퀴, 공, 시계 등 다양하게 상상해 주세요. 그리고 가장 마음에 와닿는 것으로 그려 주세요.
2. 사람이 손에 들고 있는 것은 무엇일까요? 아주 작은 물건일 수도 있고, 중심을 잡기 힘들 만큼 커다란 무언가일 수도 있습니다. 무생물일 수도 있고, 살아 있는 무언가일 수도 있습니다. 자유롭게 손 위의 물체를 그려 주세요.
3. 이 사람은 무엇을 느끼고 어떤 생각을 하고 있을까요? 사람 도안 안과 주변에 자유롭게 표현해 주세요.
4. 추가로 그리고 싶은 것을 배경에 자유롭게 그려서 그림을 완성해 주세요.

토론 및 질문

- 이 사람이 서 있는 선은 어떤 선일까요?
  - 어느 정도 안정적인 상황일까요?
- 그림 속 사람이 타고 있는 동그란 모양은 무엇일까요?
  - 만약 다른 선택을 할 수 있다면 무엇이 될 수 있을까요?
- 손에 들고 있는 것은 무엇일까요? 그 무게는 어떠할까요?

- 이 사람은 어떤 얼굴을 가지고 있고, 어떤 표정일까요?
- 이 사람이 있는 장소는 어디일까요?
- 이 사람은 무엇을 하고 있는 중일까요?
- 이 사람에게 필요한 것은 무엇일까요?
- 그림 속 사람처럼 내가 어느 선상에 서 있고, 어떤 물체를 들고 있던 상황은 언제였나요?
  - 내가 그림 속 사람이라면 어떤 감정을 느낄까요?

Extra Activity

- 프로그램이 진행되는 장소에 실이 고정될 수 있을 만한 기둥이나 고리를 찾아 모양과 재질이 다른 여러 가지 실을 묶어 두고, 내가 그린 그림을 실 위에 오려 붙여서 입체작업을 완성할 수 있습니다.
  - 굵은 밧줄, 얇고 가는 실, 금속재질의 밧줄, 알록달록한 털실 등을 준비해 물체와 물체 사이에 묶어 둡니다.
  - 원하는 줄을 선택해 그 위에 내가 표현한 선 위의 사람을 오려서 붙여 줍니다.
- 집단원 모두 각자의 선 위의 사람 작품을 원하는 선 위에 배치한 후, 각자의 선 위의 사람에 대해 이야기할 수 있습니다.
  - 이 선을 선택한 이유는 무엇인가요?
  - 이 사람은 어떤 사람이며, 어떤 행동을 하고 있나요?
  - 앞으로 어떻게 되나요? 어디를 향해 가고 있나요?

화살이 몸을 관통한 사람

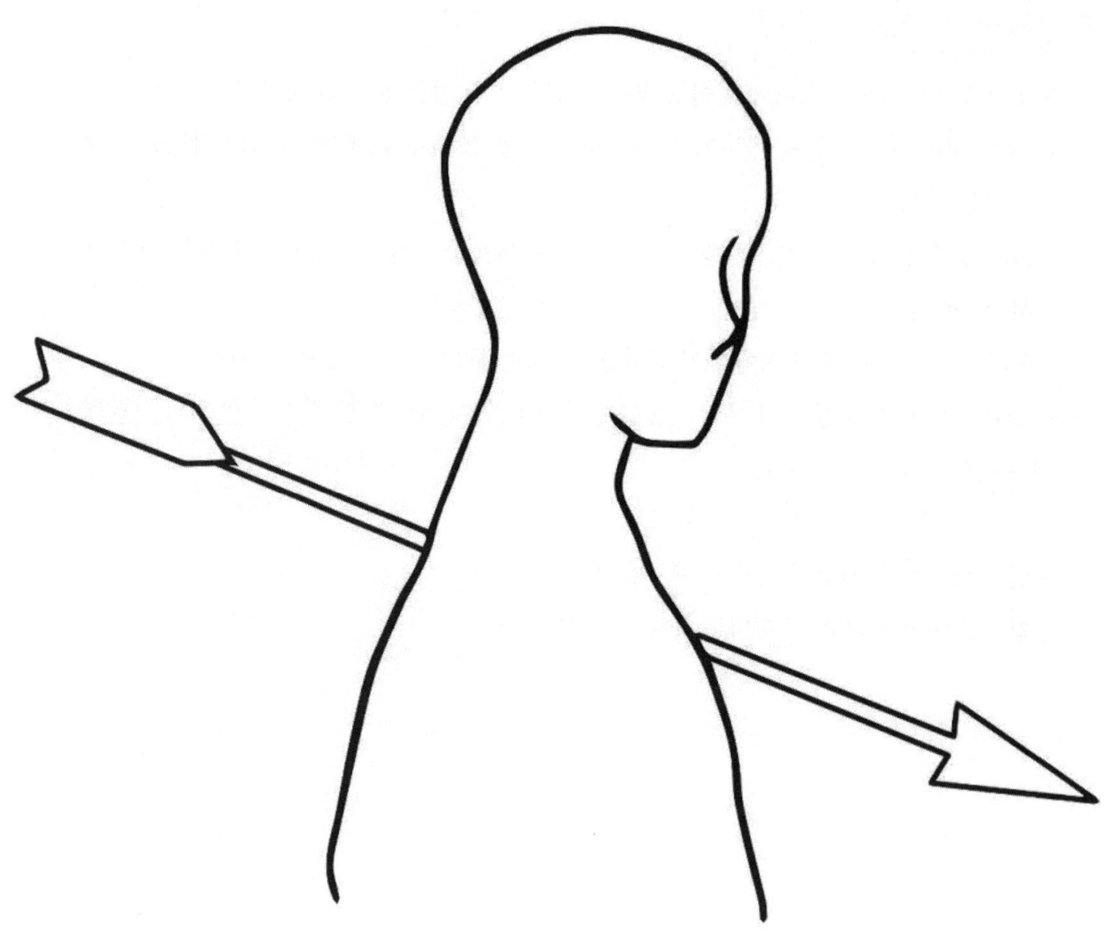

화살이 몸을 관통한 사람

상처, 트라우마, 공격당함에 관련된 작업을 하기 전 인트로 프로그램으로 활용할 수 있습니다. 혹은 자신의 상처받음에 대해 이야기를 꺼내기 어려워하는 내담자들에게 사용할 수도 있습니다.

디렉션

화살이 몸을 관통한 사람이 있습니다. 화살은 방금 막 이 사람에게 꽂혔을 수도 있고, 아주 오래전 이 사람 몸에 꽂혀 있을 수도 있습니다. 이 사람은 화살을 빼는 방법을 알 수도 있지만, 알지 못할 수도 있습니다. 이 화살은 그림 속 사람에게 어떤 의미를 가질까요?

1. 이 사람을 관통한 화살은 어떤 화살일까요? 화살은 어떤 재질이고, 어디서 날아왔을까요? 내가 생각하는 화살의 모습으로 변형해 주세요. 더 두껍고 크게 만들 수도 있고, 화살에게 표정을 만들어 줄 수도 있습니다.
2. 이 사람은 어떤 생각을 하고 어떤 감정을 느끼고 있을까요? 사람의 도안 안에 색이나 패턴을 이용하여 채워 주세요.
3. 이 사람이 처한 상황과 환경을 배경에 자유롭게 표현해 주세요. 화살에 꽂혀 있는 것이 이 사람에게 익숙함으로 다가올까요? 혹은 아픔을 줄까요?
4. 이 사람이 느끼고 있을 감정을 생각하며 사람 주변에 표현해 주세요. 인물의 감정과 배경을 표현할 때, 스티커나 잡지 콜라주 등을 이용할 수 있습니다.

토론 및 질문

- 이 사람에게 화살을 쏜 사람은 누구일까요?
- 이 사람은 아픔을 느끼고 있을까요, 느끼지 않을까요? 혹은 편안함을 느낄까요?
- 만약 아픔을 느끼고 있다면 아픔의 수준은 1~10 중에 어느 정도 일까요?

- 이 사람은 누구일까요? 화살이 관통되기 전 이 사람에게 어떤 일이 있었을까요?
- 지금 이 사람의 표정은 어떨까요?
- 최근 한 달간 내 몸을 관통하는 듯한 아픔을 느낀 경험이 있나요? 만약 최근이 없다면 오래된 상황이라도 괜찮습니다.
- 그 아픔의 정도는 어느 정도인가요? 1~10 중에서 선택해 공유해 주세요.
  - 나는 그 아픔에 어떻게 대처했나요? 대처 방법이 내게 도움이 되었나요?
- 나에게 있어서 화살과 같은 존재는 무엇인가요?
  - 만약 여전히 화살을 몸에 꽂고 있다면 화살을 빼지 못하는 (않는) 이유는 무엇인가요?

Extra Activity

- 사람과 화살을 각각의 다른 종이에 표현하고, 화살의 전체를 오리고, 화살이 관통하는 자리에 칼집을 내어 화살을 넣고 빼도록 할 수 있습니다.
- 화살에 꽂힌 아픔을 어떻게 치유할 수 있는지, 또한 아픔을 극복할 수 있는 방법에 대해 이야기를 나눠 보고 상처가 나은 이후의 나의 모습을 표현할 수 있습니다.

Chapter 3

확장(practical use)

3장은 감정과 생각을 더 잘 이끌어 내기 위해 사용 가능한 실용적인 도안들로 구성되어 있습니다. 색연필과 같은 간단한 색채 도구만 있다면 도안에 바로 그리거나 글로 적어 사용할 수 있습니다.

도안들은 다양한 목적으로 사용될 수 있기에 하나의 프로그램을 구체적으로 설명하기보다는 활용될 수 있는 몇 가지 방향성을 제시하고 있습니다.

도안을 이용할 때는 다음을 참고해 주세요.

1. A4 용지에 바로 복사해서 사용해도 무관합니다. 그러나 180~200g의 A4 도화지에 복사해서 사용할 수 있는 상황이라면 더 좋은 색채 표현을 할 수 있습니다.
2. A4 도화지에 복사해서 사용할 경우에는 색연필, 사인펜뿐만 아니라 아크릴 물감 등의 채색 도구도 추가적으로 활용할 수 있습니다.
3. 도안으로 활용 가능한 다양한 예시를 이곳에서는 제공하지만, 자신에게 필요한 방식으로 바꾸어 다르게 사용할 수도 있습니다.

손에 담기는 것

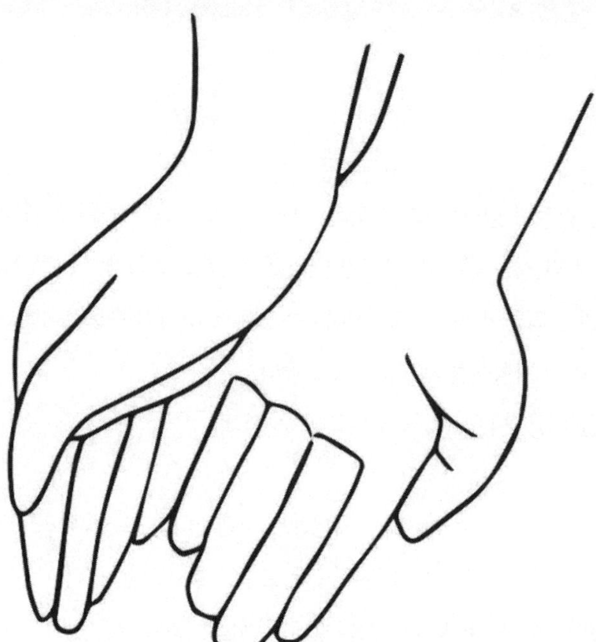

손에 담기는 것

자신이 가진 것들(소중한 것들)에 대해 생각해 보고 그것이 나에게 얼마나 가치를 가지고 있는지 혹은 다른 사람에게 영향을 미치는지 생각해 볼 수 있습니다. 그 대상은 실제로 자신이 가진 물건일 수도 있고, 혹은 누군가를 좋아하고 소중히 여기는 마음이거나 가족이나 연인 등 소중한 사람, 대상이 될 수도 있습니다. 또한 아직 가지지 못한 것들에 대해 생각해 보고 그것을 얻기 위한 행동과 방법에 대해 생각해 볼 수 있습니다.

디렉션

1. 아래쪽 손 도안에 지금 내가 현재 가지고 있거나 소중하게 생각하는 것들에 대해 색연필이나 마카를 이용하여 그림으로 표현해 주세요. 별도의 종이에 그린 후 오려서 올릴 수도 있고 클레이로 모양을 만들어 손 위에 붙여도 좋습니다. 그림으로 표현이 어렵다면 글로 써 주어도 괜찮습니다.
2. 가지고 있거나 소중하게 생각하는 것들에 대해서 이야기해 보고, 그것들을 지킬 수 있는 방법과 내가 취할 수 있는 행동을 아래쪽 손 주변에 적어 주세요.
3. 위쪽의 손 도안에 내가 받고 싶은 것들 혹은 내가 바라는 것들을 그리거나 오려서 붙여 주세요. 클레이로 모양을 만들어 붙여 줘도 좋습니다.
4. 받고 싶은 것들, 바라는 것들을 얻을 수 있는 노력과 방법을 생각해 보고 위쪽 손 주변에 그림으로 표현해 주세요.

토론 및 질문

- 내가 가지고 있는 것들(손에 담겨 있는 것들)에 대해 이야기해 주세요.
    - 내가 가지고 있는 것 중 소중한 것은 무엇이 있을까요?
    - 그것은 나에게 어떤 가치가 있을까요?
    - 내가 그것을 계속 가지기 위해 필요한 행동과 노력에는 어떤 것들이 있을까요?

- 내가 가지고 싶은 것들(손에 담고 싶은 것들)에 대해 이야기해 주세요.
  - 내가 가지고 싶은 것들에는 무엇이 있을까요?
  - 그것들은 나에게 어떤 도움이 될까요?
  - 내가 가지고 싶은 것들을 얻기 위해 나는 어떤 행동과 노력을 할 수 있을까요?
- 가족이나 주변 사람들에게 선물하고 싶은, 혹은 선물받고 싶은 것들에 대해 이야기해 볼 수 있습니다.
  - 선물하고 싶은 마음이나 전하고 싶은 말이 있나요?
  - 선물받고 싶은 것들이 있다면 무엇이 있을까요?
- 다른 사람에게 받을 수 있는 것들(예: 인정에 대한 욕구나 감사하는 마음 등)은 나에게 어떤 영향을 미칠까요?

Extra Activity

- 가족대상으로 프로그램을 진행하는 경우 짝을 지어 서로에게 필요한 것, 혹은 주고 싶은 것과 받고 싶은 것을 주제로 진행할 수 있습니다.
  - 처음 도안에 내가 주고 싶은 것을 표현한 뒤, 두 번째 복사된 도안에 받고 싶은 것을 표현합니다. 처음 각자가 주고 싶은 것과 받고 싶은 것에는 어떤 차이가 있는지 작품을 보며 이야기 나눠 보고, 그 내용에 대해 바라보며 소통할 수 있습니다.

새로운 나에게 가는 길

새로운 나에게 가는 길

더 나은 자신이 되기 위해서 어떤 것들을 버릴 수 있는지 탐구하기 위해 사용될 수 있습니다. 이 활동은 내가 버려야 될 것을 찾아보고, 변화된 내 모습은 어떨까 생각해 볼 수 있는 활동입니다. 버려야 할 요소로는 내가 자주 하는 부정적인 생각/행동, 내가 가진 안 좋은 습관, 나에게 부정적인 감정을 주는 페르소나 등 내담자와 상황에 따라 다른 주제를 선택할 수 있습니다.

디렉션

1. 이 게임은 변화된 내 모습으로 가는 여행입니다. 준비 됐나요? 준비가 되었다면 출발합니다. 여기에는 말이 하나 필요합니다. 클레이나 종이인형 등으로 내담자가 자신을 상징하는 형상을 만들 수도 있지만, 시간이 짧다면 진행자가 미리 말로 쓸 수 있는 물건을 준비해 주세요. 준비된 말을 NOW 칸에 세웁니다.
2. 휴지통으로 가는 길 중간에 힘내!라고 응원하는 사람이 있습니다. 나에게 힘이 되는 사람들을 사람 주변에 표현해 주세요.
3. 휴지통에 도착했습니다. 내가 변화되기 위해서 버려야 할 것들을 휴지통 안에 그려 주세요.
4. 휴지통에 많은 것을 버리고 왔습니다. 이제 휴지통에서 다시 NEW 칸으로 말을 이동합니다.
5. 새로운 나에 도착했네요. 변화된 내 모습을 상상하면서 왼쪽 빈칸에 새로운 나를 그려 주세요.

토론 및 질문

- 나에게 힘이 되는 사람들은 누구인가요?
  - 그 사람들은 나를 어떻게 응원해 주나요?
  - 그 사람들이 없었더라면 나는 어떤 부분이 달라졌을까요?

- 새로운 내 모습으로 변화되기 위해서 무엇을 버려야 할까요?
  - 그것을 버려야 하는 이유는 무엇일까요?
  - 변화를 위해 무언가를 버린 경험은 어떤 것이 있었나요?
  - 만약 버리지 않고 잘 데려가면서 긍정적으로 활용할 방법이 있다면 어떤 방법일까요?
- 새롭게 된 나는 어떤 모습일까요?
  - 새로운 나는 어떤 생각을 하고 있을지, 어떤 사람과 교류하고 있을지, 어떤 꿈을 가지고 있을지 구체적으로 설명해 주세요.
  - 새로운 내가 되기 위해 필요한 것은 무엇일까요?
  - 새로운 내가 된다면 어떤 부분이 가장 많이 변하게 될까요?

추억

추억

회상을 통해 과거의 사건이 현재의 자신에게 미치는 영향을 살펴볼 수 있습니다. 긍정적 경험에 내재된 긍정적 감정들을 강화하고 현재에도 유의미하게 꺼내 사용할 수 있는 자원으로 활용하는 방식을 학습할 수 있습니다.

디렉션

지나간 일을 돌이켜 생각하는 것을 추억이라고 합니다. 과거의 좋았던 기억은 살아가는 과정에서 넘어졌을 때, 다시 일어나는 것을 도와주는 좋은 자원이 됩니다. 많은 스포츠 선수가 슬럼프를 만났을 때, 자신의 좋았던 경기 영상을 돌려 보는 것도 이러한 이유에서입니다.

1. 여러 장의 폴라로이드 사진이 있습니다. 나에게 힘을 주는 소중한 추억에는 어떤 것들이 있나요? 기록하고 싶은 의미 있는 추억을 표현해 주세요. 추억의 장면을 필름 안에 그릴 수도 있지만 그 추억을 상징하는 어떤 대상이나 분위기, 이미지를 추상적으로 표현할 수도 있습니다.
2. 각 폴라로이드의 프레임에 추억이 주는 감정을 색이나 패턴으로 표현하여 액자처럼 나타낼 수 있습니다.
3. 추억을 표현한 폴라로이드 이미지 하단에 추억과 관련된 문구를 적어 주세요(예: 장소, 날짜, 사건 등).

토론 및 질문

- 내가 기억하는 좋은 추억에 대해 설명해 주세요.
  - 이 추억은 나에게 어떤 영향을 미치나요?
  - 이 추억이 없었더라면 어떤 부분이 달라졌을까요?

- 표현된 그때의 추억으로 돌아갈 수 있다면 무엇을 하고 싶나요?
  - 그렇게 하고 싶은 이유가 무엇인가요?
  - 바꾸고 싶은 기억이 있나요?
- 추억의 장면이 나 이외에 다른 사람에게도 영향을 미치는 부분이 있나요?
- 최근의 상황을 나중에 추억의 단편으로 표현하게 된다면 나는 어떤 모습을 그리게 될까요?

Extra Activity

- 유년 시절, 청소년기, 성인 이후의 기간, 그리고 최근에 가장 좋았던 추억을 분류해서 표현할 수 있습니다.
- 폴라로이드 프레임을 다 꾸미고 자른 후 이것을 어디에 보관하거나 붙이고 싶은지 생각해 보고, 실제로 붙이도록 과제를 부여할 수 있습니다. 상담이 진행되는 장소에 줄을 연결하여 붙여 꾸밀 수도 있습니다.

내가 정하는 나의 운세

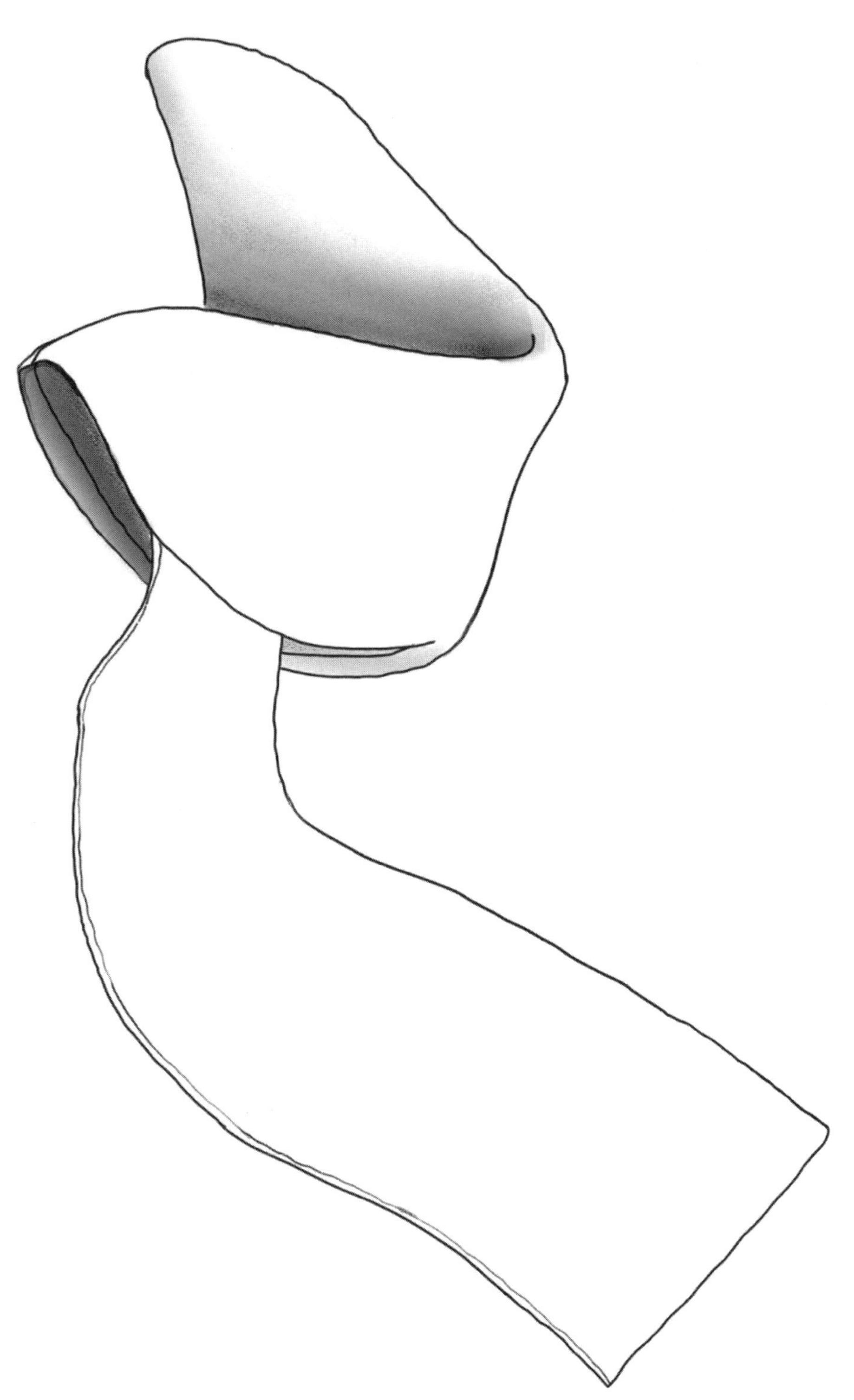

내가 정하는 나의 운세

삶의 주체성이 필요한 내담자 및 외적 통제 위치가 높은 내담자에게 자신의 생각, 행동, 감정의 주체가 자신임을 인식하도록 할 수 있습니다. 자기예언과 자기대화를 통해 긍정적 미래상을 만들어 갈 수 있습니다. 자신이 원하는 오늘의 운세를 만들어 보고, 살아가고 싶은 하루를 인지하며 소망하는 미래의 모습과 가까워지기 위한 실천방안을 탐색해 볼 수 있습니다.

디렉션

포춘쿠키는 작은 크기에 바삭한 식감을 지닌 과자입니다. 미국 캘리포니아주에서 유래되었으며 쿠키 안에는 운세가 적힌 종이가 들어 있습니다. 일반적으로 식당에서 밥을 먹고 난 후 디저트로 쿠키를 먹으면서 오늘의 운세를 보기도 하고, 축제 등에서 나눠 주기도 합니다.

1. 나의 오늘의 운세를 내가 정할 수 있다면 포춘쿠키 속 종이에 어떤 내용이 담겨 있기를 바라나요? 단어, 문장, 그림으로 표현해 주세요.
2. 내가 설정한 운세를 담은 포춘쿠키의 겉모습은 어떤 모습이면 좋을까요? 자유롭게 표현해 주세요. 구상적으로 무언가 그려 표현해도 좋지만 추상적인 패턴이나 색으로 표현해도 좋습니다. 반드시 과자 색으로 그릴 필요는 없습니다. 자유롭게 원하는 모양과 색으로 표현해 주세요.
3. 긍정적인 기대감을 가지고 스스로에게 긍정적인 예언을 하면 우리는 긍정적으로 변할 확률이 높습니다. 긍정적 자기대화가 삶의 큰 흐름을 바꿀 수 있다는 연구도 많죠. 그러니 나 스스로에게 앞으로 잘될 것이고, 잘 해낼 것이라는 긍정적 응원의 메시지를 포춘쿠키 주변에 최대한 많이 적어 주세요.

토론 및 질문

- 어제를 되돌아봤을 때, 어제 나의 운세는 어땠나요?
- 나의 인생 전반을 생각해 보았을 때, 나의 운세는 어떤가요? 그렇게 생각하는 이유는 무엇일까요?
- 내 삶에 있어서 '진짜 운이 좋았어!'라고 생각되던 순간은 언제인가요?
- 내가 나의 운세를 결정지을 수 있는 신을 만날 수 있다면 어떤 운세를 부탁하고 싶나요?
- 원하는 운세에 가까이 가기 위해 내가 할 수 있는 일은 무엇이 있을까요?
- 오늘 나의 운세는 어떠하기를 원하나요? 오늘 나는 나를 위해 어떤 실천을 할 수 있을까요?
- 내일의 나에게 응원의 메시지를 해 준다면 어떤 말을 해 주고 싶은가요?

Extra Activity

- 집단 작업의 경우, 집단원끼리 서로의 긍정적 운세를 결정해 주고, 이에 맞춰 어떻게 살아갈지 이야기해 볼 수 있습니다.
- 실제로 포춘쿠키를 준비하여 마지막에 함께 열어 볼 수 있습니다.

변화를 위한 첫걸음

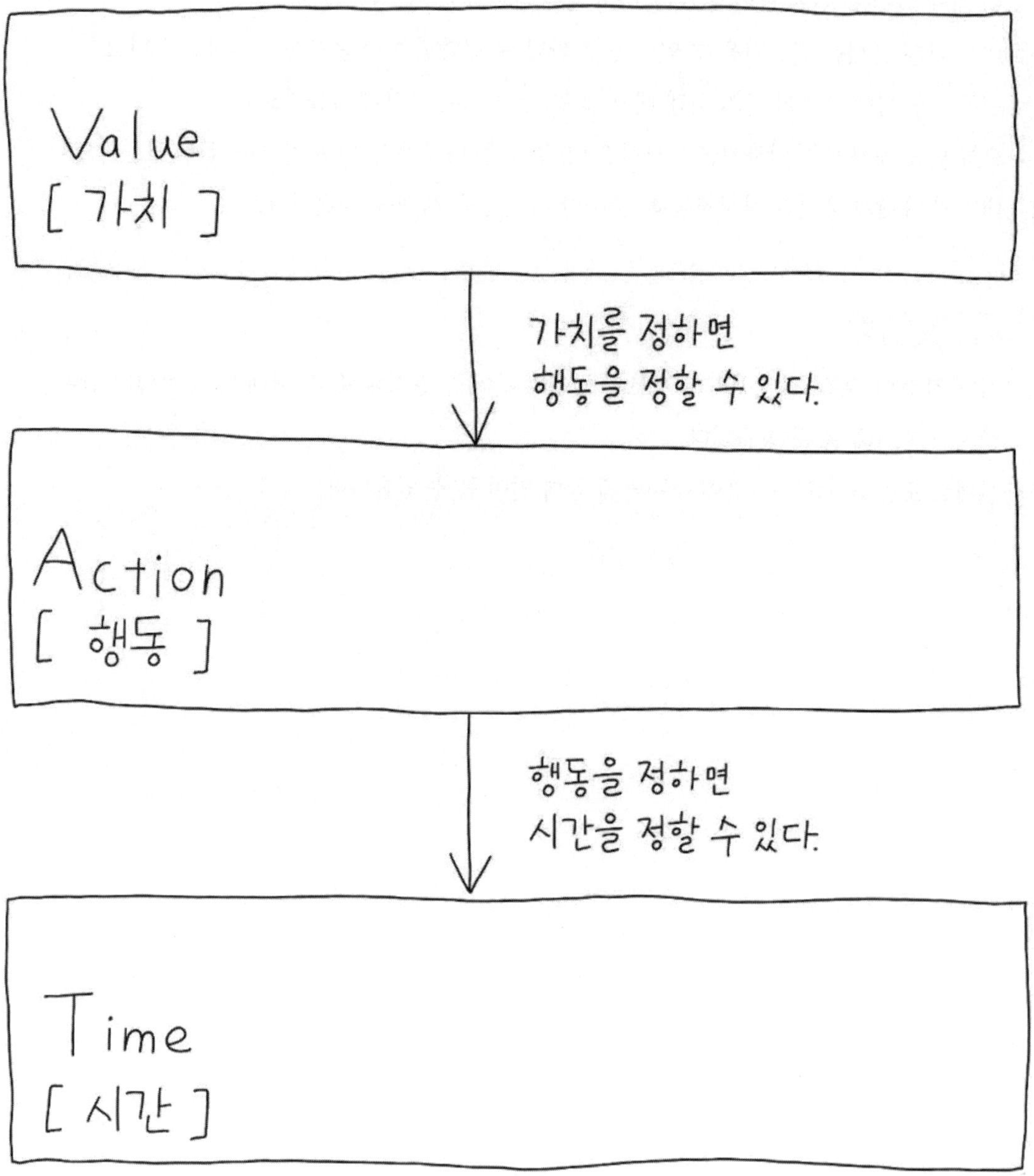

Value
[가치]

가치를 정하면
행동을 정할 수 있다.

Action
[행동]

행동을 정하면
시간을 정할 수 있다.

Time
[시간]

변화를 위한 첫걸음

자신의 가치 우선순위를 확인하고 이를 획득하기 위한 실천사항을 탐색할 수 있습니다.

디렉션

1. Value에는 내가 중요하게 생각하는 가치를 떠올려 적어 주세요. 가치라는 것은 내 행동에 영향을 주는 것이며, 어떠한 것이 바람직한 것, 또는 나의 감정이나 의지를 자극시킬 수 있는 무언가를 의미합니다. 다음의 가치 리스트 중 내가 중요하게 여기는 가치를 골라서 문장으로 적어 주세요.

가치 리스트

가족, 감사, 개인, 건강, 결과, 겸손, 경쟁, 경험, 계획, 공감, 공경, 공동체, 공손, 공정, 공존, 과정, 관계, 관대함, 관용, 권력, 권위, 규범, 근면, 긍정, 기쁨, 기여, 꿈, 나눔, 낙관, 능력, 능숙, 다양성, 대담, 도덕, 도움, 도전, 독립, 돈, 만족, 명성, 명예, 모험, 목표, 몰입, 물질, 미래, 믿음, 박애, 배려, 배움, 변화, 보답, 보람, 봉사, 부, 사랑, 성공, 성실, 성장, 성취, 소박, 소속감, 소신, 수양, 수용, 순응, 순종, 신뢰, 신앙, 실내, 실외, 실용, 아름다움, 안보, 안전, 안정, 애국, 야심, 양보, 양심, 업적, 여유, 연대, 열정, 영적인, 영향력, 예의, 온화, 완벽, 용기, 용서, 우정, 위대함, 유능함, 유대감, 유연, 유쾌, 윤리, 의리, 의미, 이해, 인정, 일, 자극, 자비, 자신감, 자아, 자유, 자율, 자존감, 재미, 재치, 전통, 절약, 정의, 정직, 조화, 존경, 존중, 주도, 중용, 즐거움, 지능, 지식, 지혜, 진리, 진취, 질서, 창의, 창조, 책임, 청결, 체험, 충성, 친구, 침착, 쾌락, 통찰, 팀, 평등, 평범, 평판, 평화, 포용, 품위, 풍요, 행동, 행복, 헌신, 혁신, 현실, 협동, 호기심, 환경, 효율

2. Action에는 가치에 따른 나의 행동이 결정됩니다. 사회적인 규범에 어긋나지 않는 범위에서 나의 정신적 · 신체적 건강을 위해 우리가 할 수 있는 긍정적 행동을 적어 주세요.
3. Time에는 마지막으로 나의 변화 행동을 언제 실천할 수 있을지 적어 주세요. 날짜와 시간, 누구와 함께하고, 내가 이것을 실천하고 났을 때 나에게 줄 보상에 대해서도 이야기해 주세요.

토론 및 질문

- 내가 선택한 가치가 나에게 중요한 이유는 무엇인가요?
- 나의 가치를 위해 필요한 나의 행동은 무엇인가요?
- 이 행동들을 지금 하고 있지 않다면 가로막는 장애물에는 무엇이 있나요?
- 이 행동 변화를 한 후 나의 감정은 어떻게 변할까요?
- 이것을 실천하고 나면 나에게 오는 보상은 무엇일까요?
- 이 계획이 모두 실천되었을 때, 나에게 어떤 변화가 있을까요?

Extra Activity

- 집단으로 진행될 경우, 집단원끼리 응원의 메시지를 선물해 줄 수 있습니다. 응원의 메시지는 그 행동을 하기 위해 도움이 되는 것이나 행동을 하고 나서의 보상이 될 수 있습니다.
- 행동을 실천하고 나서 나에게 줄 선물(보상)을 그려 보고 스스로에게 선물을 하는 것도 추천합니다.

마음이

마음이

지금의 나는 어떤 감정으로 채워져 있고, 어떤 모습인지 탐색할 수 있습니다. 프로그램의 도입부에 활용해 나를 소개하는 활동으로 사용할 수 있습니다.

디렉션

앞에 놓여 있는 사람 도안은 '내 마음이'입니다. 지금부터 마음이를 완성해 나갈 것입니다.

1. 오늘의 마음이는 어떤 기분인가요? 나의 감정을 색깔로 표현해 본다면 어떤 색으로 칠해 볼 수 있을까요? 지금 나의 마음이는 어떤 표정을 짓고 있나요? 자유롭게 마음이를 채워 주세요.
2. 돌아가면서 내 마음이를 소개하고, 지금 마음이는 어떤 생각을 가지고 있는지 이야기합니다.
3. 현재의 내 마음이를 채워 봤습니다. 지금부터는 변화되고 싶은 나의 새로운 마음이를 채워 보겠습니다. 새로운 마음이 도안에 나의 마음이가 지금과는 다른 새로운 모습으로 변화될 수 있다면 어떤 모습일지 생각해 보고, 마음이를 채워 주세요.

토론 및 질문

- 오늘 나의 감정을 표현한 색은 무엇인가요? 이 색들은 나에게 어떤 의미로 다가오나요?
- 변화하고 싶은 마음이에 채워진 다른 이 색은 어떤 의미를 가지고 있을까요?
- 나는 지금 마음이의 어떤 부분을 변화시키고 싶은가요? 변화한 마음이와 함께 놓고 구체적으로 설명해 주세요.
- 바뀌기 전의 마음이와 비교해 보면서 새롭게 바뀌기 위해서는 어떤 것들이 필요할지 설명해 주세요.

- 그려진 마음이의 표정을 설명해 주세요. 그런 표정을 가지고 있는 이유가 있을까요?
- 이 두 마음이는 무슨 생각을 하고 있을까요? 그 이유는 무엇일까요?
- 나의 마음이에게 지금 해 주고 싶은 말을 해 주세요(메모지나 접착메모지에 적어 줄 수도 있음).

내 캐릭터는 몇 개일까?

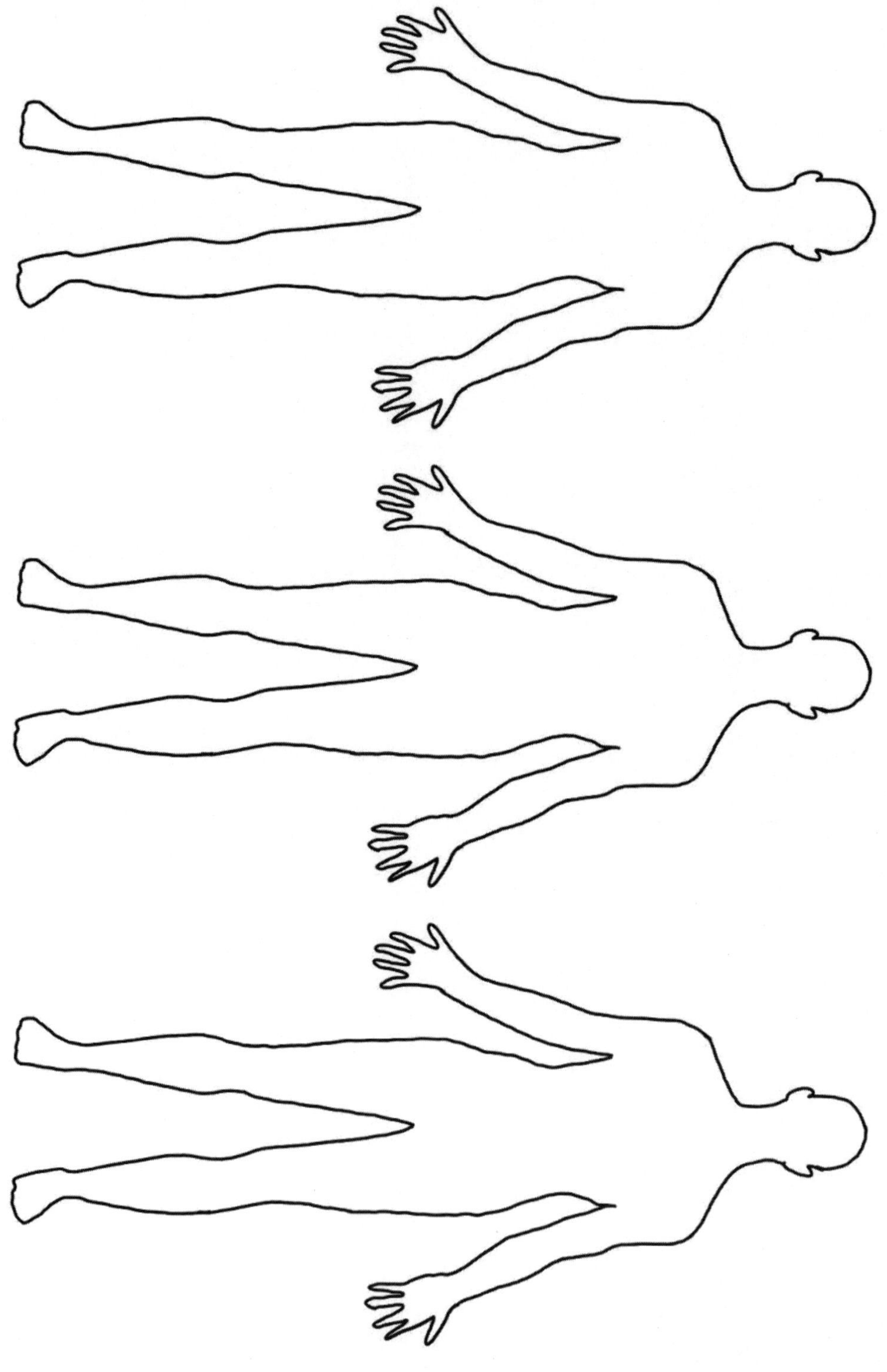

내 캐릭터는 몇 개일까?

자신이 가진 페르소나에 대해 탐색하고, 적재적소에 사용가능한 페르소나의 역할과 스스로와의 간극에 대해 다루기 위해 사용될 수 있습니다.

디렉션

모든 사람은 다양한 페르소나를 가지고 있습니다. 가족, 친구, 회사, 동아리, 학교에서의 모습이 모두 다른 이유는 매번 다른 페르소나를 사용하기 때문입니다.

나는 어떤 곳에 소속되었고, 어떤 사람들과 자주 만나나요? 그곳에서 나는 어떤 모습일까요? 어떤 옷을 입고 있나요? 어떤 표정을 하고 있을까요? 내가 사람들에게 보여 주고 싶지 않은 모습은 어떤 모습일까요?

1. 도안의 사람을 잘라 주세요.
2. 첫 번째 사람에는 내가 좋아하는 나의 모습을 표현해 주세요.
3. 두 번째 사람에는 내가 싫어하는 나의 모습을 표현해 주세요.
4. 세 번째 사람에는 내가 소속된 어떤 곳에서의 내 모습을 그려 주세요(예: 가정, 회사, 학교, 기타 소속 기관 등).
5. 각 인물 아래에 캐릭터의 이름과 특징들을 적어 주세요. 필요한 경우, 도안을 여러 장 복사하여 캐릭터의 수를 늘릴 수 있습니다.

토론 및 질문

- 내가 좋아하는 나의 캐릭터는 어떤 모습인가요? 내 모습에 대해 설명해 주세요.
  - 이 모습을 보여 주면 사람들은 나를 어떻게 생각할까요?
  - 사람들 앞에서 이 모습을 보여 주고 싶은 이유는 무엇일까요?
  - 이 모습이 사용 가능한 곳과 사용하기 어려운 곳은 각각 어디인가요?

- 나는 어떤 사람들 앞에서 불편한 모습이 나타나나요? 보여 주고 싶지 않은 나의 캐릭터를 설명해 주세요.
  - 이 캐릭터가 내게 불편한 이유는 무엇일까요?
  - 이 캐릭터를 특히 언제 사용하나요?
  - 이런 캐릭터를 보여 주고 싶지 않은 이유는 무엇인가요?
  - 불편함에도 불구하고 사람들 앞에서 이 캐릭터가 나오는 이유는 무엇인가요?
- 나는 어떤 사람들 앞에서 세 번째 모습이 나타나나요? 내 모습에 대해 설명해 주세요.
  - 이 모습을 나는 어떻게 평가하고 있나요? 나는 이 모습을 좋아하는 편인가요?
  - 내가 원하는 나의 모습과 어느 정도 닮아 있나요?
  - 하루 중, 혹은 일주일 중 얼마나 이 모습을 사용하고 있나요?

내가 가진 시간과 방향

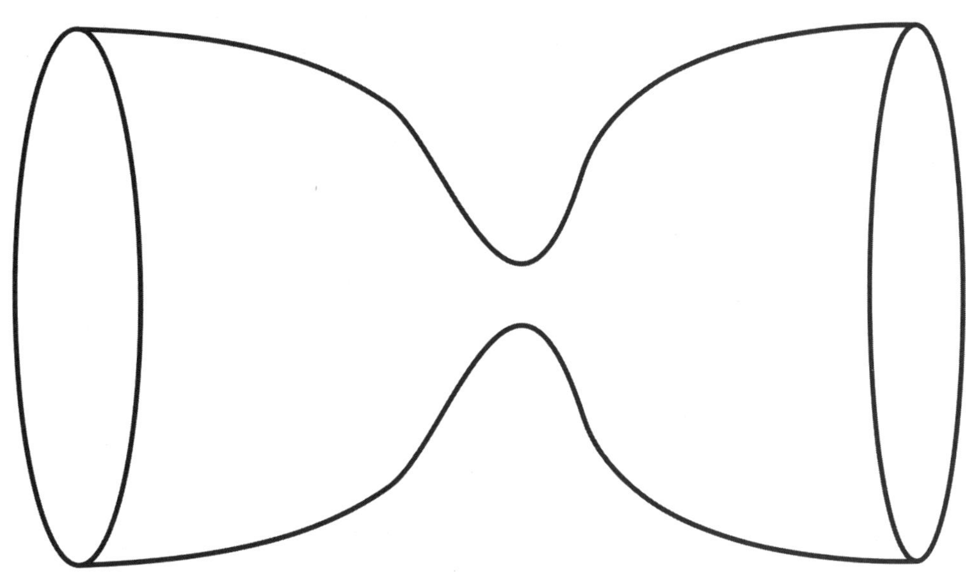

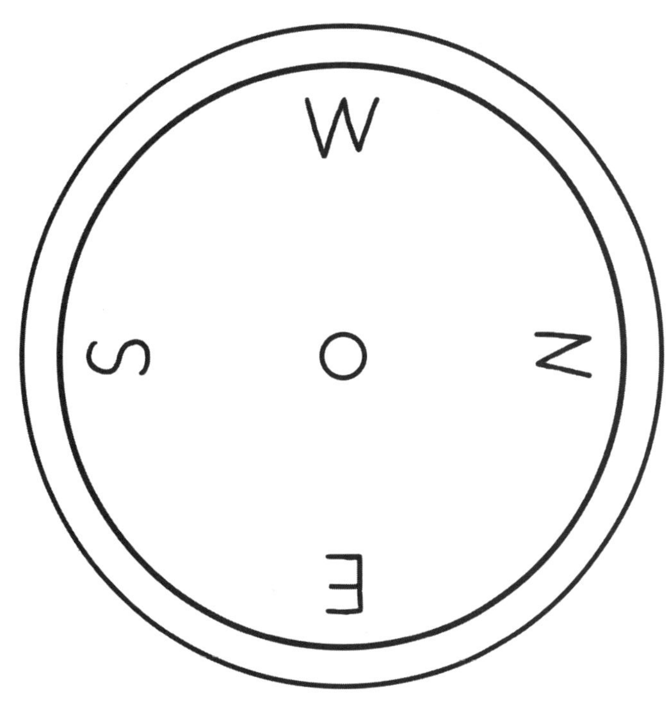

내가 가진 시간과 방향

나침반과 모래시계라는 물체를 통해 자신이 가진 시간과 방향에 대해, 각 물체가 가진 가치 혹은 목표를 스스로와 연결지어 생각해 볼 수 있습니다.

디렉션

모래시계는 일정 시간이 지남을 알려 주거나 정확한 시간을 확인하는 데 쓰이는 물건입니다. 모래가 위에서 아래로 흘러 시간이 지남을 확인할 수 있는 장치입니다.

1. 모래시계를 사용한 경험이 있을까요? 혹시 사용해 본 적이 없다면 본 적은 있을까요? 모래시계에 대한 경험을 공유해 주세요.
2. 나에게 모래시계가 있다면 나의 시간의 색은 어떤 색의 모래가 담기게 될까요? 무엇을 위한 시간을 담은 모래시계일까요? 모래는 어느 쪽에 어느 정도 차 있을까요? 모래시계를 표현해 주세요.
3. 나침반은 내가 가는 방향을 알려 주는 도구입니다. 나침반은 내가 가야 하는 길을 잃지 않고 잘 찾아갈 수 있도록 돕습니다. 우리는 때때로 내가 가야 할 방향을 잡지 못하고 망가진 나침반처럼 빙빙 도는 듯한 느낌을 받기도 합니다. 길을 아주 잘 알려 주고 평생 고장 나지 않는 나침반이 나에게 있다면 나침반은 어떤 모습을 하고 있고, 어떤 색일까요?
4. 내가 가고자 하는 방향은 어느 방향인가요? 방향을 나침반 주변에 표시해 주고, 목적지의 이름도 적어 주세요.
5. 모래시계와 나침반의 주변을 채워 넣어 그림을 완성해 주세요.

토론 및 질문

- 모래시계 안에 모래 이외에 무엇을 담을 수 있을까요?
  - 나에게 시간을 상징하는 물건, 요소, 대상은 어떤 것이 있을까요?
  - 지나간 시간과 앞으로 올 시간을 각각 다른 색으로 표현한다면 어떤 색이 될 수 있을까요?
- 시간이 지나면서 사라지는 것, 그리고 채워지는 것은 어떤 것이 있을까요?
  - 앞으로 채워질 요소 중 가장 기대되는 것은 무엇이 있나요?
  - 저절로 채워지는 것과 내가 노력을 해야 채워지는 것이 있습니다. 나에게 이 둘은 어떤 것들이 있을까요?
- 모래의 색을 선택한 이유를 설명해 주세요.
- 이 모래시계와 나침반의 크기는 어느 정도일까요?
- 나침반이 향하고 있는 목적지의 나는 어떤 모습일까요?
  - 목적지에 도착한다면 나는 무엇을 얻을 수 있을까요?
  - 목적지에 가기 위해 어느 정도의 시간이 소요될까요?
- 현재 나는 어떤 목표를 향해 가고 있나요?
  - 내가 가지고 있는 단기적인 목표(이번 달, 올해)와 장기적인 목표(5년, 10년 후, 인생의 목표 등)를 설명해 주세요.
  - 각각의 목표를 이루기 위해 할 수 있는 행동에는 무엇이 있을까요?

30일 버킷리스트 챌린지 + 과제 체크리스트

MY 30-DAY BUCKET LIST

1	2	3	4	5	6
7	8	9	10	11	12
13	14	15	16	17	18
19	20	21	22	23	24
25	26	27	28	29	30

30일 버킷리스트 챌린지 + 과제 체크리스트

1	2	3	4	5	6
7	8	9	10	11	12
13	14	15	16	17	18
19	20	21	22	23	24
25	26	27	28	29	30

30일 버킷리스트 챌린지 + 과제 체크리스트

변화를 위한 계획 수립을 위해 사용할 수 있습니다. 목록을 스스로 정해 보는 행동이 비로소 변화를 위한 시작의 발걸음이라고 할 수 있습니다. 계획을 정하고, 수립하고, 스스로 칭찬해 주는 과정을 통한 보상도 필요한 작업입니다.

디렉션

버킷리스트라는 것은 죽기 전에 해 보고 싶은 일들을 적은 목록입니다. 쉽게 말해서 내가 하고 싶은 일들, 내가 이루고 싶은 것들을 적은 목록을 말합니다. 우리는 종종 새해가 되면 다이어리를 쓰며 장기적인 목표를 적어 놓기도 하고, 버킷리스트를 만들어 놓기도 하지만 이루지 못하는 경우가 꽤 많습니다. 30일 버킷리스트는 내가 30일 안에 이룰 수 있는 일들을 적어 보는 프로그램입니다.

버킷리스트를 작성해 본다면 나의 삶의 의미를 찾아볼 수도 있습니다. 다른 사람들 눈에는 쉽고 사소한 일이라고 생각될 수도 있지만, 그 사소한 일은 나에게 있어서 중요한 첫 발걸음과 변화의 시작이 될 수 있기에 나에게 의미 있는 일을 찾아보는 것입니다. 잘 생각이 나지 않는다면 내가 가고 싶었던 장소, 먹고 싶었던 음식, 내가 에너지를 얻는 방법 등 가벼운 키워드부터 먼저 생각해 본다면 쉽게 버킷리스트를 작성할 수 있습니다.

1. 30일 동안에 내가 이룰 목표를 30일 달력 안에 적어 주세요. 오늘부터 시작하여 앞으로 30일간의 버킷리스트입니다. 버킷리스트를 적을 때에는 다음의 체크 포인트를 고려해 주세요.

체크 포인트

1. 나의 실천 계획을 세워 주세요.
2. 자신의 개성을 표현해 주세요.
3. 나의 단점 또는 심리적 불편함을 개선할 수 있도록 해 주세요.

4. 나의 관심사를 반영해 주세요.
5. 완벽할 필요 없이 쉽게 이룰 수 있는 일도 괜찮습니다.
6. 오늘 당장 성취할 수 있는 것을 꼭 포함하세요.
7. 삶의 여러 영역을 목표화하세요.
8. 특정 시간과 날짜는 피해 주세요.

2. 버킷리스트 중에서 30일 안에 반드시 이루거나 달성할 것이라 예상되는 것에는 빨간색 동그라미를 쳐 주세요. 그리고 그것을 이룰 것이라 생각한 이유도 옆에 적어 주세요.
3. 버킷리스트 중에서 누군가의 도움 없이 나 혼자 해낼 수 있는 것에는 노란색 동그라미를 쳐 주세요. 누군가의 도움이 필요하다면 연두색 동그라미를 치고, 그게 누구인지도 적어 주세요.
4. 버킷리스트 중에서 금전적인 투자 없이 해낼 수 있는 것에는 하늘색 동그라미를 쳐 주세요. 그리고 얼마의 지불이 필요하다면 보라색 동그라미를 치고, 대략적인 예상 금액을 옆에 적어 주세요.

토론 및 질문

- 내가 가장 빨리 해결할 수 있는 것은 무엇인가요?
- 나의 실천 계획에는 어떤 것들이 있나요?
- 이 과제들을 해결하고 나면 나는 어떤 사람이 되어 있을까요?
- 이 과제들을 해결하기 위해서는 누구의 도움이 필요한가요?
- 언제쯤 이 과제들을 해결할 수 있을까요?
- 내 삶의 최종 목표는 무엇일까요?
- 다른 참여자들과 유사한 계획은 무엇이 있나요?

Extra Activity

- 달력만 있는 도안은 상담 때 내어 준 과제나 감정, 행동을 체크하기 위해 사용될 수 있습니다. 달력의 맨 위에는 단기간 나의 목표를 적을 수도 있습니다.

나의 다섯 가지 감각

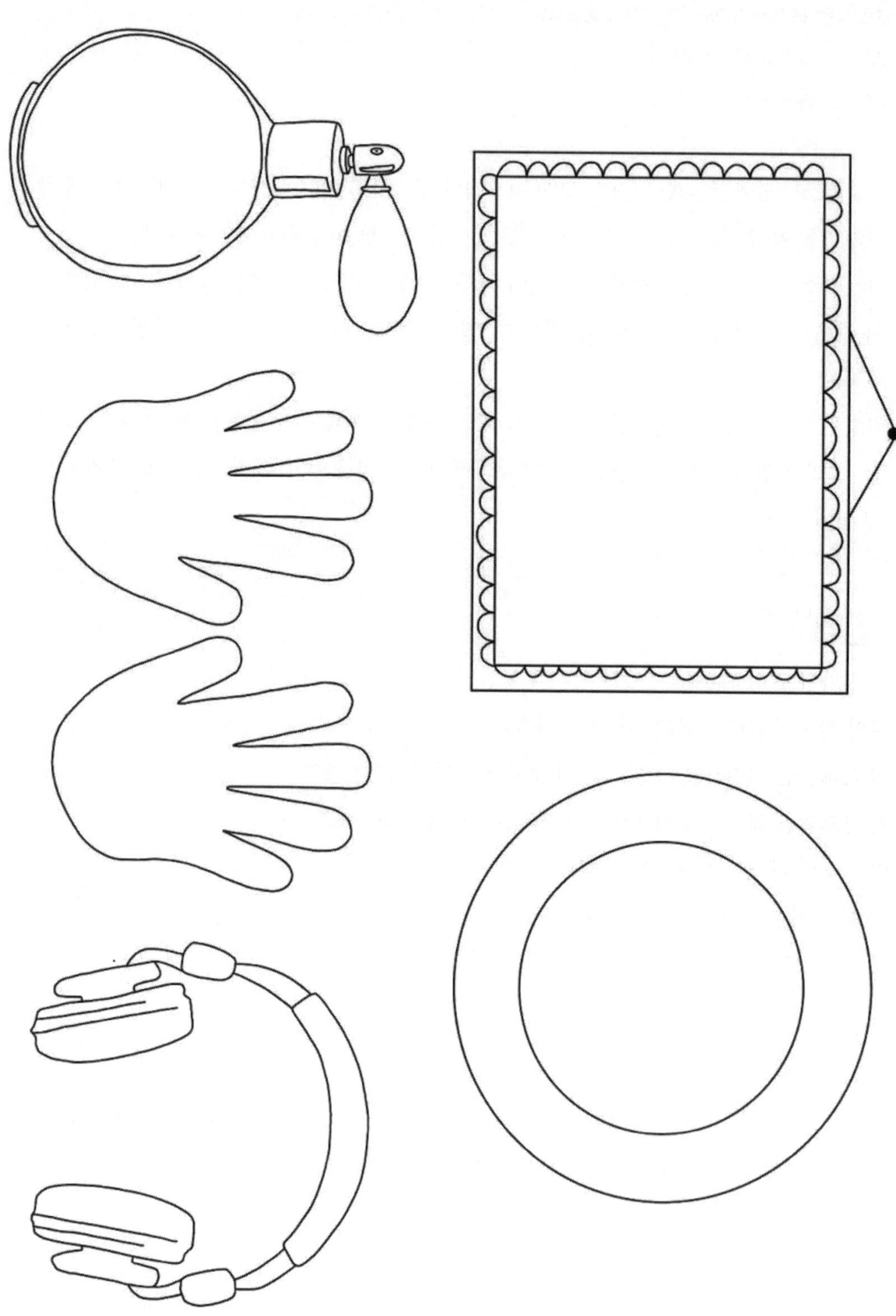

나의 다섯 가지 감각

내가 가지고 있는 감각들 중에서 가장 좋았던 기억을 생각해 보는 작업에 활용될 수 있습니다. 내가 좋았던 기억에 대해서 떠올려 보고 그 감각에 대한 긍정적 요소를 집단원들과 공유할 수 있습니다.

디렉션

1. 빈 도화지에 나의 마음의 색을 색칠해 주세요. 내가 좋아하고 나를 상징하는 색이 될 수도 있고, 현재 나의 감정의 색을 칠해 보아도 좋습니다.
2. 인간에게는 다섯 가지 감각이 존재합니다. 촉각, 시각, 후각, 청각, 미각이 있습니다. 각각에 대해 좋았던 기억을 눈을 감고 생각해 주세요.
3. 시각-(액자 도안을 잘라 사용) 아름답고 예쁜 것을 보고 있으며, 이것에 대한 좋은 추억들을 떠올려 주세요. 여행을 가서 바다를 보았던 기억, 미술 작품을 보았던 기억, 그리고 대자연을 보며 가슴이 뻥 뚫린 듯한 느낌을 받았던 기억 등 눈으로 보았던 기억 중 가장 강하게 남아 있는 것을 그려 주세요.
4. 촉각-(손바닥 모양 도안을 잘라 사용) 내 손으로 만지거나 내 몸에 닿으며 기분 좋았던 기억에 대해 떠올려 주세요. 사우나를 가서 시원하게 때를 밀었던 기억, 부드러운 밀가루를 만졌던 기억, 사랑하는 사람에게 안겼던 그 포근함 등 다양한 기억 중 나에게 가장 인상 깊었던 감촉을 색과 패턴으로 표현해 주세요.
5. 미각-(접시 도안을 잘라 사용) 내가 음식을 먹거나 음료를 마시며 좋았던 기억에 대해서 떠올려 주세요. 더운 날에 시원한 맥주를 들이켰던 순간, 친구들과 맛있는 떡볶이를 먹었던 추억, 어머니의 정성스러운 음식을 맛있게 먹었던 순간 등 다양한 순간 중 내가 가장 맛있게 무언가를 섭취했던 기억을 색과 패턴으로 표현해 주세요.

6. 후각-(향수 도안을 잘라 사용) 나는 어떤 향을 가장 좋아하나요? 우리 집의 향은 어떠한가요? 내가 느끼는 가장 좋았던 향을 떠올려 주세요. 바디워시로 샤워를 할 때 느낀 향, 내가 집에 들어올 때 안심이 되는 향, 사랑하는 사람을 안았을 때의 설레는 향 등 다양한 향이 있습니다. 그 중 내가 가장 좋아하는 향은 무엇인가요? 향기에 색과 모양이 있다면 어떤 모습일까요? 그 모습을 이미지로 표현해 주세요.
7. 청각-(헤드폰 도안을 잘라 사용) 나는 어떤 소리를 가장 좋아하나요? 내가 들었을 때 좋았던 말, 지금도 들으면 기분 좋은 문장, 나에게 행복감을 주는 노래, 비가 툭툭 떨어지는 자연의 소리 등 다양한 소리가 우리 주변에 공존하고 있습니다. 나는 어떤 소리가 나에게 제일 인상 깊게 남아 있나요? 소리에 모양과 색을 입혀 칠한 후 새로운 도화지에 붙여 주세요.

토론 및 질문

- 나의 다섯 가지 감각들 중 나에게 가장 강하게 느껴지는 것은 무엇인가요? 그것은 나에게 어떤 의미가 있나요?
- 내가 가진 이 감각들에 공통점이 있다면 무엇이 있나요?
  - 만약 내가 다른 사람들과 다르게 느끼는 감각이 있다면 어떤 것이 있나요? 예를 들어, 음식에 까다롭지 않을 수도 있고, 아주 약간의 다른 음식 맛에도 민감하게 반응할 수도 있습니다.
  - 이 다섯 가지 중 가장 예민한 감각에는 어떤 것이 있나요?
- 다섯 가지 감각 중 내가 지금 가장 느끼고 싶은 감각은 무엇인가요? 구체적으로 어떤 감각인가요?
- 우리는 일상 속에서 내가 모르고 지나쳐 버린 감각들이 무수히 많습니다. 우리가 평상시에 특별하지 않더라도 자주 느끼고 있는 좋은 감각들은 무엇일까요?
- 앞으로 나는 어떤 감각들을 더 활용하여 내 마음을 안정적이고 행복하게 만들 수 있을까요?

버려야 할 것들

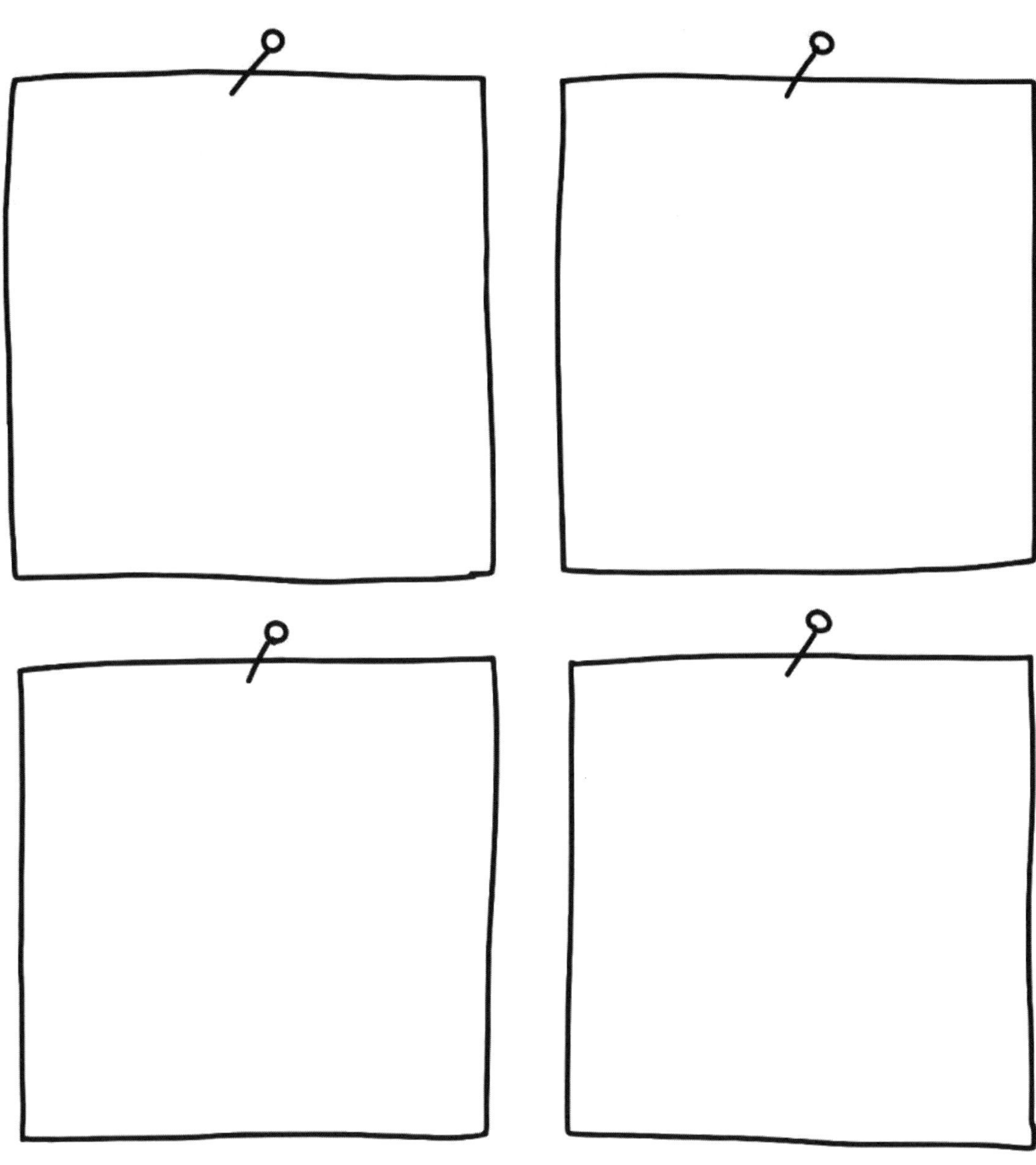

버려야 할 것들

내가 변화되기 위해서 버려야 할 것들을 찾아가는 활동에 사용하면 좋습니다. 활동을 시작하기 전에, 이번 시간에 작성하거나 그림으로 표현한 것들을 휴지통에 버릴 것이며, 버리기 전에 함께 보고 이야기를 나눌 것이라고 미리 공지를 하는 것을 권합니다.

디렉션

1. 첫 번째 메모지에 내가 자주 하는 부정적인 생각에 관한 것들을 글이나 그림으로 표현해 주세요.
2. 두 번째 메모지에 내가 자주 하는 부정적인 말에 관한 것들을 글이나 그림으로 표현해 주세요.
3. 세 번째 메모지에 내가 하는 잘못된 행동과 습관에 대한 것들을 글이나 그림으로 표현해 주세요.
4. 네 번째 메모지에 버리고 싶은 기억을 떠올려 보고 글이나 그림으로 표현해 주세요.
5. 각 항목을 한 장씩 살펴보며 버려야 할 것들에 대해서 공유합니다.
6. 준비된 미니 휴지통(진행자가 준비)에 각자 버려야 할 것들과 버리고 싶은 것들을 버립니다. 만약 남겨 두고 싶은 것이 있다면 그 이유에 대해서 함께 이야기해 주세요.

토론 및 질문

- 내가 자주하는 부정적인 생각
  - 그 생각은 어떤 상황에서 자주 하나요?
  - 그 생각이 나의 감정이나 행동에 미치는 영향에 대해서 설명해 주세요.
  - 이 생각을 다르게 바라보기 위해 어떤 관점을 바꿀 수 있을까요?
- 내가 자주 하는 부정적인 말
  - 내가 어떤 감정을 느낄 때 그 말을 하나요? 상황에 대해서도 설명해 주세요.

- 그 말을 하고 나서 뒤따라오는 감정은 무엇인가요?
- 어떤 말을 하고 후회하지 않기 위해서 나는 무엇을 노력해 볼 수 있을까요?
- 다른 사람에게 부정적인 말을 하는 것과 나에게 부정적인 말을 하는 것의 차이는 무엇일까요?

- 잘못된 행동이나 습관
  - 그 행동과 습관은 어떨 때 더 자주 나오나요?
  - 그 행동과 습관이 내 삶에 어떤 영향을 미치고 있는지 구체적으로 설명해 주세요.
  - 그 행동과 습관을 대체할 수 있는 행동이나 습관은 어떤 것이 있을까요? 대체되는 행동을 시도해 본다면 어떨까요?
  - 그 행동과 습관은 언제부터 내게 있었나요?
- 버리고 싶은 기억
  - 그 기억을 버리고 싶은 이유에 대해서 설명해 주세요.
  - 그 기억 속에서 나의 주된 감정은 어떤 것인가요?
  - 기억의 장면을 바꿀 수 있다면 어떤 모습으로 바꾸고 싶나요?
- 공통 질문
  - 이것을 버리는 것이 내 삶에 도움이 될까요? 나에게 어떤 영향을 줄까요?
  - 이것을 버리는 것이 나에게는 어떤 의미가 있을까요?

Good & Bad

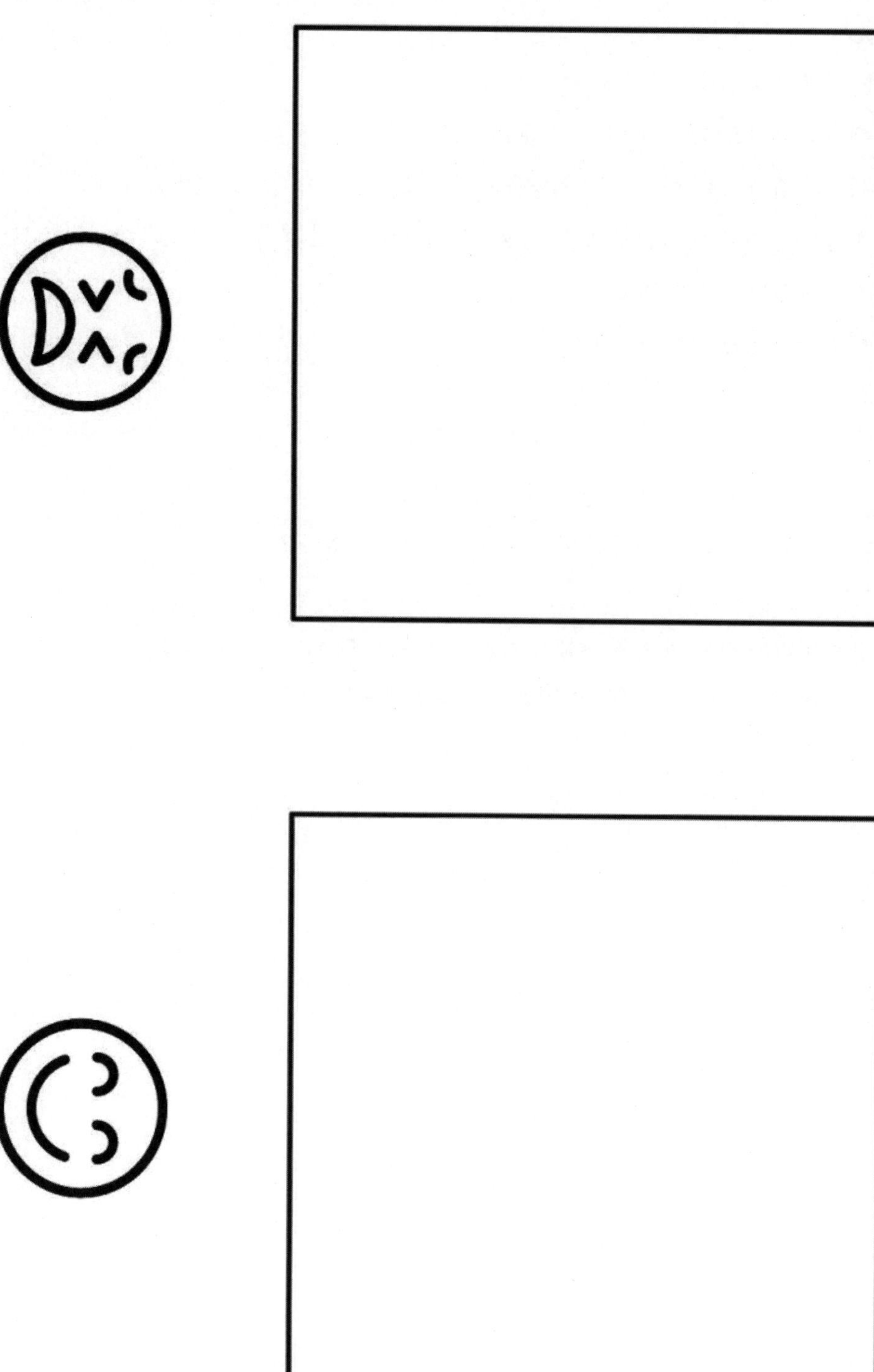

Good & Bad

부정적 요소와 긍정적 요소를 구분하여 시각화하는 프로그램을 사용할 때 권장합니다.

디렉션 & 토론 및 질문

다양한 방법으로 활용될 수 있는 도안입니다. 프로그램 참여자와 목적에 따라 활용해 주세요.

좋아하는 것, 싫어하는 것

1. 왼쪽에는 내가 싫어하는 단어들을, 오른쪽에는 내가 좋아하는 단어들을 적어 주세요.
2. 이 단어들이 나에게 부정과 긍정으로 다가온 이유를 설명해 주세요.
3. 왼쪽의 단어 3개, 오른쪽의 단어 3개를 포함하여 한 장의 종이에 그림을 그려 주세요.

Q. 내가 좋아하는 것과 싫어하는 것이 하나의 공간에 공존되어 있는 것은 내게 어떤 감정으로 다가오나요?

Q. 내가 싫어하는 것 중 나에게 도움이 되는 것에는 무엇이 있나요?

힐링과 스트레스

1. 왼쪽에는 나를 지치게 만드는 것, 오른쪽에는 나를 채워 주고 힐링시켜 주는 것들을 최대한 많이 찾아 적어 주세요.
2. 왼쪽 요소에 집중하면서 느껴진 감정을 칸 아래에, 오른쪽 요소에 집중하면서 느낀 감정을 칸 아래에 적어 주세요.

Q. 왼쪽에 있는 요소 중 오른쪽으로 이동 가능한 요소와 오른쪽에 있는 요소 중 왼쪽으로 이동 가능한 요소가 있나요?

Q. 이 두 가지가 내 삶에 조화롭게 공존하기 위해서는 내가 무엇을 할 수 있을까요?

Q. 긍정적 이미지에 집중하면서 느낀 감정은 인위적으로 빠르게 이곳에서 느낀 감정입니다. 이 감정을 일상에서도 더 자주 만나기 위해 무엇을 할 수 있을까요?

장점과 단점

1. 왼쪽에는 나의 단점을, 오른쪽에는 나의 장점을 최대한 많이 찾아 적어 주세요.
2. 내가 단점으로 생각한 요소의 긍정적인 면, 그리고 내가 장점으로 생각한 요소의 부정적인 면을 찾아 주세요.

Q. 장점을 더 잘 활용하기 위해서 나는 무엇을 할 수 있을까요?

Q. 단점이라 생각되는 요소 중 어느 정도의 노력을 통해 장점이 될 수 있는 부분이 있다면 어떤 것이 있을까요?

대화하는 사람

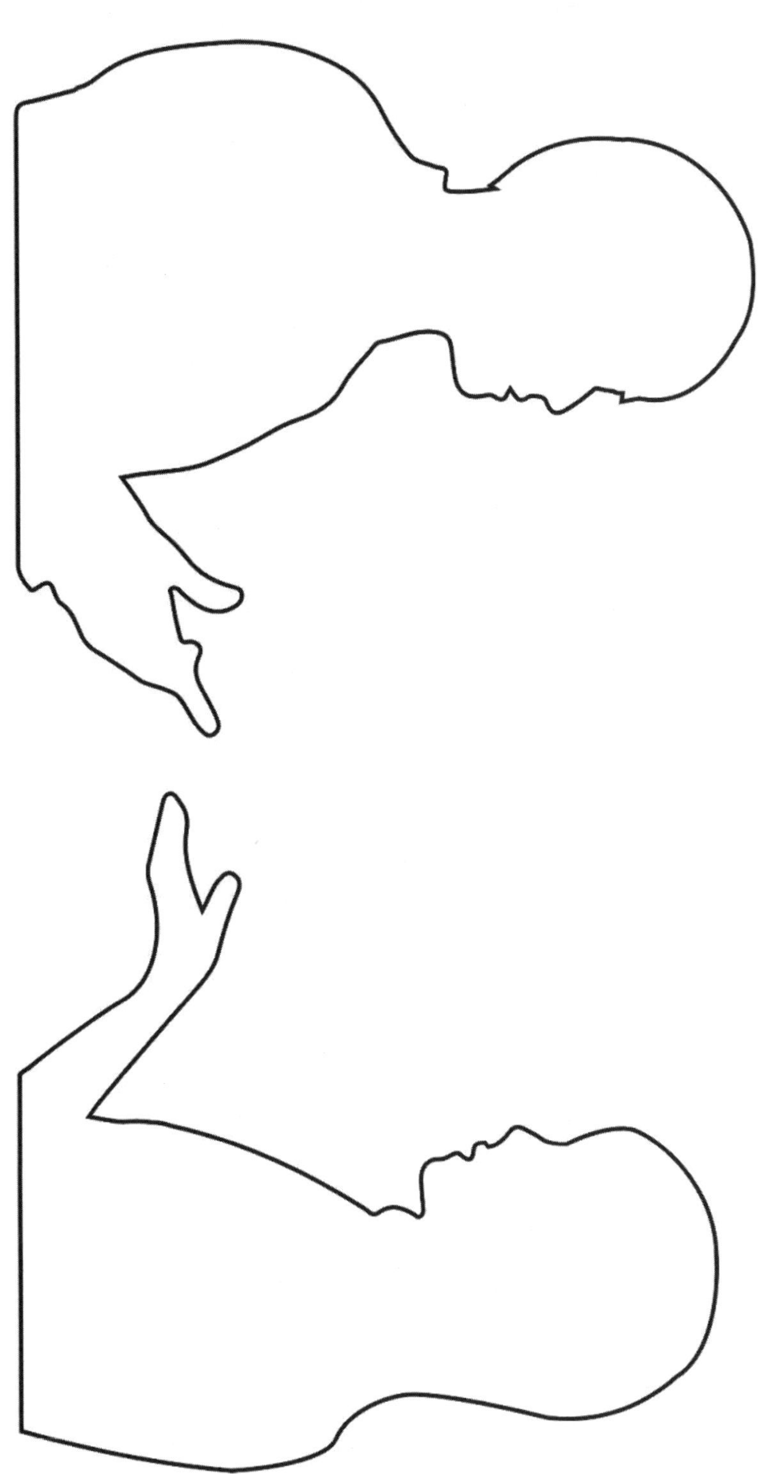

대화하는 사람

관계에 대해 생각해 볼 수 있는 도안입니다. 대인관계 기술, 미해결 과제, 과거의 트라우마 사건 등을 지금-여기로 가져와서 작업할 수 있습니다.

디렉션 & 토론 및 질문

다양한 방법으로 활용될 수 있는 도안입니다. 프로그램 참여자와 목적에 따라 활용해 주세요.

두 사람을 보고 떠오르는 것

1. 두 사람은 누구일까요? 관계는 어떻게 될까요? 지금 이 두 사람의 관계와 느끼고 있는 감정을 인물 도안 안에 색이나 패턴, 혹은 표정으로 그려 주세요.
2. 어떤 대화를 하는 중일까요? 대화에는 어떤 감정이 섞여 있을까요? 인물과 인물 사이에 그림이나 글, 말풍선, 생각풍선 등을 이용하여 표현해 주세요.
3. 두 사람이 처한 상황이나 환경 등을 상상하여 배경을 추가하여 그림을 완성해 주세요.

Q. 나의 삶에서 이 사람들의 관계와 유사한 관계는 누구인가요?

Q. 앞으로 이 두 사람은 어떻게 될까요?

마음에 남은 이야기

1. 무언가 마음에 남아 여전히 나를 불편하게 하는 사람이 있나요? 고마움, 미움, 원망, 그리움 등 다양한 감정을 전하지 못해 마음에 남은 사람이 있다면 그 사람을 떠올리고, 인물 도안 안에 나와 그 사람을 표현해 주세요. 색이나 패턴으로 표현해도 좋고, 구상적인 사람의 모습을 그려도 좋습니다.
2. 내가 떠올린 상대방과 나는 어떤 감정을 공유했었나요? 그때 그 사람에게 나는 무엇을 더 이야기하고 싶었을까요? 내가 상대방에게 듣고 싶었던 이야기, 내가 상대방에게 하고 싶었던 이야기를 말풍선을 이용하여 표현해 주세요.

3. 과거 그 시절의 나는 어떤 환경 속에 있었나요? 그때 나의 주변을 떠올려 배경을 추가하여 그림을 완성해 주세요.

Q. 미래에 상대방이 어떻게 변화하길 바라나요?

Q. 현실에서의 나는 상대방에게 어떤 말과 행동을 취할 수 있을까요?

Q. 그러한 말과 행동은 나에게 어떤 변화를 가져올 수 있을까요?

역할극 해 보기

1. 두 사람이 어떤 인물일지, 어떤 관계일지 상상해 주세요.
2. 각각의 대상의 입장에서 어떤 이야기를 나눌 수 있을지, 어떤 생각을 가질 수 있을지 역할극을 진행해 주세요. 참여자와 진행자가 역할극을 할 수도 있고, 집단 작업의 경우, 짝을 지어 역할극을 할 수 있습니다.
3. 내가 싫어하는 나의 모습, 내가 되고 싶은 모습, 내가 싫어하는 누군가 등 '마치 그런 모습이 된 것처럼' 역할극을 시도해 볼 수도 있습니다. 역할극이 끝난 후, 하기 전과 하고 난 이후의 감정과 느낀 점에 대해 공유해 주세요.

Q. 주로 내가 느낀 감정은 무엇이며, 어떤 이유로 그런 감정을 느꼈나요?

Q. 역할극에서 가장 자주 한 말과 행동은 무엇이며, 그 말과 행동은 어떤 의미를 담고 있을까요?

인물 그리기

인물 그리기

인물의 형태를 통해 다양한 관계에 대해 생각해 볼 수 있고, 과거, 현재, 미래의 자신의 모습에 대해서도 나타내 볼 수 있습니다. 작은 인물과 큰 인물은 내담자에 따라 가족이 될 수도, 자기 자신이 될 수도 있습니다.

디렉션 & 토론 및 질문

다양한 방법으로 활용될 수 있는 도안입니다. 프로그램 참여자와 목적에 따라 활용해 주세요.

떠오르는 대상 그리기

1. 네 개의 사람 도안을 보고 떠오르는 인물을 그려 주세요.
2. 각각의 인물들이 누구인지 주변에 적어 주세요.
3. 이 사람을 생각하면 떠오르는 나의 감정을 인물의 배경에 표현해 주세요.

Q. 이 사람들은 나와 어떤 관계인가요?

Q. 인물들은 서로 관계가 있나요? 있다면 어떤 관계일까요?

Q. 나에게 가장 긍정적인 감정을 불러일으키는 인물은 누구일까요? 반대로 부정적인 감정을 불러일으키는 인물은 누구일까요?

욕구 표현하기

1. 내가 가지고 있는 네 가지 욕구를 표현해 주세요. 더 큰 욕구는 큰 인물 도안에, 상대적으로 작은 욕구는 작은 인물 도안에 그려 주세요. 예를 들어, 학문에 대한 욕구는 학사모를 쓴 인물로, 아름다움에 대한 욕구는 화려하게 치장된 모습으로 표현될 수 있습니다.
2. 나의 욕구가 이루어진다면 어떤 상황이 될까요? 인물의 배경을 표현해 주세요. 예를 들어, 재력을 갖춘 나는 비싼 물건들 사이에 있는 모습으로, 혹은 마음이 평온해진 나는 자연 속에, 혹은 좋은 사람들이 주변에 많은 모습으로 표현될 수 있습니다.

Q. 이 네 가지 욕구 중, 가장 실현 가능성이 높은 욕구는 무엇인가요?

Q. 이 네 인물 중 지금의 나와 가장 닮은 인물은 누구인가요?

내가 그린 가족사진

1. 각각의 대상을 오려 나의 가족사진을 만들 수 있습니다. 나의 가족 구성원이 어떠한 행동을 하고 있는지, 표정과 성격, 자주 사용하는 감정 등을 인물 도안 안에 표현해 주세요.
2. A4 용지나 도화지에 내가 그린 가족을 나와 가족 구성원의 심리적 거리를 고려하여 배치해 주세요.
3. 우리 가족의 특징, 환경, 함께 갔던 장소 중 인상적이었던 곳 등을 배경에 채워 완성할 수 있습니다.
4. 액자에 그림을 담아 선물할 수 있습니다. 선물한 후 가족과 그림에 대해 이야기해 볼 수 있습니다.

Q. 내가 표현한 모습과 실제 우리 가족의 모습은 얼마나 닮아 있나요?

Q. 가족을 표현하면서 불편했던 부분이 있다면 무엇인가요?

Q. 마지막으로 가족이 이렇게 함께 사진을 찍은 것은 언제였나요?

Q. 각 가족 구성원에게 주고 싶은 선물이 있나요? 만약 있다면 별도의 종이에 그림을 그려 잘라서 붙여 줄 수 있습니다.

내 마음의 화산

내 마음의 화산

자신이 인식하는 부정적 감정과 그 대처에 대해 알아보고, 건강한 감정 표출의 방식을 이해하기 위해 사용될 수 있습니다. 미술 활동을 통해 억누르고 있던 감정을 표출하고, 자신의 심리적 에너지를 인식할 수 있습니다.

디렉션 & 토론 및 질문

다양한 방법으로 활용될 수 있는 도안입니다. 프로그램 참여자와 목적에 따라 활용해 주세요.

마음의 화산

1. 욕구가 충족되지 않았을 때 느끼는 부정적인 감정 단어를 세 가지 적어 주세요.
2. 그 단어들을 떠올리면서 화산의 산 부분에 준비된 재료를 이용해 채워 주세요.
3. 부정적인 감정들을 분출한다고 생각하면서 폭발하고 분출되는 용암을 준비된 재료를 이용해 채워 주세요.
4. 돌아가면서 내 마음의 화산을 소개합니다.

Q. 내 마음의 화산에는 어떤 감정이 쌓여있나요? 화산은 지금 어떤 상태인가요?

Q. 나는 평소에 부정적인 감정을 어떻게 표현하나요?

참을 수 없는 말(타인이 나를 대할 때)

1. 그동안의 인간관계를 돌아보면서 남에게서 말로 상처를 받았던 일들을 떠올려 주세요. 어떤 것들이 있을까요?
2. 그 말들을 들으면서 머릿속에 든 생각이나 감정은 어땠는지 화산에 글로 자유롭게 적어 주세요.
3. 타인의 말로 인해 쌓이고 쌓인 그 감정이 결국 어떻게 표현되었나요? 만약 표현되지 못했다면, 그 이유는 무엇인가요?
4. 지금부터는 그 부정적인 감정이 쌓여서 폭발했다고 상상하면서 화산 위 폭발하는 말풍선에 자유롭게 표현해 주세요.

Q. 나는 타인으로부터 받은 상처를 치유하기 위해서 어떤 노력을 하나요?

나의 언어와 행동 돌아보기(충동성)

1. 위쪽의 폭발하는 말풍선을 먼저 채워 보겠습니다. 최근에 내가 참을 수 없이 화를 내거나 폭력적인 행동을 한 적이 있나요? 그 순간을 생각하면서 준비된 재료를 이용해 자유롭게 표현해 주세요.
2. 화를 내거나 폭력적인 행동을 했을 때, 그 이유라고 생각되는 것들을 아래 화산에 적어 주세요. 또 그때에 많이 하는 생각들도 함께 표현해 주세요.

Q. 그 원인은 내가 해결할 수 있는 것인가요? 내가 바꿀 수 있는 생각은 어떤 것들이 있을까요?

뾰족뾰족 도형

뾰족뾰족 도형

뾰족뾰족한 도형은 괴물의 이빨이 될 수도, 어떠한 물리적 요소로 보여질 수 있습니다. 도안을 활용하여 자신이 처한 환경에서의 문제점은 무엇이 있는지 확인하고, 갈등 상황에서의 극복 능력을 구체적으로 탐색할 수 있습니다.

디렉션 & 토론 및 질문

다양한 방법으로 활용될 수 있는 도안입니다. 프로그램 참여자와 목적에 따라 활용해 주세요.

괴물에게 잡아먹히는 나

1. 괴물에게 잡아먹히는 중인 나를 상상하고 괴물은 어떤 괴물일지(동물일 수도, 사람일 수도, 처음 보는 외계 생명체일 수도 있음) 떠올리고 그림으로 표현해 주세요.
2. 괴물은 왜 나를 잡아먹으려고 할까요? 내가 상상하는 괴물은 어떤 모습을 하고 있을지 상상하여 그려 줄 수 있습니다.

Q. 괴물을 만났을 때, 나는 어떤 행동을 취할 수 있을까요? 내가 한 행동으로 무엇이 달라질까요?

Q. 내 주변에 괴물과도 같은 대상이 있다면 누구(무엇)일까요?

장애물을 막기 위한 보호막 그리기

천장과 바닥에 뾰족뾰족한 장애물이 있습니다. 이 뾰족뾰족한 장애물은 무엇일까요? 어떤 재질이며, 어떤 위력을 가질지 상상해 주세요.

1. 나는 어떤 모습으로 장애물 사이에 있을까요? 장애물 사이에 나를 그려 주세요.
2. 장애물 사이에서 나의 몸을 보호할 수 있는 보호장구, 보호막을 그려 주세요. 보호막은 어떤 형태와 색을 가지며, 어떻게 나를 보호해 줄 수 있을지 상상하여 그려 주세요.

Q. 보호막은 어떤 재질로 만들어졌고 강도는 어떠할까요?

Q. 그림의 장애물과 내가 현실에서 느끼는 갈등 원인(문제점)과 연관된 것은 무엇이 있을까요?

Q. 표현한 보호막과 내가 현실에서 가질 수 있는 대처자원(극복자원)은 무엇이 있을까요?

Extra Activity

- 그림의 형태(이빨, 삼각형 무늬)가 무엇으로 보이는지 연상하고, 이에 관해 다루어 볼 수 있습니다.
- 아무런 정보도 주지 않고 그림을 관찰한 후에 생각나는 것들을 그림으로 표현해 보도록 할 수 있습니다.

철창 감옥

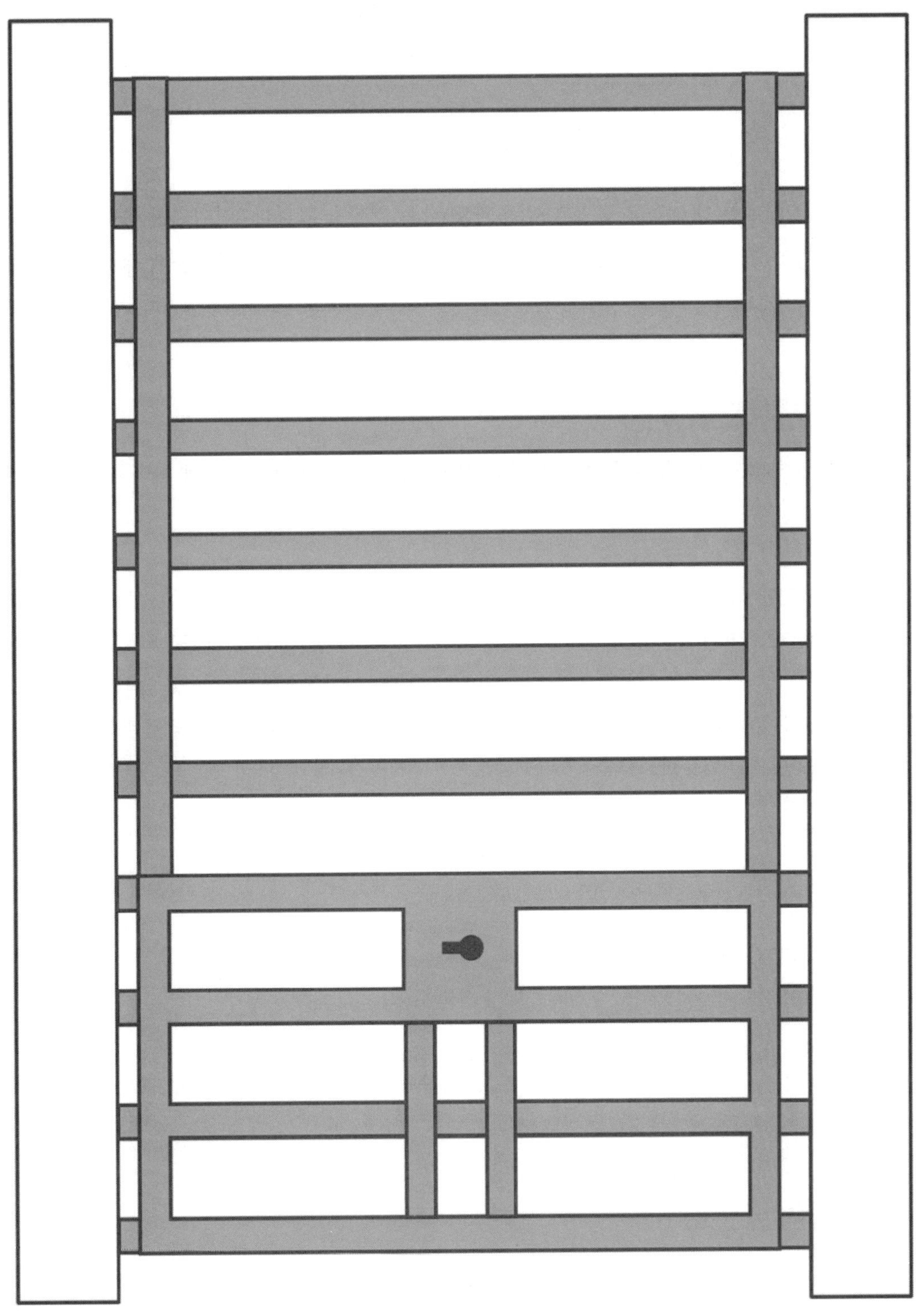

철창 감옥

철창은 어떠한 대상을 가둬 두는 감옥과도 같은 역할을 합니다. 이미지를 통해 떠오르는 것들을 표현하면서 내 마음속에 가둬 둔 것들 혹은 해결하지 못한 문제점들에 대한 이야기를 풀어 갈 수 있습니다.

디렉션 & 토론 및 질문

다양한 방법으로 활용될 수 있는 도안입니다. 프로그램 참여자와 목적에 따라 활용해 주세요.

감옥에 갇힌 사람

1. 철창 그림을 보며 감옥에 갇힌 사람을 떠올릴 수 있습니다. 내 마음속 어두운 한 공간에 누군가를 가둬 둔 감옥이 있다면 그곳에 가둬 둔 사람은 누구일까요? 그 대상에 대해 떠올리고 도안을 이용해 그림으로 표현할 수 있습니다. OHP 필름에 감옥 도안을 복사한 후 도화지에 그린 대상 위에 올려 볼 수 있습니다.
2. 감옥에 갇힌 사람은 어떤 사람일까요? 표정, 말풍선, 취하는 행동을 상상하여 그림으로 표현해 주세요.

Q. 감옥에 갇힌 사람은 어떤 말과 행동을 하고 있을까요?

Q. 감옥에 갇힌 사람은 어떤 생각을 하고 있을까요?

Q. 감옥에 갇힌 사람의 힘(에너지)은 어느 정도일까요?

감옥을 지키는 사람

1. 감옥에 갇힌 사람이 있다면, 그 감옥을 지키는 사람도 있습니다. 감옥을 지키는 사람은 누구일까요? 상상하여 그림으로 표현해 주세요.
2. 감옥을 지키는 사람은 어떤 이유로 감옥을 지키게 되었을까요? 감옥을 지키는 사람 또한 표정과 말풍선, 취하는 행동을 그림으로 표현할 수 있습니다.

Q. 감옥을 지키는 사람은 어떤 표정을 하고 있을까요?

Q. 감옥을 지키는 사람은 어떤 행동을 하고 있을까요?

Q. 감옥을 지키는 사람은 어떤 생각을 하고 있을까요?

Q. 감옥을 지키는 사람의 힘(에너지)은 어느 정도일까요?

마음의 감옥이 열린다면

1. 철창은 열리고 잠기기를 반복합니다. 그 안에 있는 사람이 오랜 기간 같은 사람일 수도, 혹은 매번 다른 사람들이 철창을 들어갔다 나왔다를 반복할 수 있습니다. 다른 사람을 가둔 내 마음속 감옥이 영영 굳게 잠겨 있기를 바라나요? 언젠가는 감옥이 열리기를 바라나요? 감옥이 열렸을 때를 상상하며 그 상황을 표현해 주세요.

Q. 감옥을 열기 위한 열쇠는 어디에 있을까요? 열쇠를 어떻게 얻을 수 있을까요?

Q. 어느 정도의 시간이 흐른 뒤에 감옥에 갇힌 사람이 나올 수 있을까요?

Q. 감옥은 누가 풀어 줄 수 있을까요? 어떻게 해야 풀려날 수 있을까요?

Q. 감옥이 열린다면 어떤 일이 일어날까요?

두둥실 열기구

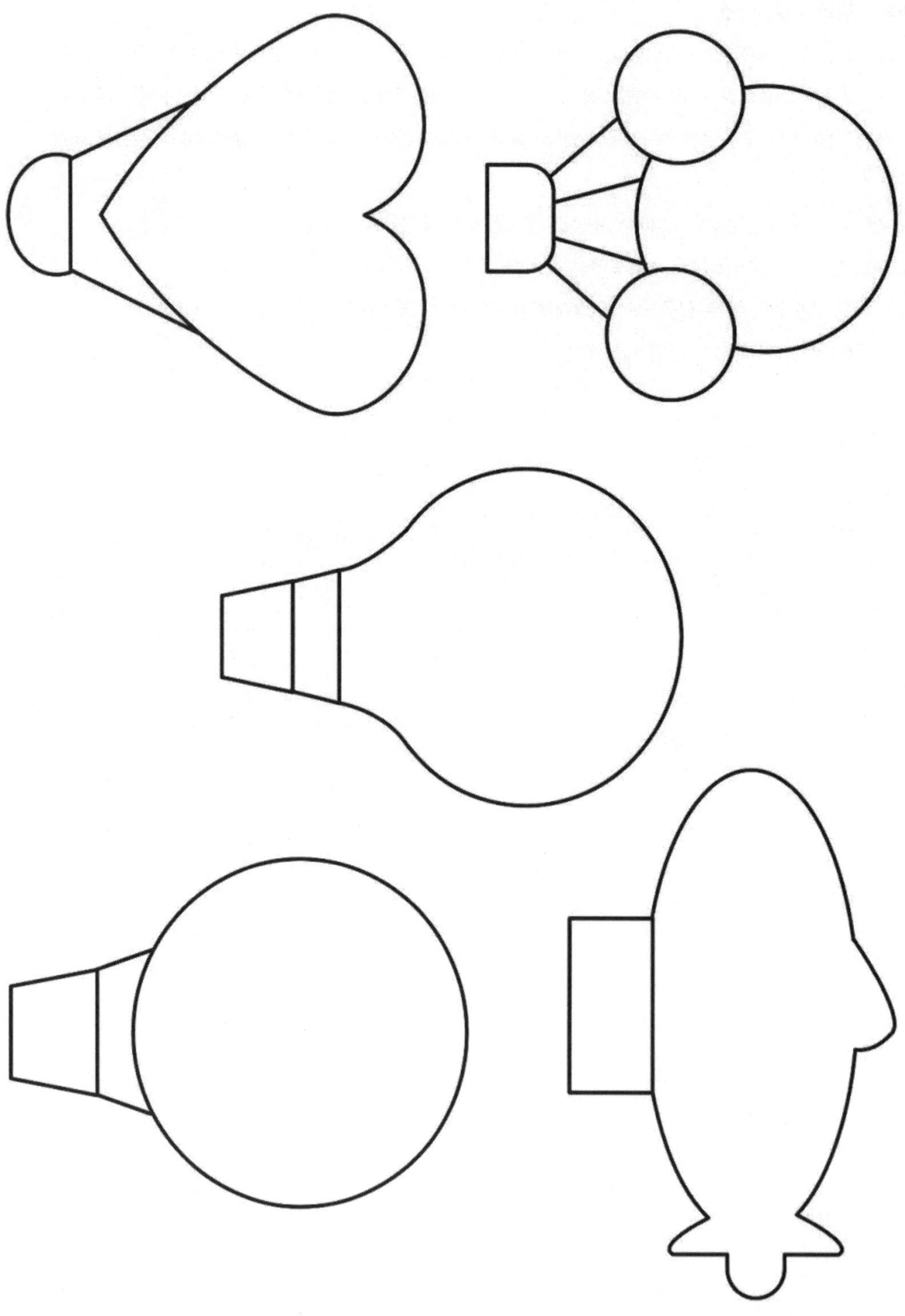

두둥실 열기구

자신의 욕구를 탐색하고 삶의 방향과 목적을 명확히 할 수 있습니다.

디렉션 & 토론 및 질문

다양한 방법으로 활용될 수 있는 도안입니다. 프로그램 참여자와 목적에 따라 활용해 주세요.

열기구 꾸미기

1. 나는 열기구를 타고 여행을 떠날 것입니다. 마음에 드는 열기구를 골라 색을 입혀 주고 자유롭게 꾸며 주세요. 다섯 가지 열기구 중 하나의 열기구를 선택할 수도, 마음에 드는 열기구가 없다면 새로운 열기구를 그려 줄 수도 있습니다. 나의 열기구는 어떤 모양과 색을 가질까요?
2. 열기구는 어디로 가게 될까요? 표현한 열기구를 잘라서 새로운 도화지에 붙이고, 열기구의 주변을 꾸며 주세요. 장소를 그릴 수도 있고, 기다리고 있는 누군가를 그릴 수도 있고, 추상적인 방법으로 느낌만을 표현할 수도 있습니다.

Q. 나는 누구와 어디를 가기 위해 열기구를 탔을까요?

Q. 열기구의 목적지는 어디일까요? 내가 그곳에 가고 싶은 이유는 무엇일까요?

열기구 모빌 만들기

열기구를 색칠하고 꾸며 준 후, 열기구 위에 작은 구멍을 뚫어 모빌을 만들어 줄 수 있습니다.

1. 여행은 나 홀로 떠나는 여행도 있지만 누군가와 함께하는 여행이 될 수도 있습니다. 나의 삶을 여행이라고 가정했을 때, 여행 중 만나 온, 그리고 만나고 있는 사람들을 열기구에 그려 주세요. 물론 나도 어딘가에 포함되어야 합니다.
2. 어떤 열기구에 누가 타게 될까요? 사람에 따라 열기구의 패턴과 색이 다를 수 있습니다. 열기구에 색을 입혀 주세요.
3. 열기구 도안에 작은 구멍을 뚫고 실을 연결하여 걸어 주세요.

4. 나의 심리적 거리와 관계를 고려하여 열기구를 배치해 주세요.

Q. 두둥실 떠 있는 열기구처럼 나는 무엇을 향해 가고 있을까요? 여행의 과정에서 만난 사람들을 소개해 주세요.

Q. 이 사람들은 내가 삶의 목표에 가까이 다가가는 데 어떤 영향을 미치나요?

Q. 여기에는 그려져 있지 않지만 내 삶의 여행을 함께하고 싶은 누군가가 더 있나요? 실재하지 않는 인물이라도 좋습니다.

연상하기

1. 열기구 도안을 보고 떠오르는 연상 단어들을 옆에 적어 주세요.
2. 도안을 참고하여 빈 종이에 나만의 열기구를 그리고, 색칠하여 꾸며 줄 수 있습니다. 완전하게 새로운 형태로 그려도 무관합니다.

Q. 열기구는 어떻게 작동할까요? 열기구를 움직이는 원동력은 무엇인가요?

Q. 실제로 이 열기구를 타게 된다면 어떠한 기분이 들까요?

Q. 열기구를 타고 어디로 가고 싶나요? 최종 목적지는 어디일까요?

Q. 누구와 여행을 떠나고 싶나요?

Q. 이 열기구는 앞으로 어떻게 될까요?

입체 조형물 만들기

열기구를 입체 조형으로 만들 수 있습니다.

1. 열기구 도안을 관찰하고 하나의 도안을 고른 후, 조형물로 만들기 위해 간단한 스케치를 합니다(스케치 과정은 생략될 수 있음).
2. 점토, 종이, 포일, 비닐 등을 활용해 종이 위에 표현했던 나만의 열기구를 입체적으로 표현해 주세요.

Q. 종이가 입체적으로 현실이 된 것과 같이 내가 상상했던 것들도 현실이 될 수 있습니다. 내가 상상했던 일이 현실로 일어났던 경험이 있다면 공유해 주세요.

Q. 내가 현재 가지고 있는 소망도 현실이 될 수 있습니다. 그러기 위해 나는 어떤 노력과 실천을 할 수 있을까요?

Q. 입체가 된 열기구가 더 높이 날아오를 수 있도록 무언가 만들어 붙여 줄 수 있습니다. 소망이 현실화되기 위해 필요한 것은 무엇일까요? 나는 누구의 도움을 받을 수 있고, 어떤 상황이 내 소망을 현실에 가깝게 만들어 줄까요?

떠나보내기 & 남겨 두기

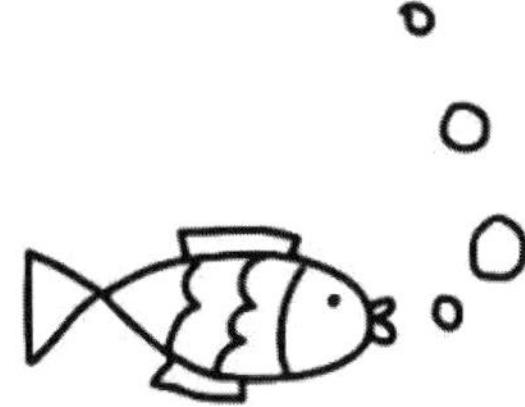

떠나보내기 & 남겨 두기

인생에서 남겨 두고 싶은 기억 및 감정과 나에게서 떠나보내고 싶은 기억 및 감정을 구분하여 시각화할 수 있습니다.

디렉션 & 토론 및 질문

다양한 방법으로 활용될 수 있는 도안입니다. 프로그램 참여자와 목적에 따라 활용해 주세요.

감정의 바다

1. 이곳은 나의 감정의 바다입니다. 최근에 느낀 내 감정들을 떠올려 주세요.
2. 떠올린 여러 가지 감정을 바닷속에 표현해 주세요. 감정이 주는 느낌을 그려 보고, 각각의 그림이 어떤 감정을 의미하는지도 적어 주세요(불안, 기쁨, 우울 등 단어로 표현).
3. 그림으로 표현한 여러 가지 감정 중에서 배에 실어서 보내고 싶은 것들을 공유해 주세요. 그 감정들을 떠나보내고 싶은 이유도 설명해 주세요.
4. 떠나보내고 싶은 감정들을 오려서 배 위에 실어 보내 주세요.
5. 그 감정들을 떠나보내고 난 뒤에 남아 있는 감정들에 집중해 주세요.

Q. 그 감정들을 떠나보내고 싶은 이유는 무엇인가요?

Q. 많은 감정을 떠나보내고 남은 감정들에 집중하면 어떤 기분이 드나요?

기억의 바다

1. 이곳은 나의 기억의 바다입니다. 내 마음속 깊은 바다에 잠겨 있었던 불편하고 안 좋은 기억들에 집중해 주세요.
2. 나의 지난날을 돌아보며 그동안 나를 괴롭혔던 불편한 기억들을 떠올려 바다에 그려 주세요.
3. 불편한 기억을 배에 실어서 배에 띄워 보내 주세요.

Q. 이 기억들이 불편하고 잊고 싶은 이유는 무엇인가요? 이 기억들을 계속 가지고 있는 것이 나에게 도움이 될까요?

Q. 기억을 떠나보내는 나는 지금 어떤 감정인가요? 이런 나에게 스스로 어떤 말을 해 줄 수 있을까요?

Q. 불편한 기억을 모두 떠나보낸 바다는 이제 깨끗해졌습니다. 앞으로 어떤 기억으로 바다를 채우고 싶나요?

생각 낚시하기

1. 이곳은 나의 생각의 바다입니다. 가장 최근의 일주일을 돌아보며 어떤 생각들을 했는지 바다에 그리거나 적어 주세요.
2. 지금까지 내가 했던 여러 가지 생각 중에서 다음 일주일 동안 가져갈 생각들을 낚시해 볼 것입니다.

Q. 내 생각의 바다에서 어떤 생각들을 가져갈 수 있을까요?

길

길

자신의 목적지, 방향성, 현재 자신의 위치 등에 대해 탐색하고, 앞으로 전진할 수 있는 방안에 대해서 생각해 볼 수 있는 활동입니다.

디렉션 & 토론 및 질문

다양한 방법으로 활용될 수 있는 도안입니다. 프로그램 참여자와 목적에 따라 활용해 주세요.

나의 목적지/내가 가고 있는 길

1. 이곳은 나의 길입니다. 내가 가고자 하는 길은 어떤 길이며, 그 끝에는 무엇이 있을지 생각해 주세요.
2. 떠올린 나의 길의 모습을 도안에 표현해 주세요. 거친 돌이 나를 가로막고 있으며 바닷길일 수도 있습니다. 또는 평탄한 길일 수도 있습니다. 나의 욕구와 연결 지어 보며 도안을 완성해 주세요.
3. 미래의 나에게 있을 시련과 고난이 그림에 표현될 수도 있습니다. 이것을 이겨 내기 위해 도움이 되는 것들도 도안에 표현해 주세요.
4. 나는 지금 어디에 위치하고 있나요? 발자국이나 나의 자취를 그려 주세요.

Q. 나의 목적지를 생각했을 때, 지금 나는 어느 정도의 위치에 있고 어떤 상황에 있나요?

Q. 내가 앞으로 나아가기 위해서는 무엇을 할 수 있을까요?

걸어서 추억 속으로

1. 이곳은 시간이 거꾸로 가는 길입니다. 과거의 나로 돌아갈 수 있다면 어느 시기로 돌아가고 싶은지 생각해 주세요.
2. 나의 지난날을 돌아보며 그동안 나를 괴롭혔던 불편한 기억과 행복했던 기억을 길 주변이나 길에 표현해 주세요.
3. 길의 끝에는 내가 가지고 있는 최초의 기억(생각나는 기억 중 가장 오래된 기억)을 그려 주세요.

Q. 현재의 나와 과거의 나는 어떻게 다른가요? 과거의 기억들 중 지금의 나에게로 다시 가지고 오고 싶은 기억이나 힘이 있다면 어떤 것들이 있을까요?

Q. 나는 앞으로 어떤 사람이 되고 싶은가요? 앞으로의 길에서 어떤 변화를 기대할 수 있을까요?

함께 가는 길

1. 이곳은 누군가와 동행할 수 있는 함께 가는 길입니다. 나는 누구와 어디를 향해 걸어가고 있는지 떠올려 주세요.
2. 나 그리고 나와 함께 걸어갈 사람을 길 위에 그려 주세요. 어느 정도의 크기인지, 어느 정도의 위치인지는 자유롭게 설정해 주세요. 나와 함께 걷는 그 사람은 반드시 같은 위치에 있을 필요는 없습니다.
3. 함께 걸어가는 길은 어떤 길인가요? 힘든 현실적 상황을 이겨 내야 하는 어려운 길일까요, 아니면 함께 있기만 해도 좋은 꽃밭일까요? 없애야 할 장애물이 많은 길일 수도, 배를 타고 물길을 쉽게 갈 수도 있습니다.

Q. 누군가와 '함께'라는 것은 나에게 어떤 의미인가요? 함께 있는 것이 더 불편한 관계는 어떤 관계인가요? 반대로 함께함으로써 어떤 혜택을 받는 관계는 어떤 관계인가요?

Q. 내가 의지하고 지지를 받는 사람은 누구인가요? 반대로 나는 그 사람에게 어떤 사람일까요?

내가 선택한 길

우리는 다양한 갈림길에서 끊임없이 선택을 하며 살아가고 있습니다. 선택하지 않았던 길을 생각하며 아쉬움을 느낄 수 있고, 내가 선택한 길을 후회하거나 만족할 수 있습니다. 나는 갈림길에서 어떤 길을 선택하여 살아왔나요?

1. 가운데 길을 내가 선택해 살아온 길이라고 가정하고, 길 주변에 새로운 길을 넣어 과거 나에게 있었던 다른 선택지들을 더 그려 주세요.
2. 다른 선택지에는 어떤 장애물이 있을 수도 있고, 어떤 달콤한 보상이 있을 수도 있습니다. 위험할 수도 있고, 지름길이었을 수도 있습니다. 돌아가는 길일 수도 있고, 막혀 있는 길일 수도 있습니다. 내 선택지에 있었던 다양한 길의 갈래를 그리고 그 특징을 구체적으로 그려 주세요.

Q. 내가 선택한 길에는 무엇이 있었나요?
- 그 길은 나를 어떻게 변화시켰나요?
- 그 길을 가기 위해서 나는 어떤 노력을 했을까요?
- 그 길을 선택한 것에 대해서 어떤 만족감을 느끼고 있나요?
- 내가 선택한 길의 장단점은 무엇인가요?

Q. 선택하지 않은 길에는 무엇이 있었을까요?
- 그 길을 선택했다면 나는 어떤 점이 달라졌을까요?
- 그 길을 선택하지 않은 이유는 무엇이었나요?

Q. 다시 그때로 돌아가서 길을 선택할 수 있다면 나는 어떤 길로 갈까요?
- 그 선택을 한다면 지금 선택과 어떤 차이점이 있을까요?
- 그 선택으로 인한 장단점은 무엇일까요?

나의 감정 표지판

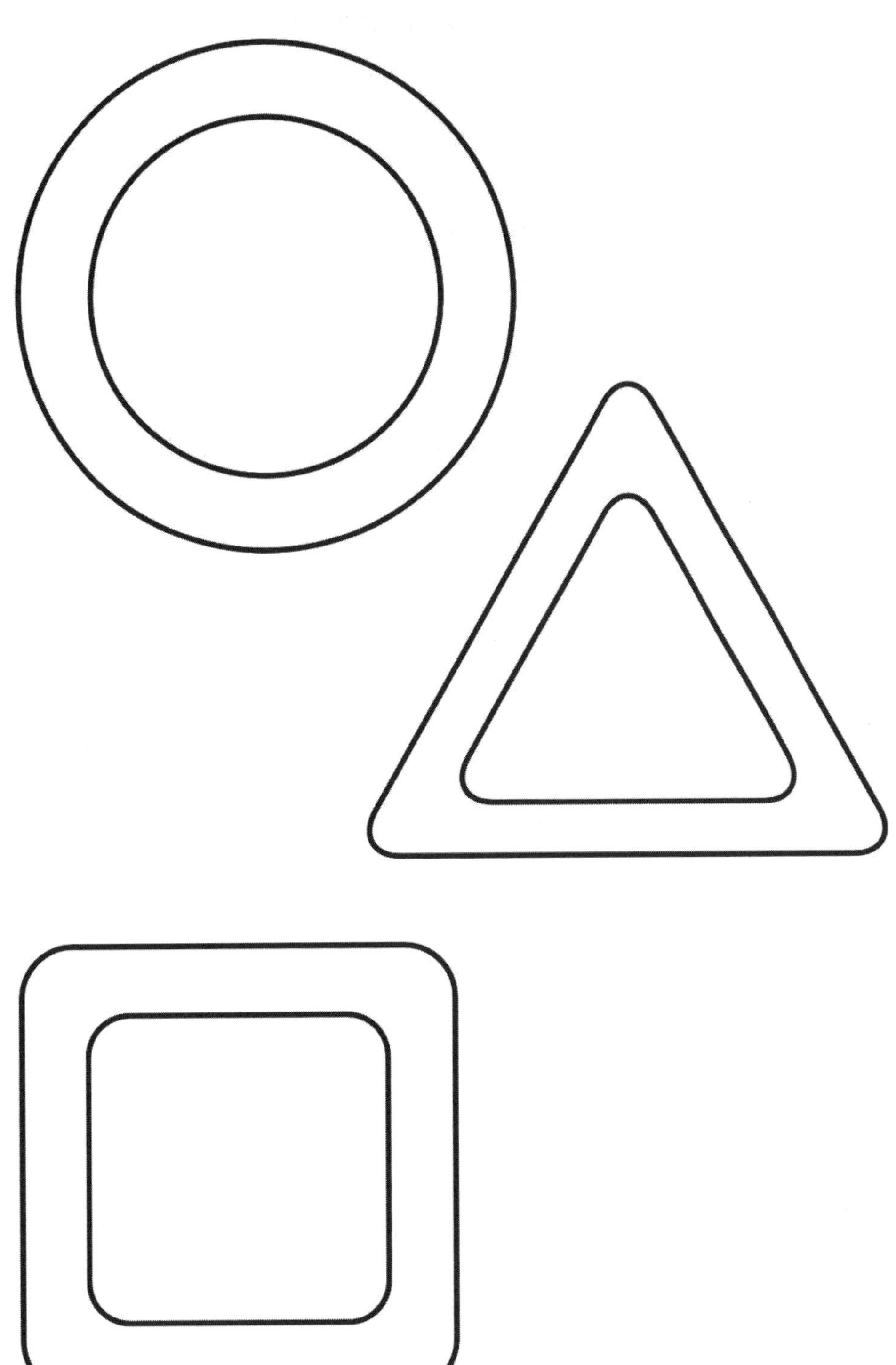

나의 감정 표지판

표지판은 어떠한 사실을 알리기 위해 표시를 해 놓은 표식을 의미합니다. 감정 표지판은 내가 평상시 느끼는 감정에 대해 이해하고 감정 표현을 시각화하기 위해 사용할 수 있습니다.

디렉션 & 토론 및 질문

다양한 방법으로 활용될 수 있는 도안입니다. 프로그램 참여자와 목적에 따라 활용해 주세요.

감정 표지판

1. 내가 최근에 자주 사용하고 있는 감정들을 떠올려 주세요. 각 감정을 표지판에 색과 패턴을 이용하여 표현해 주세요. 필요한 경우에는 글로 적을 수도 있습니다.
2. 각각 어떤 상황에서 이러한 감정을 느끼는지 생각해 보고, 떠오르는 감정을 색칠하거나 그려서 표현해 주세요.
3. 내 주변에 특정 누군가에게 보여 주고 싶은 표지판이 있다면 그 대상을 생각해 보고, 내가 그 대상에게 사용하고 싶은 표지판을 표현해 주세요.

Q. 주로 어떤 상황에서 어떤 특정한 감정을 느끼나요?

Q. 나의 감정 표지판을 보여 주고 싶은 대상이 있다면 누구일까요?

Q. 내가 표현한 감정 표지판들이 앞으로의 생각과 행동에 어떤 도움을 줄 수 있을까요?

감정 알림 표지판

나의 감정 표지판은 다른 사람에게 경고(알림) 용도로 작업을 할 수도 있지만, 나 스스로에게 경고(알림)의 용도로 작업을 진행할 수 있습니다.

1. 나의 현재 상황을 돌아보고 나의 현재 신체적 · 정신적 상황은 안전, 경고, 위험 중 어느 수준인지 생각해 봅니다. 나의 상황이 안전하다면 나의 안전함을 유지하기 위해 필요한 것들에 대해 생각해 주세요. 나의 상황이 위험하다면 나를 보호하기 위해 무엇이 필요할지 생각해 봅시다. 내가 무엇을 조심해야 하고, 무엇이 위험한지에 대해 생각해 본 후 표지판에 표현해 주세요.

2. 표지판을 만들고 표지판을 지지하는 봉을 붙여 주세요(아이스크림 막대, 수수깡, 빨대 등).
3. 내가 자주 생활하는 장소에 표지판을 두고 자주 봐 주세요. 나의 안전을 위해(위험하지 않기 위해) 필요한 것을 상기시켜 생활에 간접적인 도움을 줄 수 있습니다.

Q. 특정 상황과 장소에 표현할 수 있는 감정은 무엇인가요?

Q. 언제 감정을 알리고 싶나요? 어떤 효과가 있을까요?

감정 표지판 활용하기

1. 지금 내가 특정 표지판을 사용하고 싶은 상황을 연출하고, 표지판에 색이나 패턴, 글로 표현해 주세요(예: 혼자 조용히 쉬고 싶은데 상대방이 나에게 계속 이야기를 걸고 방해하는 상황).
2. 그 상황에 표지판을 보여 주며 상대방에게 전달하고 싶은 말을 해 주세요(예: 휴식 중 '조용' 표지판–친구야, 나 잠깐 혼자 조용히 쉬고 싶은데, 조금만 조용히 해 줄 수 있니?).
3. 실제 상황과 내가 연출한 상황과 비교해 보며 내가 실제 상황에서 제대로 표현하지 못했던 이유에 대해서 설명해 주세요.

Q. 표지판을 사용했을 때 어떤 변화가 있을까요?

Q. 표지판을 활용하지 않고도 변화를 일으킬 수 있는 방법에는 어떤 것들이 있을까요?

새장

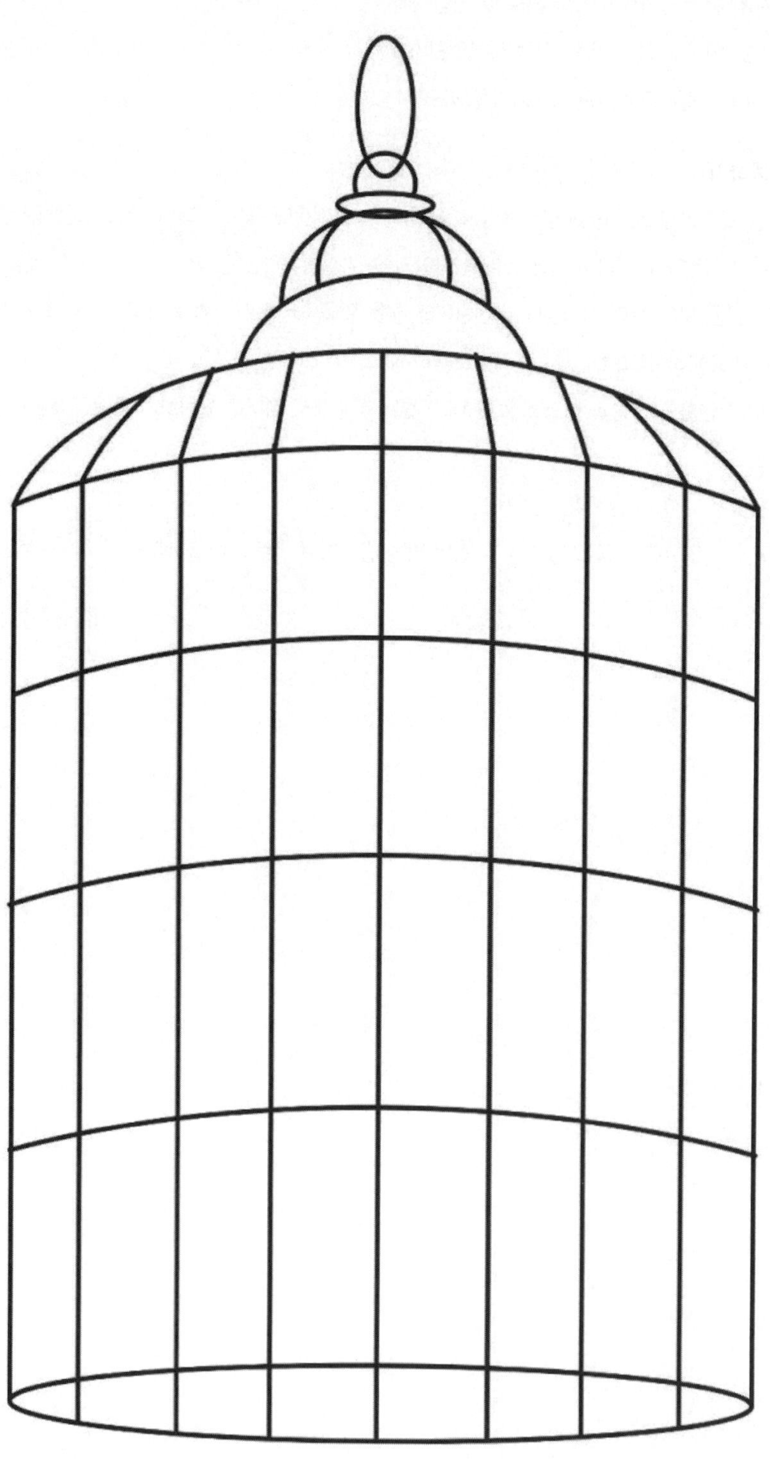

새장

답답한 감정, 무언가 벗어나고 싶은 욕구나 충동, 안전에 대한 욕구에 대해 탐색할 수 있습니다.

디렉션 & 토론 및 질문

다양한 방법으로 활용될 수 있는 도안입니다. 프로그램 참여자와 목적에 따라 활용해 주세요.

내가 새라면

1. 다음의 질문을 듣고 상상력을 최대한 발휘하여 상상해 주세요.
   - 새장에는 무엇이 있을까요?
   - 새장 안에 새가 있을까요? 아니면 다른 동물이 있을까요?
   - 새장 주변에서 어떤 소리가 들리고 있을까요? 지금 새장 주변에서 어떤 일이 일어나고 있나요?
   - 새장은 얼마나 튼튼할까요?
2. 새장 속에 있다는 것은 나에게 어떤 감정을 떠올리게 하나요? 나를 새장 안의 무언가라고 생각하고, 어떤 모습으로 있을지 떠오르는 대로 그려 주세요.
3. 지금 어떤 일이 일어나고 있을까요? 새장 주변에는 무엇이 있을지, 새장 도안 바깥에 지금의 상황을 떠올려 표현해 주세요. 어떤 상황을 구체적으로 그릴 수도 있고, 예상되는 느낌이나 에너지의 흐름 등을 색이나 패턴 등으로 표현할 수 있습니다.

Q. 새장 속에 있는 내 모습을 바라보면 어떤 느낌이 드나요?

Q. 갇혀 있어 답답한 느낌과 안전한 느낌 중 어디에 더 가까울까요?

Q. 나에게 있어서 새장의 역할을 하는 사람, 혹은 대상은 무엇인가요? 나는 그 대상에 대해 어떻게 생각하고 있나요?

Q. 내가 새장을 벗어나 원하는 곳에 머물다 돌아올 수 있다면, 나는 다시 안전하게 새장에 돌아오고 싶나요, 아니면 자유로운 곳에 계속 머물고 싶은가요? 그 이유는 무엇일까요?

이야기 그리기

1. OHP 필름을 도안에 대고 새장을 따라 그려 주세요(새장 도안을 참고하되 완전히 똑같을 필요는 없음).
2. 여백의 종이를 활용해서 새장에 있는 생명체를 그려 주는데, 나만의 이야기를 만들어 새장 동물의 과거, 현재, 미래를 포함해 무엇을 하는 행동을 그려 주세요.
   (예: 과거-인간에게 잡혀 새장에 갇힌 새 / 현재-자물쇠를 열고 탈출할 계획을 세우는 새 / 미래-탈출해서 바다와 산으로 멀리멀리 여행을 다니며 살아가는 새)
   OHP 필름에 그린 새장을 활용해서 어떤 경우에 새장이 필요하고 어떤 경우에는 새장이 필요하지 않은지 선택해서 사용할 수 있습니다.
3. 새의 과거, 현재, 미래의 모습과 행동에 대해 상상해 보고 그림으로 표현해 주세요.
   (레이저/잉크젯용 OHP 필름을 구매하시면 OHP 필름에 복사하여 인쇄된 도안을 사용할 수 있습니다. 인쇄된 OHP 필름 뒷면에 새장에 들어갈 그림을 그려 자유롭게 사용할 수 있습니다.)

Q. 새와 나와의 공통점은 무엇이 있을까요? 나와 어떤 점이 닮아 있을까요?

Q. 새를 나타낸 표현과 현재 나의 욕구와 연결되는 부분이 있다면 무엇이 있을까요?

나의 여러 모습

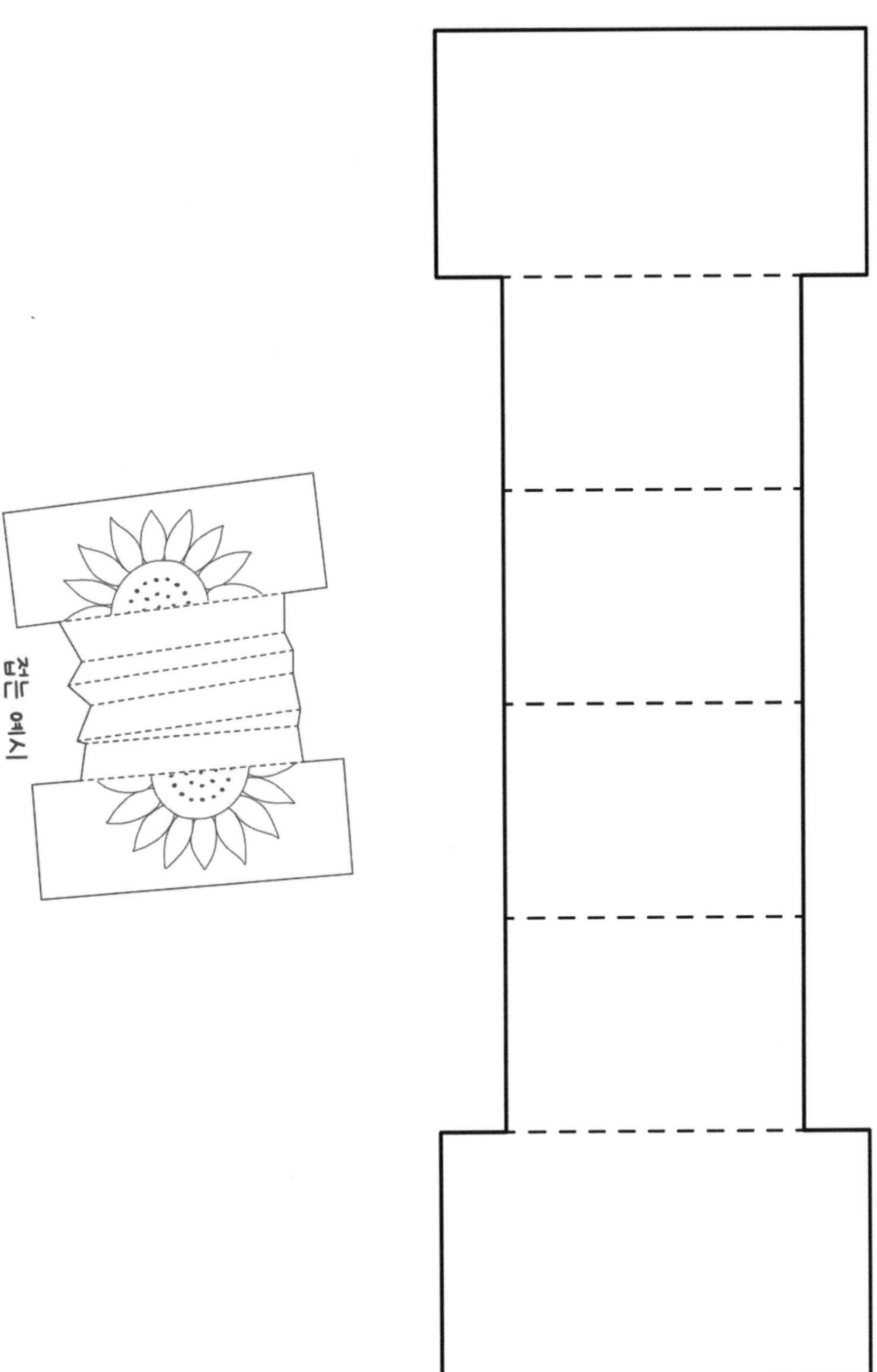

나의 여러 모습

남들에게 보여지고 싶은 나와 내가 아는 나, 나의 진짜와 가짜, 나의 장단점 등 여러 모습을 탐색하기 위해 사용될 수 있습니다.

디렉션 & 토론 및 질문

다양한 방법으로 활용될 수 있는 도안입니다. 프로그램 참여자와 목적에 따라 활용해 주세요.

내가 되고 싶은 나

1. 점선으로 된 부분을 다 접은 후 큰 두 종이가 붙여질 수 있도록 해 주세요.
2. 접합된 첫 번째와 마지막 종이를 이어서 하나의 종이라고 생각하고 그려 주세요. 내가 되고 싶은 나, 내가 바라는 나의 모습을 상상하여 그려 주세요.
3. 내 모습에서 나는 누구와 어울리고, 어떤 취미를 가지고 있고, 무엇을 하고 있을지, 현재와 다른 점은 무엇인지 등을 4개의 칸에 그려 주세요.

Q. 내가 되고 싶은 나의 모습은 어떤 것으로 구성되고 있나요?

Q. 내가 되고 싶은 나에게 더 가까워지기 위해 나는 무엇을 할 수 있나요?

Q. 나는 누구와 어울리고, 어떤 취미를 가지고 있고, 무엇을 하고 있는 사람일까요?

Q. 나는 이런 사람이 되기 위해서 지금 어떤 실천 계획을 짜 볼 수 있을까요?

TRUE OR FALSE

1. 점선으로 된 부분을 다 접은 후 큰 두 종이가 붙여질 수 있도록 해 주세요.
2. 접합된 첫 번째와 마지막 종이를 이어서 하나의 종이라고 생각하고 그려 주세요. 나를 상징하는 캐릭터 또는 나를 그려 주세요. 나를 상징하는 무엇이든 그려 주면 됩니다.
3. 작은 종이 네 개의 칸 중 두 개의 칸에는 진짜의 나, 나머지 두 개의 칸에는 가짜의 나를 그려 주세요.

4. 집단원들과 진짜의 나와 가짜의 나를 서로 맞혀 보세요.

Q. 이중 진짜 나는 무엇이고, 가짜 나는 무엇일까요? 집단원들과 공유하며 진짜 나의 모습과 가짜 나의 모습을 맞추는 게임을 통해 알아갈 수 있습니다.

Q. 진짜 나의 모습과 가짜 나의 모습 또는 타인의 진짜 모습과 가짜 모습을 알아보았다면, 나는 타인에게 어떤 모습을 보이고 싶어 하는 사람일까요?

나의 장점과 단점

1. 점선으로 된 부분을 다 접은 후 큰 두 종이가 붙여질 수 있도록 해 주세요.
2. 접합된 첫 번째와 마지막 종이를 이어서 하나의 종이라고 생각하고 그려 주세요. 나를 상징하는 캐릭터 또는 나를 그려 주세요. 나를 상징하는 무엇이든 그릴 수 있습니다.
3. 작은 종이 네 개의 칸 중 두 개의 칸에는 나의 긍정적인 면, 장점으로 생각한 요소를 그려 주고 나머지 두 개의 칸에는 나의 부정적인 면, 단점으로 생각한 요소를 그려 주세요.

Q. 나를 상징하는 캐릭터는 무엇인가요? 그렇게 생각되는 이유는 무엇인가요?

Q. 나의 장점과 단점은 어떤 것들이 있나요?

Q. 나의 장점이 주는 단점은 무엇이고, 단점이 주는 장점은 어떤 것들이 있을까요? 집단원들과 함께 토론해 주세요.

나의 감정 양념통

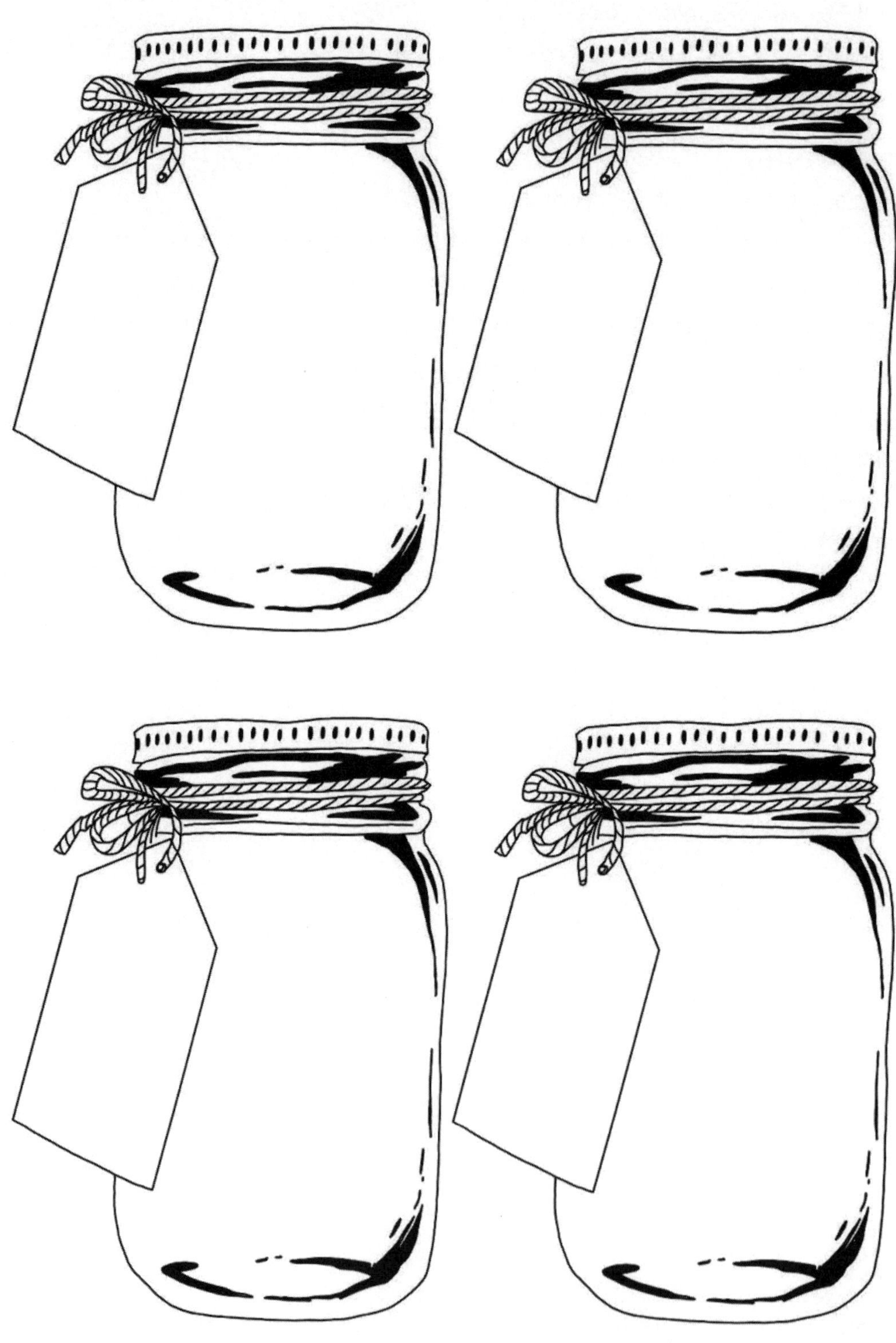

나의 감정 양념통

자신의 감정을 파악하고, 불필요한 감정을 덜어 내는 작업에 사용할 수 있습니다.

디렉션 & 토론 및 질문

다양한 방법으로 활용될 수 있는 도안입니다. 프로그램 참여자와 목적에 따라 활용해 주세요.

내 감정의 모습과 이름

우리는 다양한 감정을 느끼기도 하지만 다양한 맛을 느끼기도 합니다.

1. 최근 내가 사용한 감정들을 떠올리며, 어떤 감정을 하나로 모을 수 있을지 생각해 주세요. 하나의 병에 하나의 감정만 담길 필요는 없습니다. 기쁘면서도 감동적이면서 걱정스러운 감정도 존재할 수 있습니다. 다양한 감정의 비율을 조절할 수 있습니다.
2. 매운맛을 먹으면 몸이 뜨거워지고 열이 나는 것처럼, 화나는 것은 매운맛이 될 수도 있고, 내가 가진 따뜻한 마음은 설탕이 될 수도 있습니다. 또 나의 슬픔은 눈물과 같은 짠맛이 나는 소금이 될 수도 있습니다. 또 양념들은 뭉쳐진 덩어리가 될 수도 있고 크기나 형태, 채워져 있는 양이 다양하게 나타날 수 있습니다. 색과 패턴으로 감정들을 표현해 주세요.
3. 양념통은 가득 찰 수도, 아주 조금만 찰 수도 있습니다. 내가 느끼는 감정 정도에 따라서 감정의 양을 빈 병에 채워 주세요.
4. 양념통의 태그에 이름을 붙여 주세요. 단순하게 '분노와 슬픔'이라고 쓰기보다는 '불타오르는 매운 분노와 무겁고 차가운 슬픔'처럼 내가 느끼는 감정에 형용사를 붙여 표현하는 것을 추천합니다.

Q. 나의 선호도와 상관없이 나에게 꼭 필요한 양념은 무엇인가요? 예를 들어, 꾹꾹 담아 놓은 섭섭함이 크다면 분노가 필요할 수도, 최근 너무 지루했다면 신남이 필요할 수도 있습니다.

Q. 나는 나의 감정을 누구를 위해 사용하고 있나요? 나를 위해 사용하는 것과 남을 위해 사용하는 것 중 어떤 쪽의 비율이 더 높은가요?

내게 꼭 필요한 감정들

1. 한 개의 양념통 도안을 준비해 주세요.
2. 프로그램 1에서 진행한 나의 감정들 중에서 나에게 필요한 감정들 중 필요한 감정들만 쌓아서 그려 주세요.
3. 프로그램 1에서 진행했던 감정들은 버려 주세요.

Q. 한 개의 양념통 안에 쌓여 있는 감정들 중에서 어떤 감정의 비중이 가장 큰가요?

Q. 가장 불필요하다고 생각했던 감정은 어떤 감정이었을까요? 그 이유는 무엇일까요?

Q. 불필요한 감정보다 필요한 감정이 나에게 더 자주 들기 위해서는 어떤 일을 할 수 있을까요?

나의 감정으로 만든 요리

1. 내가 가지고 있는 양념들로 요리를 한다면 어떤 음식을 만들 수 있을지 도화지에 그려 주세요. 나를 상징하는 음식을 그려도 좋습니다.
2. 상상 속의 음식이 될 수도 있고, 새롭게 탄생한 요리가 될 수도 있습니다. 우리가 양념과 재료들로 요리를 하는 것처럼, 우리의 삶도 우리가 어떻게 가꾸어 감에 따라 변화될 수 있을지 양념통 주변에 적어 주세요.

Q. 이 음식이 잘 만들어지기 위해서는 어떤 양념들을 사용할 수 있을까요?

Q. 이 음식은 나와 어떤 공통점이 있나요? 내가 좋아하는 음식일까요?

Q. 집단 작업의 경우, 말풍선 도안을 이용해서 서로에게 격려와 응원의 말을 적어 주고 구성원들과 공유해 주세요. 어떤 말을 할 수 있을까요?

행복 저금

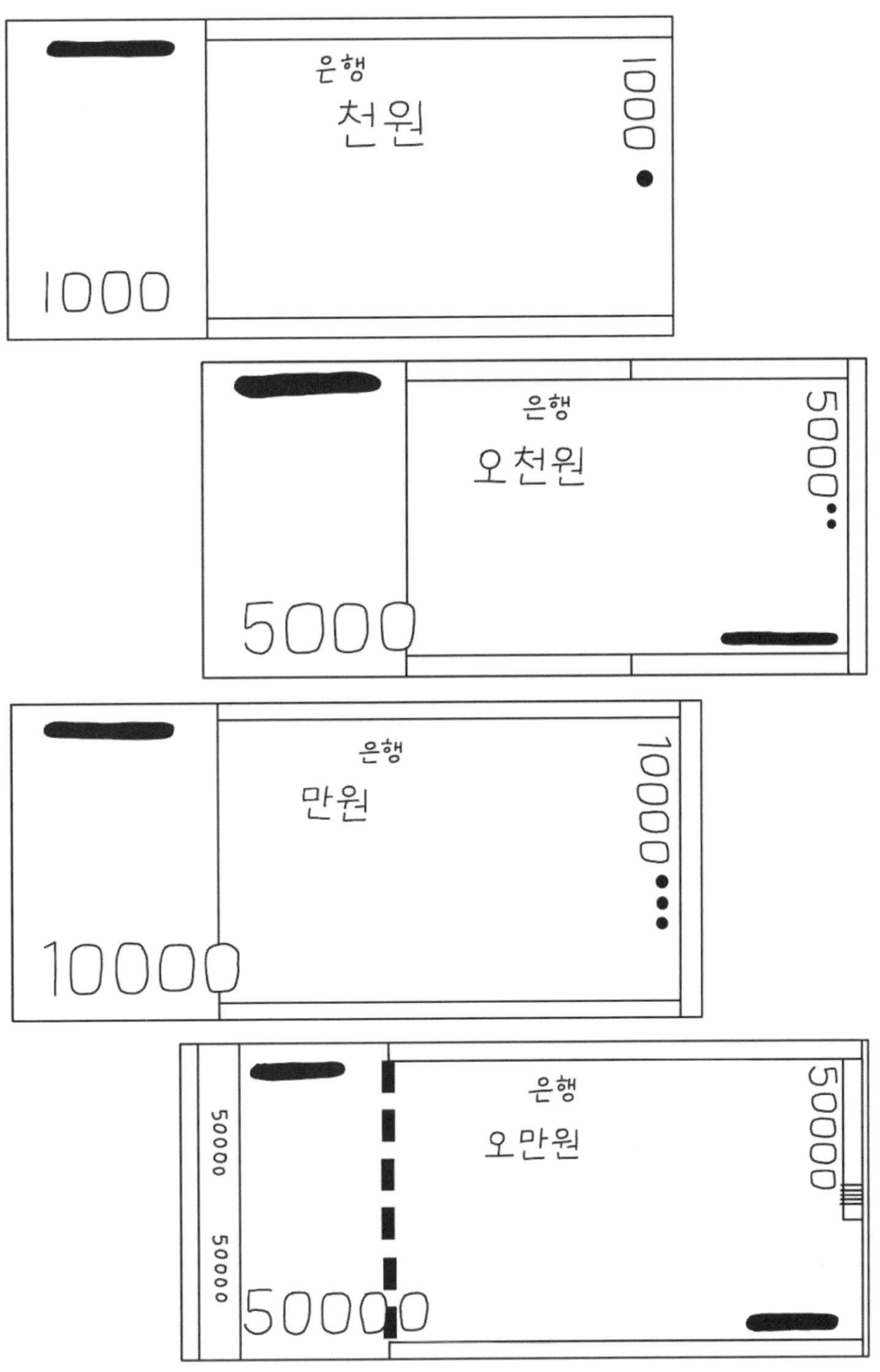
은행
천원
1000
1000
은행
오천원
5000
5000
은행
만원
10000
10000
은행
오만원
50000
50000
50000
50000

행복 저금

자신이 가진 행복함을 저장해 보는 과정은 긍정적인 감정을 자주 사용하지 못하는 사람들에게 추천하는 활동입니다. 자신의 가치를 확인함으로써 자존감을 향상시킬 수 있습니다.

디렉션 & 토론 및 질문

다양한 방법으로 활용될 수 있는 도안입니다. 프로그램 참여자와 목적에 따라 활용해 주세요.

칭찬의 기억들

1. 어렸을 때부터 지금까지 했던 행동이나 이루었던 것들 중 칭찬받을 만한 것들을 돈의 액수에 따라 돈의 뒷면에 그려 주세요. 정말 잘한 일은 50,000원, 좀 잘한 것 같은 것은 1,000원에 그려 볼 수 있습니다.
2. 그때의 나의 감정을 색깔로 정해서 돈 도안에 칠해 주세요.

Q. 나는 어떤 칭찬받을 만한 행동을 하였나요?

Q. 그 칭찬은 지금의 나의 모습에 어떤 영향을 미쳤나요?

Q. 최근에 나는 누구에게 어떤 칭찬을 해 보았나요?

Q. 칭찬은 우리의 삶에 어떤 영향을 미칠까요?

내 행복의 가치

행복은 누군가에게는 감사한 일이 될 수도 있고, 나의 욕구가 충분히 채워진 상태일 수도 있습니다. 또는 나의 행복이 아닌 다른 사람의 행복이 나의 행복이 될 수도 있습니다. 행복은 나에게 만족감을 주는 편안한 상태를 만들어 주며, 즐거움과 기쁨이 동반될 수도 있고, 주관적일 수도 객관적일 수도 있습니다.

1. 지폐 도안에 가격별로 나의 행복의 가치를 계산하며 행복했던 일들을 그려 주세요. 작지만 소소한 행복은 1,000원으로 엄청나게 큰 행복은 50,000원으로 측정할 수 있습니다.
2. 프로그램을 마치면서 돈 봉투를 나눠 주며 앞으로의 행복을 하나씩 적어 보도록 과제를 내며 마무리할 수 있습니다.

Q. 나의 행복에는 어떤 것들이 있나요?

Q. 나의 행복은 얼마인가요?

Q. 앞으로 다가올 행복은 어떤 것들이 있을까요?

Q. 행복이란 나한테 어떻게 정의되고 있나요? 또 행복할 때의 나의 표정과 기분은 어떤가요?

입체 작업 응용

1. 재활용품을 활용하여 저금통을 만들어 주세요. 상자, 유리병, 플라스틱 등을 다양하게 활용하여 지폐를 넣을 수 있는 구멍을 만들어 주세요. 저금통 겉은 아크릴 물감으로 꾸며 주세요.
2. 칭찬받았던 일들과 행복했던 일들이 적힌 지폐를 모두 저금통에 넣어 주며 행복을 저금해 주세요.
3. 참여자들에게 지폐 도안이 들어 있는 봉투를 돈 봉투라고 하며 선물해 주세요.
4. 앞으로 간단하게 행복했던 일들을 메모해서 모았다가 연말이나 심리적으로 가장 힘들 때 저금통을 열어 보며 저축해 두었던 행복을 재경험해 주세요.

Q. 나만의 저금통은 어떤 의미를 담아 꾸며 보았나요?

Q. 칭찬받았던 기억들은 어떤 것들이 있고 행복했던 일들은 무엇이 있나요?

Q. 누구와 함께 있을 때 행복의 경험이 가장 강렬했나요? 그 이유는 무엇일까요?

마음의 저울

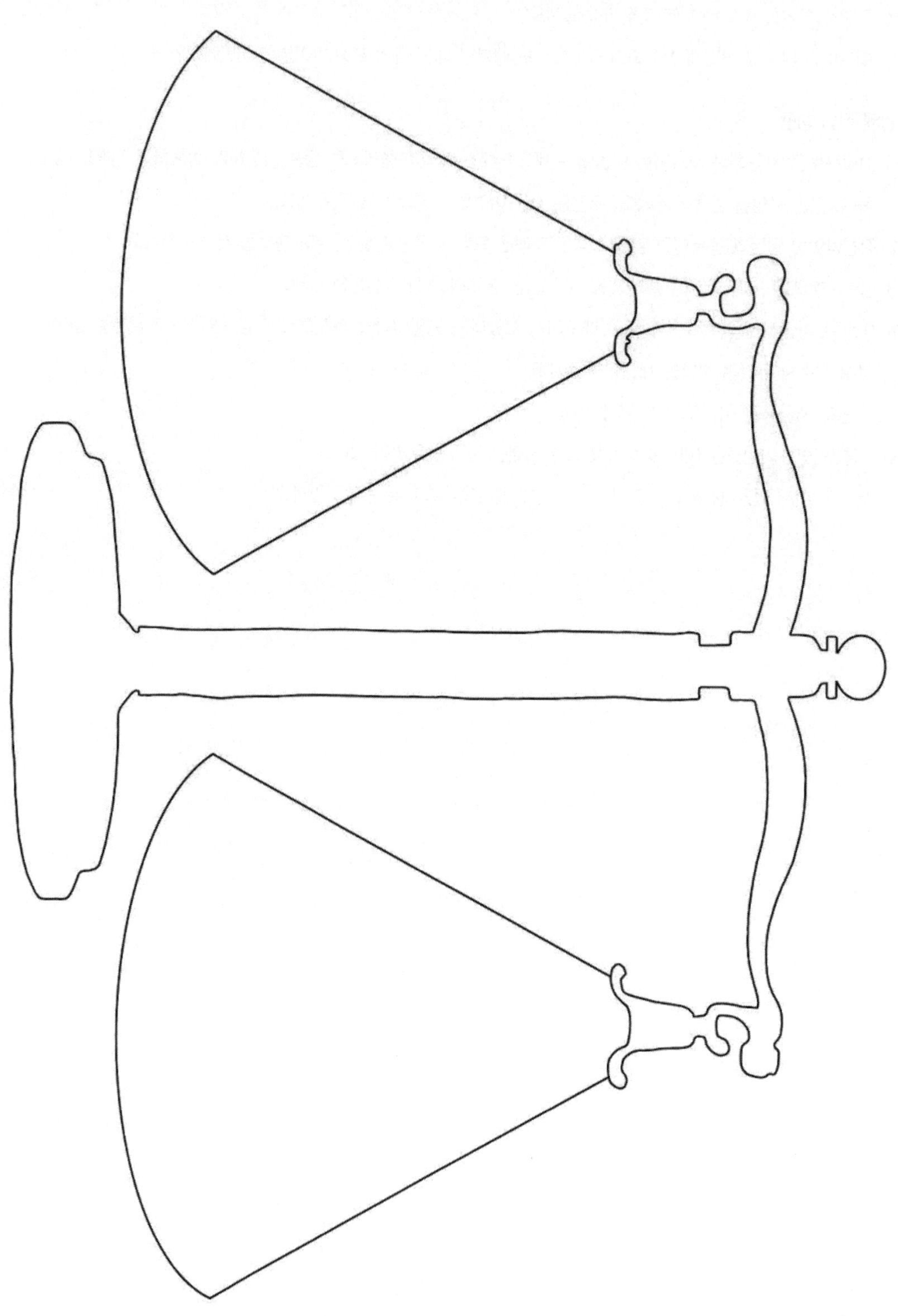

마음의 저울

여러 요소의 무게와 우선순위를 탐색할 수 있습니다.

디렉션 & 토론 및 질문

다양한 방법으로 활용될 수 있는 도안입니다. 프로그램 참여자와 목적에 따라 활용해 주세요.

나의 장점과 단점

1. 저울의 왼쪽에는 나의 단점을 오른쪽에는 나의 장점을 동그라미나 어떤 덩어리의 모습으로 그린 후, 내용을 그 안에 적어 주세요. 해당 장단점의 크기가 크다고 생각되면 덩어리의 크기도 커질 수 있습니다.
2. 차곡차곡 쌓아서 나의 장단점이 저울 위에 모두 올라갈 수 있게 해 주세요.

Q. 저울의 왼쪽에서 오른쪽으로 이동 가능한 요소는 무엇이 있을까요? 나의 단점 중 다른 관점으로 바라보거나 약간의 보완으로 성장할 수 있는 부분을 찾아 이야기해 주세요.

Q. 나의 저울은 어느 쪽으로 기울고 있나요? 장점이 더 가볍다면 장점에 해당하는 요소들을 더 많이 찾아주세요. 혼자 찾기 어렵다면 진행자나 집단원이 함께 찾고 그리도록 할 수도 있습니다.

고민의 무게

1. 내가 가지고 있는 심리적 고민이나 문제점을 저울의 대에 세로로 적어 주세요.
2. 그 문제점을 해결하기 위한 방법이 있습니다. 그 해결방법을 생각해 봅니다. 그 방법이 주는 장점과 단점을 왼쪽과 오른쪽에 적어 보고, 저울이 어느 쪽으로 기울고 있는지 확인해 주세요(문제가 해결되기 전과 후로 적을 수 있음).
3. 문제가 어떻게 해결되기를 원하는지 저울을 통해 확인해 봅니다. 이제 판결을 내리겠습니다. 판결문을 저울 위에 적어 주세요.

Q. 나는 어떤 실천행동을 할 수 있을까요?

Q. 내가 가지고 있는 고민과 문제점은 무엇인가요?

Q. 문제 해결이 된다면 이것이 갖는 장점과 단점은 무엇일까요?

Q. 나는 이 문제를 통해서 어떤 실천행동을 해 나가는 것이 좋을까요?

삶의 가치

1. 나의 삶에서 중요하게 생각하는 가치는 무엇인가요? 나의 가치관이나 좌우명을 저울의 대에 세로로 적어 주세요. 좌우명이나 가치관이 없다면 추상적인 단어(행복, 사랑, 워라밸, 솔직함 등)로 표현해도 좋습니다.
2. 나는 이 가치관에 따라서 잘하는 행동과 잘못 따라가고 있는 행동으로 나누어질 수 있습니다. 잘하고 있는 행동은 오른쪽, 잘못 따라가는 행동은 왼쪽에 적어 주세요.

Q. 내가 가지고 있는 좌우명 또는 가치관은 무엇인가요?

Q. 내가 가지고 있는 가치관에 따라 나는 요즘 어떻게 살아가고 있는 것 같나요? 어떤 이유로 그렇게 생각하나요?

Q. 내가 가지고 있는 가치관에 따라 잘하는 행동은 무엇이고, 잘못 따라간다고 생각이 드는 행동은 무엇일까요?

Q. 내가 가지고 있는 가치관은 주변 사람들에게 어떤 영향을 미치고 있을까요?

____________ 의 감정

기쁨

안정감

행복

웃음

걱정

우울함

분노

슬픔

스트레스

피곤함

나의 열 가지 감정

부정적 감정과 긍정적 감정을 구분하여 시각화하고 감정의 빈도를 측정하기 위한 활동으로 사용될 수 있습니다.

디렉션 & 토론 및 질문

다양한 방법으로 활용될 수 있는 도안입니다. 프로그램 참여자와 목적에 따라 활용해 주세요.

감정의 모습들

여기 제시된 열 가지 감정은 OECD에서 제시한 감정 리스트입니다. 감정 리스트는 네 가지 긍정적 감정(기쁨, 안정감, 행복, 웃음)과 여섯 가지 부정적 감정(걱정, 슬픔, 우울함, 분노, 스트레스, 피곤함)으로 구성되어 있습니다.

1. 열 가지 감정 단어를 천천히 읽은 후, 각 단어가 내게 어떤 모습으로 떠오르는지 생각해 주세요.
2. 이 감정들을 시각화하여 왼쪽의 정사각형 안에 그려 주세요. 어떤 상황을 구체적으로 그릴 필요는 없습니다. 감정을 패턴화해 주세요. 어떤 색의 흐름이나 엉킴으로 나타내도 좋습니다. 둥글거나 각진 도형과 선으로도 표현할 수도 있습니다. 각 감정이 내게 느껴지는 색도 생각해서 함께 칠해 주세요.
3. 내가 최근 해당 감정을 어느 정도 사용했는지 감정의 빈도를 오른쪽의 정사각형 막대그래프에 채워 주세요. 해당 감정이 느껴지는 색으로 채우는 것을 추천합니다. 아마 정사각형에 표현한 감정의 색과 비슷할 수도 있습니다. 예를 들어, 분노를 느끼면 뜨거운 감정이라 생각하는 사람은 빨간색을 선택할 수 있습니다. 한 칸은 '거의 안 느낌', 다섯 칸을 다 채우는 것은 '항상 느낌'으로 생각해 주세요. 만약 해당 감정을 전혀 느끼지 않는다면 공백으로 둘 수 있습니다.

Q. 나는 어떤 감정에 5점을 주었고, 어떤 감정에는 0점 혹은 1점을 주었나요? 최근의 감정 상태에 대해 설명해 주세요.

Q. 열 가지 감정을 살펴보고, 표현된 이미지 중 서로 닮아 있는 이미지를 찾아 주세요. 어떤 감정들이 서로 닮아 있나요? 나는 일상에서 이 두 감정을 어떻게 함께 사용하고 있나요?

Q. 조금 더 자주 사용하고 싶은 감정과 조금 덜 사용하고 싶은 감정은 어떤 것인가요? 원하는 만큼 감정을 사용하기 위해 무엇을 해 볼 수 있을까요?

무언가로부터 느끼는 감정들

1. 열 가지 감정을 살펴보고, 내가 무엇으로부터 이 감정을 느끼는지 떠올려 주세요.
2. 이 감정을 느끼게 하는 대상을 정사각형 안에 표현해 주세요. 특정 인물이 이 감정을 느끼게 할 수도 있고, 어떤 환경, 혹은 기억 등 다양한 대상이 있을 수 있습니다. 구체적으로 표현해도 좋지만, 느낌이나 에너지의 흐름 등을 색이나 패턴으로 그려도 좋습니다.
3. 무언가로부터 느끼는 이 감정을 나는 어느 정도로 사용하고 있나요? 내가 최근 가지고 있는 이 감정의 정도를 색깔로 채워 보도록 합니다. 한 칸은 '거의 안 느낌', 다섯 칸을 다 채우는 것은 '항상 느낌'으로 생각해 주세요. 만약 해당 감정을 전혀 느끼지 않는다면 공백으로 둘 수 있습니다.

Q. 부정적 감정을 느끼게 하는 대상에는 어떤 것들이 있나요?

Q. 만약 내가 그 대상과 지속적으로 함께해야 한다면, 나는 어떻게 대처해야 그 감정을 조금 덜 느낄 수 있을까요?

Q. 긍정적 감정을 느끼게 해 주는 대상에는 어떤 것들이 있나요?

Q. 그 대상들은 내게 어떤 존재이며, 내가 그 대상들을 더 잘 활용하기 위해서 할 수 있는 일은 무엇이 있나요?

고통받는 사람

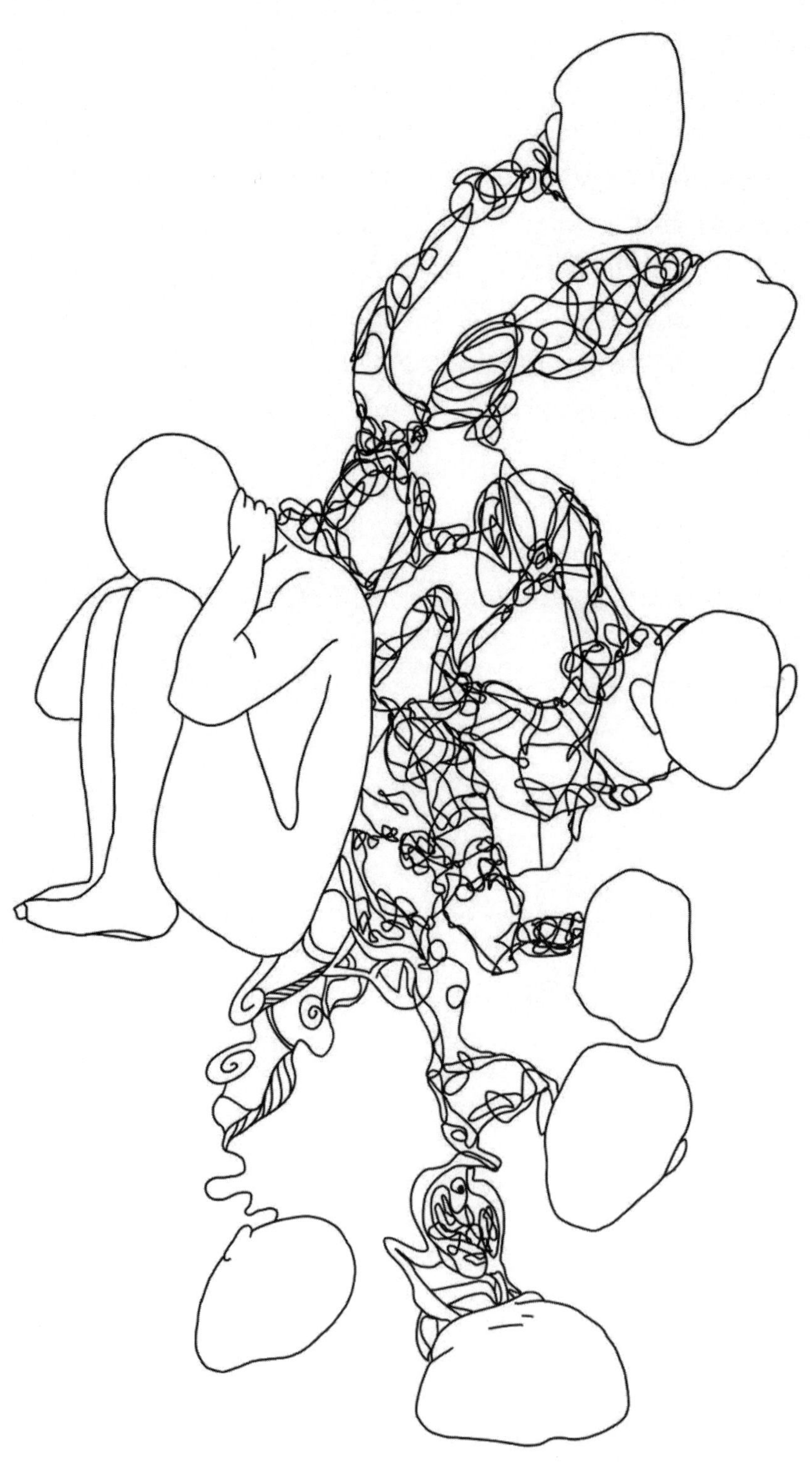

고통받는 사람

대인관계에 어려움을 겪는 사람들이 보이는 복합적인 감정과 생각을 구체화하는 활동에 사용하기 좋습니다.

디렉션 & 토론 및 질문

다양한 방법으로 활용될 수 있는 도안입니다. 프로그램 참여자와 목적에 따라 활용해 주세요.

감정

1. 웅크리고 있는 사람이 있습니다. 이 사람은 무엇 때문에 웅크리고 있을까요? 다양한 상황을 떠올려 주세요.
2. 웅크리고 있는 사람 주위로 복잡한 선들이 연결되어 있는 얼굴들이 있습니다. 이것은 이 사람이 가지고 있는 여러 가지 감정입니다. 이 사람은 어떤 감정들로 인해 고통받고 있는 것인지 생각해 주세요. 그 감정들의 선을 색칠하고 마지막 덩어리에 감정을 더 구체적으로 표현해 주세요.
3. 이 사람은 어떤 표정을 짓고 있을까요? 표정을 그려 주세요.
4. 이 사람은 지금 어떤 상황일까요? 배경을 추가하여 그림을 완성해 주세요.

Q. 이 그림을 보면서 가장 먼저 떠오른 생각은 무엇인가요?

Q. 이 웅크리고 있는 사람은 누구일까요? 지금 어떤 상황에 있을까요?

Q. 이 사람은 무엇으로 인해 고통받고 있나요? 이 사람을 가장 괴롭히는 감정은 무엇일까요?

Q. 이 사람의 모습은 내 삶의 어떤 부분과 닮아 있나요?

페르소나

1. 내가 가지고 있는 페르소나를 그려 주세요. 집, 학교, 직장, 친구들과 있을 때 나는 어떤 페르소나를 사용하고 있나요?
2. 각각의 페르소나의 색도 정해서 칠해 주세요. 쓰고 있을 때 답답한 느낌이라면 어두운 색을, 가장 나다울 때는 내가 가장 좋아하는 색으로 칠할 수 있습니다.

3. 가장 불편한 페르소나는 선을 그어 내어 없애거나 가위로 잘라 내어 없앨 수도 있습니다.

Q. 페르소나 중에서 나에게 가장 이롭다고 생각하는 페르소나는 어떤 것인가요? 그 이유는 무엇일까요?

Q. 페르소나 중에서 가장 별로라고 생각하는 페르소나는 무엇일까요? 그 이유는 무엇일까요?

Q. 내가 가장 나다울 수 있는 페르소나는 무엇일까요? 언제 이 페르소나를 쓰고 있고, 그때의 나는 무엇을 하고 있으며, 누구와 함께할까요?

나의 물감 세트

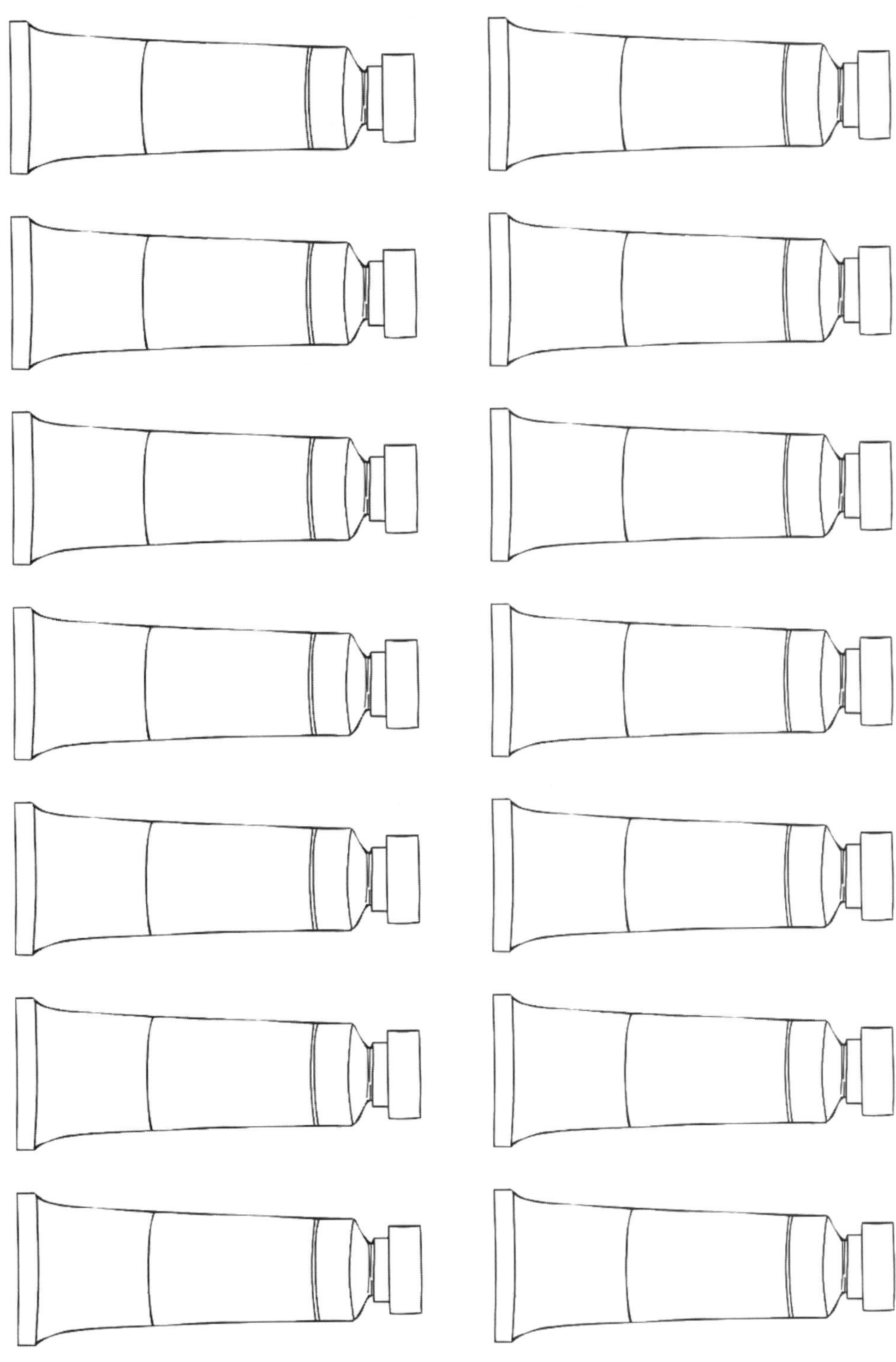

나의 물감 세트

색과 표현에 익숙하지 않은 사람들을 대상으로 사용할 수 있습니다. 색과 나의 경험, 생각들을 연결짓는 등의 활동을 통해 감정을 선택하는 주체적인 경험을 할 수 있고, 팔레트에 감정을 혼합하는 과정은 다양한 감정을 다차원적으로 다루는 힘을 가지게 할 수 있습니다. 마블링, 데칼코마니, 스퀴즈 등 우연의 효과를 살리는 활동을 시작하기에 앞서 미술매체와 친숙하지 않은 내담자들은 활동 전에 이 작업을 하면 좀 더 쉽게 매체와 익숙해질 수도 있습니다.

디렉션 & 토론 및 질문

다양한 방법으로 활용될 수 있는 도안입니다. 프로그램 참여자와 목적에 따라 활용해 주세요.

감정 물감

1. 마음에 드는 색을 선정하여 물감 튜브 안을 칠하고, 색과 어울리는 감정 단어들을 떠올려서 적어 주세요.
2. 추가로 감정에 대해 설명할 수 있는 단어들을 함께 적어 주세요(예: 벅차다-힘겹다-괴롭다, 즐겁다-기쁘다-신난다).
3. 각각의 감정을 얼마나 자주 느끼나요? 정도에 따라 물감 튜브에 색을 채워 주세요.

Q. (특정)색을 고른 이유는 무엇인가요?

Q. (특정)색을 보면 어떤 감정이 드나요? 감정 단어 외에 떠오르는 단어(명사, 형용사)를 모두 열거해 주세요.

색 이름 짓기

1. 물감 튜브에 좋아하는 색을 먼저 칠해 주세요.
2. 각 색이 가지는 이미지들을 단어로 떠올리는 시간을 가지겠습니다. 세 가지씩 따로 적어 주세요.
3. 단어들을 조합하고 선택하여 색에 새로운 이름을 붙여 주세요(예: 초록색 → 싱그러운 자연의 색, 빨강색 → 화려한 정열의 색).

Q. 색을 고른 이유는 무엇인가요?

Q. 색이 가진 본래의 이름이 주는 이미지는 어떤 것이 있나요? 개인의 경험과 연관지어도 좋습니다.

Extra Activity

물감 튜브를 오려 필요한 것을 선택할 수 있습니다. 집단 작업의 경우, 집단원끼리 서로가 필요한 색(감정)을 선물할 수 있습니다.

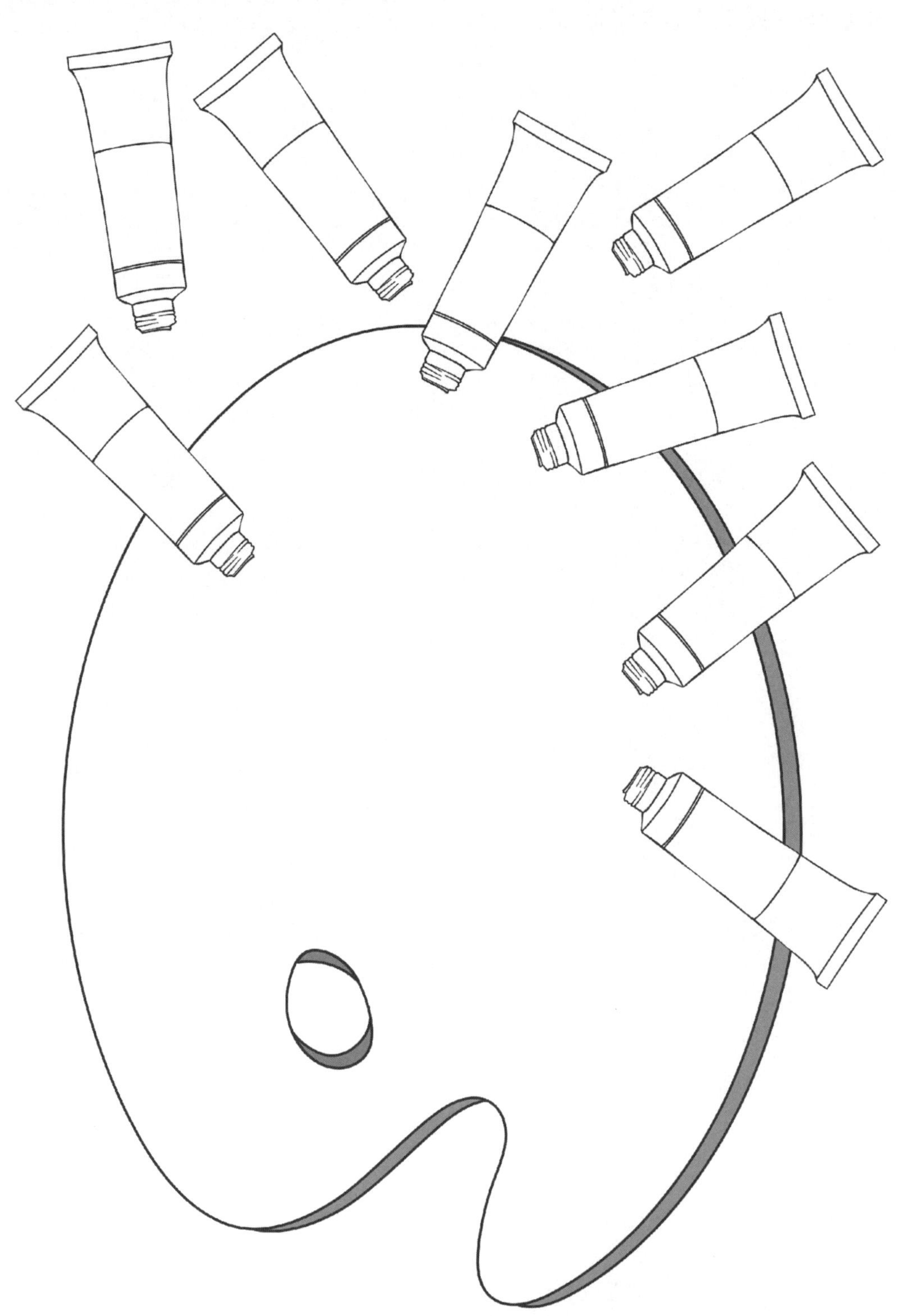

앞의 〈나의 물감 세트〉 프로그램에서 확장가능한 프로그램들입니다.

디렉션 & 토론 및 질문

다양한 방법으로 활용될 수 있는 도안입니다. 프로그램 참여자와 목적에 따라 활용해 주세요.

감정 팔레트

감정은 서로 섞고 조합하여 또 다른 감정을 만들어 낼 수 있다는 것을 미술 활동을 통해 경험할 수 있습니다. 활동 시에 서로 색이 섞이는 물감, 파스텔 등의 재료를 활용하면 효과적인 결과를 만날 수 있습니다. 앞서 한 작업을 참고하여 색을 선택하고, 색들을 활용하여 새로운 감정을 만들어 낼 수 있음을 설명해 주세요.

1. 앞 프로그램에서 선택된 감정들을 조합하여 새로운 감정을 만들어 보는 시간입니다. 새로운 감정 단어를 몇 가지 고른 후, 이 감정을 표현하기 위해서는 어떤 감정과 어떤 감정이 섞일 수 있을지 떠올려 주세요. 감정은 두 개가 섞일 수도 있지만 세 개, 네 개가 섞이는 것도 가능합니다. 예를 들어, 누군가에게 슬픔은 우울함과 분노, 약간의 차분함이 섞인 감정일 수 있습니다.
2. 새로 만들어진 감정 색들을 빈 튜브 물감에 채워 물감 세트를 늘려 가세요.

Q. 해당 감정을 선택한 이유는 무엇인가요?

Q. 만들어진 감정에 어떤 색을 섞으면 또 다른 감정 단어를 만들 수 있을까요?

Extra Activity

기존의 색들과 새로 만들어진 색들을 이용하여 오늘의 감정을 표현해 볼 수 있습니다. 또 이것을 토대로 감정 그림일기를 작성하는 작업으로 확장할 수 있습니다.

새로운 이야기 만들기

모든 것에는 이름이 붙는 순간에 의미가 생깁니다. 스스로 색에 의미를 부여하고 그 안에 이야기를 만드는 작업을 통해 주체성과 효능감을 경험할 수 있습니다.

1. 앞서 한 작업을 참고하여 색의 이름이 어울리는 것끼리 조합하고 섞어 봅니다. 색은 어울리는 색이 있을 수 있고, 어울리지 않는 색도 있을 수 있습니다.
2. 이 중 마음에 드는 색을 선택하여 또 새로운 색을 만듭니다.
3. 색의 이름은 기존 이름의 단순 조합으로 만들어질 수도 있고, 만들어진 색과 어울리는 다른 이미지를 떠올려 새로이 지을 수 있습니다(예: 녹색+분홍색: 녹분색 / 혼돈색, 노랑색+연두색: 노랑연두색 / 싱그럽색).
4. 새로 만들어진 감정 색들을 빈 튜브 물감에 채워 물감 세트를 늘려 가세요.

Q. 새로 만들어진 색의 이름에는 어떤 의미가 있나요? 기존의 이름을 합쳐 만들었다면 그런 선택을 한 이유를, 새로운 이름을 만들었다면 그 이름을 만든 이유를 말해 주세요.

Extra Activity

만들어진 색의 이름을 나열하고 조합하여 하나의 이야기 혹은 문장을 만들어 볼 수 있습니다. 이야기가 어우러질 때까지 새로운 색을 조합해 다양함을 경험하도록 합니다.

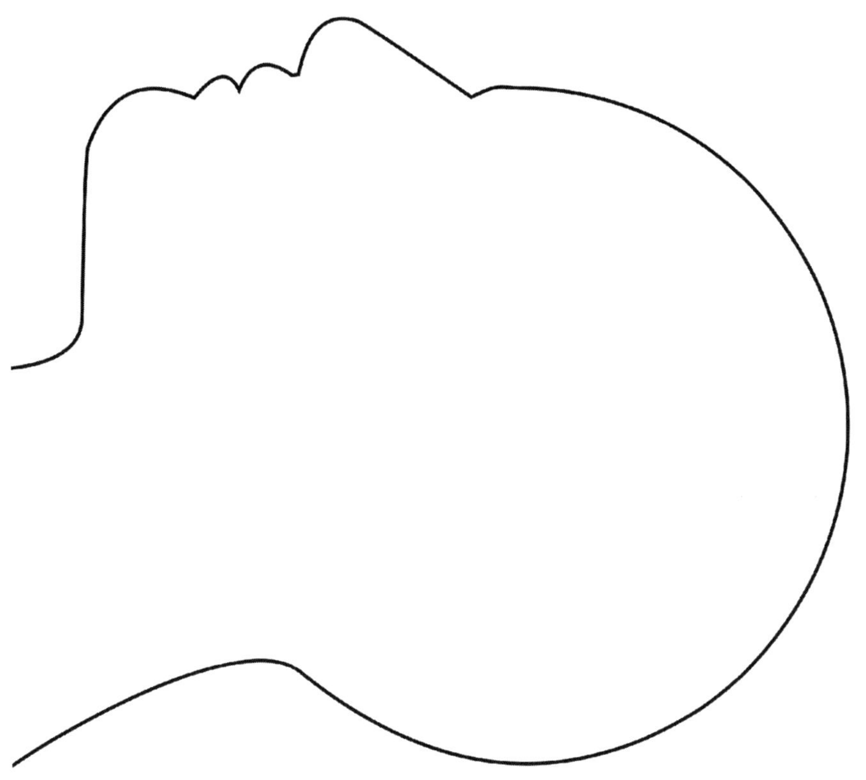

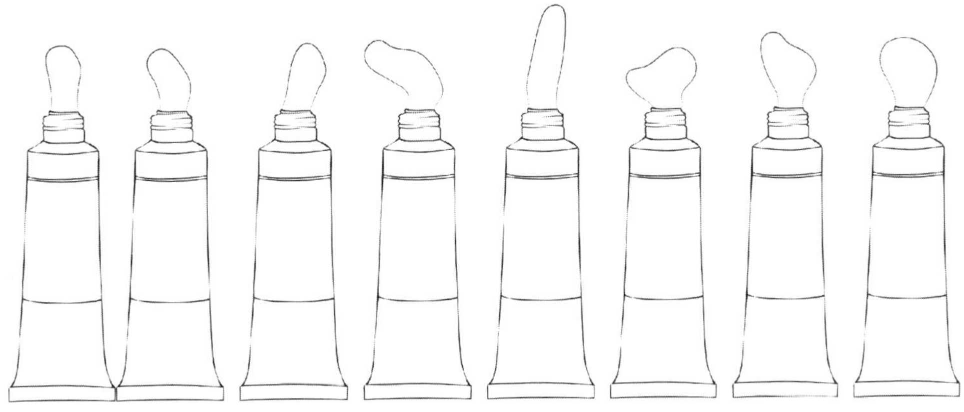

앞의 〈나의 물감 세트〉, 〈감정 팔레트〉 프로그램에서 확장가능한 프로그램입니다.

디렉션 & 토론 및 질문

다양한 방법으로 활용될 수 있는 도안입니다. 프로그램 참여자와 목적에 따라 활용해 주세요.

내 머릿속 채우기

나의 현재를 알아보기 위한 프로그램에 사용하면 좋습니다. 다양한 색의 사용을 통해 미술 활동에 익숙해지고, 미술 활동을 통해 자신의 내면을 표현하는 법을 익힐 수 있습니다.

1. 사람 도안 안에 현재 머릿속에 드는 생각, 고민, 감정을 자유롭게 적어 넣습니다.
2. 지금의 고민을 해결할 수 있는 방법들에 대해서 생각해 보고, 그것에 도움 될 만한 색들을(프로그램 1, 2 참고) 선택해 오른쪽 튜브 안에 칠합니다.
3. 선택한 색들을 이용하여 빈 공간을 채워 줍니다. 튜브에서 두상까지 머리카락의 형태로 닿을 수 있도록 합니다. 색을 이용하여도 좋고 면을 이용하여도 좋습니다. 색을 사용해 글자를 써 넣는 것도 좋습니다.

Q. 해당 색을 선택한 이유는 무엇인가요?

Q. 선택한 색에 해당하는 감정들은 문제를 해결하는 데 어떤 도움이 될까요?

요즘 나의 생각

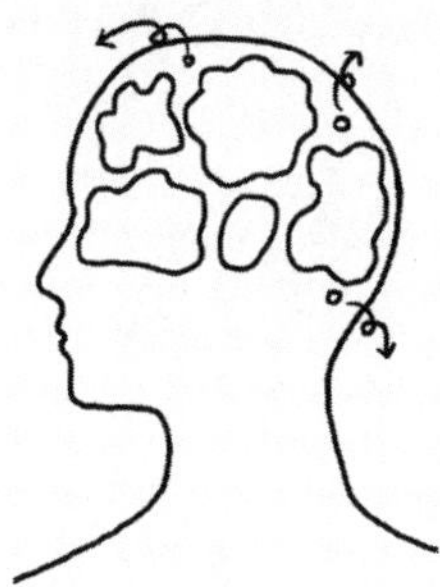

1. 요즘 나는 무엇을 자주 생각하나요? 내가 요즘 관심을 가지고 자주 생각하는 것들에 대해서 떠올려 주세요.
2. 생각의 종류를 크기별로 나눠 주세요. 가장 자주하는 생각은 머릿속에 큰 범위로, 작은 생각은 작게, 아주 아주 작은 생각은 점처럼 찍을 수도 있습니다. 자유로운 모양으로 그려 주세요.
3. 생각주머니 안을 생각들의 색이나 모양, 패턴, 에너지의 흐름 등으로 채워 주세요.

Q. 문제/관심사들의 크기와 우선순위는 어떤 이유로 선정되었나요?

Q. 문제의 크기가 서로 바뀐다면 나의 감정은 어떻게 변화할까요?

Q. 해당 모양/패턴/흐름 등을 선택해 표현한 이유는 무엇인가요? 해당 표현법은 어떤 감정 단어로 설명할 수 있을까요?

다음을 질문할 수 있습니다.

- 가장 자주하는 생각은 무엇인가요?
  - 그 생각이 언제, 어느 곳에서, 무엇 때문에 떠오르나요?
  - 그 생각은 나에게 어떤 영향을 주고 있나요?
  - 그 생각이 사라진다면 나에게 어떤 변화가 찾아올까요?
- 생각들 중 가장 지우고 싶은 것은 무엇인가요?
  - 지우고 싶은 이유가 무엇인가요?
  - 그 생각이 지워졌을 때 나와 지금의 나는 어떤 차이점이 있나요?
  - 지워지지 않고 계속 머릿속에 머물러 있게 된다면 나에게 어떤 영향을 미칠까요?
- 내가 원하는 생각들로 머릿속을 채울 수 있다면 어떤 생각을 채우고 싶나요?
  - 그 생각들로 머릿속을 채운다면 지금의 나와 어떻게 달라질까요?
  - 지금 그 생각들을 하기 어려운 이유는 무엇인가요?

응원 꽃꽂이

응원 꽃꽂이

자신의 장점과 칭찬할 점들을 찾는 활동을 통해 자기효능감을 확인하고, 응원과 격려를 타인이 아닌 스스로를 통해 받는 경험을 할 수 있습니다. 성장 및 잠재력과 관련된 주제를 다루는 활동에서도 사용될 수 있습니다.

디렉션 & 토론 및 질문

다양한 방법으로 활용될 수 있는 도안입니다. 프로그램 참여자와 목적에 따라 활용해 주세요.

나를 응원하기

1. 좋아하는 꽃을 떠올려 보고, 화병에 꽃을 그립니다. 선물받고 싶은 꽃이라도 괜찮습니다. 한 송이, 혹은 여러 송이 모두 좋습니다.
2. 나 자신을 응원한다면 어떤 말을 해 줄 수 있을까요? 라벨에 적어 주세요.
3. 마지막으로 화병을 좋아하는 색과 패턴, 그림들로 꾸며 주세요.
4. 집단 작업의 경우, 화병에 서로를 응원하는 롤링페이퍼 형식의 메시지로 꾸밀 수 있습니다.

Q. 꽃을 선물받은 기억이 있나요? 있다면 언제였나요? 그때 어떤 이벤트가 있었나요?

Q. 스스로에게 꽃을 선물한다는 것은 어떤 의미로 생각해 볼 수 있을까요?

Q. 나를 응원해 주는 꽃에서는 어떤 향기가 날까요? 구체적으로 상상하여 설명해 주세요.

사랑하는 사람 응원하기

1. 내 주변에 지금 응원이 필요한 사람은 누구일까요? 혹은 내가 응원해 주고 싶은 사람은 누구일까요? 그 사람을 떠올려 주세요. 반드시 지금 힘이 들거나 고통스러운 사람만이 응원이 필요한 것은 아닙니다.
2. 그 사람에게 꽃을 준다면 어떤 꽃이 좋을까요? 그 사람을 생각하며 꽃을 그려 주세요.
3. 그 사람은 당신에게 어떤 존재인가요? 화병에 색이나 패턴, 에너지의 흐름이나 구체적인 어떤 대상을 포함하여 자유롭게 그림을 그려 주세요.

4. 그 사람에게 전하고 싶은 메시지를 라벨에 글로 적어 주세요.

Q. 그 사람을 떠올리면 어떤 감정이 느껴지나요? 그 사람은 나에게 어떤 존재인가요?

Q. 특히 그 사람을 지금 응원하고 싶은 이유는 무엇인가요?

Q. 그 사람에게 해당 꽃이 어울린다고 생각하는 이유는 무엇인가요?

집단 작업

1. 내가 받을 꽃 선물을 기대하면서 화병을 색과 패턴, 그림으로 채워 주세요. 내가 좋아하는 것들, 행복한 기억들을 떠올리면서 자유롭게 화병을 표현해 주세요.
2. 돌아가면서 서로의 화병에 선물하고 싶은 꽃을 그려 주세요. 응원하고 싶은 메시지가 있다면, 말풍선을 그려서 이야기할 수 있습니다.
3. 꾸민 화병과 선물받은 꽃들을 소개하고, 마지막으로 나 자신에게 해 주고 싶은 응원을 라벨에 적어 넣습니다.

Q. 화병에 채운 이미지를 바라보며 좋아하는 것들과 행복한 기억들에 집중합니다. 나의 기분이 어떤가요?

Q. 이 사람에게 이 꽃을 선물하고 싶은 이유가 있나요?

Q. 나를 위한 응원으로 채운 화병을 잠시 바라봐 주세요. 이 중에서 특히 내가 평소에 듣고 싶었던 말은 무엇인가요?

Q. 그 응원의 말을 소리 내어 나에게 말해 주세요. 응원을 들은 나는 어떤 감정인가요?

사과와 애벌레

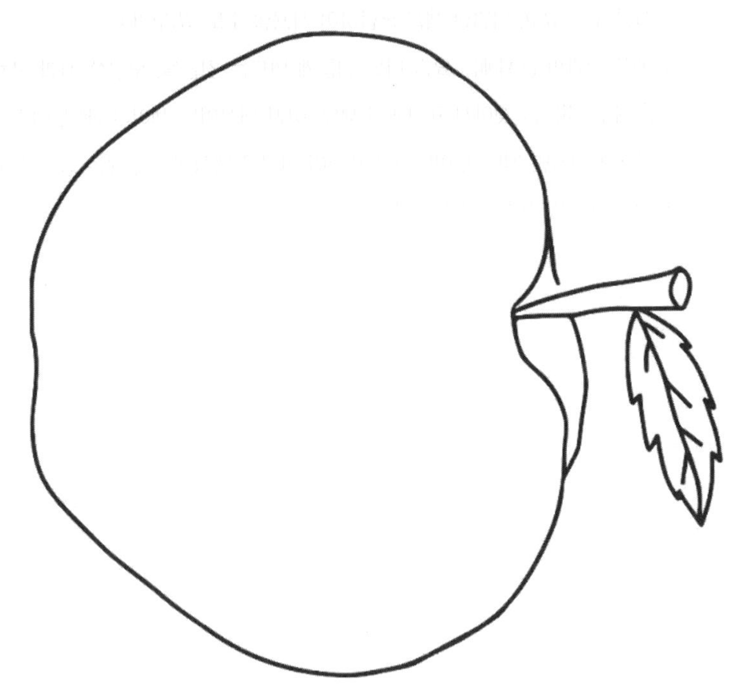

사과와 애벌레

자신의 감정을 소모시키는 대상을 확인하고, 대인관계에서 희생되지 않고 감정을 채워 나가기 위해 자신에게 필요한 것들을 탐색하는 활동에 사용할 수 있습니다.

디렉션 & 토론 및 질문

다양한 방법으로 활용될 수 있는 도안입니다. 프로그램 참여자와 목적에 따라 활용해 주세요.

나를 소모시키는 것들

1. 왼쪽 사과씨 도안에는 지치고 스트레스를 받은 상태의 나의 색을 골라 칠해 주세요.
2. 오른쪽 사과 도안에는 힐링과 긍정 에너지로 충만한 상태의 나의 색을 골라 칠해 주세요. 색은 한 가지로 칠할 수도 있고, 다양한 색을 혼합하여 사용할 수도 있습니다.
3. 왼쪽 사과씨 근처에는 요즘 나를 힘들게 만드는 것들을, 오른쪽 사과 근처에는 반대로 나를 채워 주고 힘을 주는 것들을 찾아서 표현해 주세요. 어떤 대상이든 색이나 패턴, 아주 간단한 기호나 도형 등으로 자유롭게 표현하면 됩니다. 이미지로 표현이 어려운 대상의 경우에는 글로 적어도 좋습니다.
4. 다 표현하였다면, 애벌레에 주목해 주세요. 나를 직접적으로 힘들게 만드는 사람이 있나요? 누구인가요? 구체적으로 나는 " "에 적어 주세요.

Q. 살아오면서 내가 가장 긍정 에너지로 충만하다고 생각했던 때는 언제였나요? 그때의 기억은 나에게 어떤 영향을 주나요?

Q. 나를 소모시킨 애벌레를 내 곁에 두는 이유는 무엇인가요? 나는 그 사람과 심리적 거리를 유지하기 위해 어떤 방법을 사용할 수 있을까요?

Q. 갉아먹힌 사과를 다시 채우는 일은 많은 에너지가 듭니다. 바닥까지 소진한 나에게는 무엇이 필요할까요? 어떤 것들이 도움이 될까요?

나에게 상처 주는 것들과 힘을 주는 것들

1. 왼쪽 사과씨 도안에는 나에게 상처 주는 말이나 행동들을 적어 주세요.
2. 오른쪽 사과 도안에는 내가 힘을 받을 수 있는 응원의 말들을 적어 주세요. 그리고 응원의 말을 들었을 때의 나를 생각하면서 사과를 색연필로 칠합니다.
3. 다 표현했다면, 왼쪽의 소모된 사과에 주목해 주세요. 그리고 그 사과의 마음은 어떤 상태인지 생각해 주세요.
4. 그다음은 애벌레에 주목해 주세요. 애벌레는 나에게 상처를 준 사람입니다. 그 사람을 마음속으로 떠올립니다.
5. 이번에는 오른쪽 사과에 집중해 보겠습니다. 나를 응원해 주는 말들을 잘 되새겨 주세요. 그리고 늘 나의 곁에서 응원해 주는 존재는 누가 있는지 생각해 주세요.

Q. 소모된 사과의 마음은 지금 어떤 감정으로 채워져 있을까요? 또 어떤 생각을 하고 있을까요?

Q. 나에게 상처를 준 애벌레에게 하고 싶은 말이 있을까요? 그 이유는 무엇인가요?

Q. 스스로를 응원하는 말들을 되새겼을 때 나의 감정은 어떤가요?

Q. 늘 나의 곁에서 응원해 주는 존재들을 떠올렸을 때 기분이 어떤가요? 이제 나는 애벌레에게 받은 상처를 극복할 수 있을까요?

집단 작업일 경우

1. 왼쪽에는 요즘 내가 스트레스를 받는 요인들을 자유롭게 그려 주세요.
2. 다 표현했다면 애벌레에 주목해 주세요. 애벌레는 나를 힘들게 만드는 '박해자'와도 같습니다. 떠오르는 사람이 있다면 적습니다. 구체적으로 어떻게 힘들게 했는지도 자유롭게 표현해 주세요.
3. 요즘 내가 스트레스 받는 요인들과 나를 소모시킨 애벌레에 대해서 돌아가면서 자유롭게 설명해 주세요.
4. 이제는 돌아가면서 채워진 사과에 응원의 말을 적어 주세요.
5. 다른 사람들의 응원으로 가득 채워진 사과의 아래쪽에 스스로에게 하는 응원의 말도 적어 주세요.
6. 다른 사람들이 나를 위해 채워 준 응원의 말들과 스스로에게 하는 응원을 소개해 주세요.

Q. 나를 소모시킨 애벌레는 나와 어떤 관계에 있는 인물인가요?

Q. 애벌레로부터 소모된 감정을 회복하기 위해서 내가 했던 노력은 어떤 것들이 있나요? 또 앞으로는 어떤 노력을 할 수 있을까요?

Q. 많은 사람으로부터 또 스스로에게서 응원을 받은 나는 지금 어떤 기분인가요? 앞으로 또 나를 소모시키는 인물을 만났을 때 어떻게 대처할 수 있을까요?

감자의 징검다리 건너기

감자의 징검다리 건너기

현실치료 이론을 기반으로 한 이 프로그램은 내담자가 더 현명한 선택을 통해 자신의 삶을 효과적으로 통제하고, 사회에서 책임감 있게 행동하며, 타인에게 필요한 사람이 되도록 돕습니다. 인간은 무의식적 힘이나 본능에 의해 추동되기보다는 의식 수준에 의해 작동하는 자율적이고 책임감 있는 존재입니다. 우리의 삶은 선택에 기초하는데, 생의 초기에 습득하지 못한 것은 나중에 그것을 습득하기 위한 선택을 할 수 있고, 이러한 과정을 통해 자신의 정체감과 행동방식을 변화시킬 수 있습니다.

WDEP는 현실치료에서 행동변화를 위해 사용하는 기법입니다. 먼저 내담자와 관계를 형성한 후, 욕구를 탐색하고(Want), 현재 행동에 초점을 두고 다루며(Doing), 내담자가 자신의 행동을 평가하고(Evaluation), 책임 있게 행동하는 계획을 세웁니다(Planning).

이 프로그램은 내담자의 행동 변화를 위해 WDEP 상담과정을 게임의 형태로 진행합니다. 내담자가 탐구한 WDEP를 각각의 징검다리에 붙이기 위한 원형 형태의 라벨지를 미리 준비해 주세요(도화지를 원형으로 잘라 준비해도 좋습니다).

디렉션 & 토론 및 질문

행복한 감자를 오려서 말로 이용해 보세요!

시작하기에 앞서 행복한 감자를 복사하여 오려 주세요. 이 감자가 마지막 골까지 갈 수 있게 징검다리를 만들어 줄 거예요.

W: 욕구 탐색하기

첫 번째 징검다리는 'W'(Want: 욕구)입니다. 자신이 무엇을 원하는지 탐색해 보고 이야기할 거예요. 다음의 질문에 답을 해 나가며 나의 욕구를 찾아보겠습니다.

Q. 당신이 지금 원하는 것은 무엇인가요?

Q. 주위 사람들이 당신에게 원하는 것이 무엇이라고 생각하나요?

Q. 문제 해결을 위해 기꺼이 노력할 것인가요?

- 내가 진짜 원하는 것을 자유롭게 라벨지에 그린 뒤 붙입니다. 라벨지가 없다면 지름 8cm 정도의 원형 종이로 대체해도 좋습니다.
- 나의 욕구를 탐색해 봤습니다. 라벨지를 붙이고, 오려둔 말(행복한 감자)을 첫 번째 징검다리로 이동시킵니다. 다음은 현재 내가 어떤 행동을 하고 있는지 알아볼 것입니다.

D: 현재 행동에 초점 두기

두 번째 징검다리는 'D'(Doing: 행동)입니다. 자신의 행동을 돌아보고 이야기할 거예요. 다음의 질문에 답을 하며 나의 행동을 재점검해 보겠습니다.

Q. 현재 어떤 행동을 하고 시간을 어떻게 보내고 있나요?

Q. 그 행동을 하면서/하고 난 뒤 나는 어떤 생각들을 하나요?

Q. 그 생각들이 떠올랐을 때 느껴지는 나의 감정은 어떤가요?

- 현재 어떤 행동과 생각을 하는지, 또 그에 따른 감정과 생리적 반응은 어떤 것들이 있는지 생각해 보고 자유롭게 라벨지에 그린 뒤 붙입니다.
- 현재 자신의 행동과 생각을 이야기해 봤습니다. 라벨지를 붙이고, 말(행복한 감자)을 두 번째 징검다리로 이동시킵니다. 다음은 방금 이야기했던 자신의 행동을 평가해 볼 겁니다.

E: 자신의 행동 평가하기

세 번째 징검다리는 'E'(Evaluation: 평가)입니다. 자신의 행동이 적절한지 평가해 보고 이야기할 거예요. 다음의 질문에 답을 하며 나의 행동을 평가해 보겠습니다.

Q. 현재 행하는 것이 당신에게 도움이 되나요?

Q. 현재 행하는 것이 당신이 설정한 규칙에 어긋나나요?

Q. 당신이 원하는 것은 현실적인가요? 실현 가능한 것인가요?

Q. 그렇게 바라보는 것이 당신에게 도움이 되나요?

- 자신의 행동을 평가해 보고, 자신의 욕구 충족에 도움이 되는지 시각화해 봅니다. 라벨지 위에 자유롭게 이미지화할 수 있습니다. 별, 하트 등 무엇이든지 괜찮습니다.
- 자신의 행동을 평가해 보는 시간을 가졌습니다. 라벨지를 붙이고, 말(행복한 감자)을 세 번째 징검다리로 이동시킵니다. 마지막 징검다리가 남았네요. 이번에는 WANT를 이룰 수 있는 구체적인 계획을 세워 볼 거예요.

P: 책임 있게 행동하는 계획 세우기

네 번째 징검다리는 'P'(Plan: 계획) 입니다. 실천할 수 있는 일들을 계획해 보고 이야기할 거예요. 다음의 규칙을 염두하며 계획을 세워 보겠습니다.

- 계획은 단순하고 분명하며 쉽게 이해할 수 있어야 합니다.
- 달성 가능한 것으로, 자신이 성취할 수 있어야 합니다.
- 측정할 수 있어야 합니다.
- 즉시 할 수 있어야 합니다.
- 보다 행복한 삶을 위한 계획을 세우는 단계입니다. 앞으로의 계획을 라벨지에 자유롭게 그려 봅니다. 그리는 것이 어렵다면 글로 써도 괜찮습니다.
- 구체적인 계획을 세웠습니다. 라벨지를 붙이고, 말(행복한 감자)을 마지막 징검다리로 이동시킵니다. 와! 드디어 도착했네요. 오늘 우리는 욕구를 탐색하고(Want), 현재 행동에 초점을 두고 다루며(Doing), 우리의 행동을 평가하고(Evaluation), 책임 있게 행동하는 계획을 세워(Planning) 봤습니다. 이런 구체적인 연습은 앞으로 일상생활 속에서도 계획하고 실천해 볼 수 있습니다.

'나'라는 씨앗 키우기

'나'라는 씨앗 키우기

'나의 세상'으로 표현된 환경에 '나'라는 씨앗을 심었다고 가정하고, 내가 더 건강하게 자라기 위해서는 어떤 것들이 필요한지 탐구해 보는 활동입니다. 미리 준비된 씨앗 도안을 화분의 흙에 붙이면서 시작합니다. 인트로 활동으로 '나' 씨앗 만들기를 진행해도 좋습니다.

디렉션 & 토론 및 질문

다양한 방법으로 활용될 수 있는 도안입니다. 프로그램 참여자와 목적에 따라 활용해 주세요.

'나'에게 필요한 것들 탐구하기

1. 화분에 '나'라는 씨앗을 심어 봅니다.
2. 씨앗이 잘 자라기 위해서 필요한 것들은 무엇이 있을까요? 씨앗을 잘 키우기 위해서 필요한 것을 화분의 주위 빈 공간에 그려 주세요.
3. 화분의 이름을 화분의 중앙에 적어 주세요.

Q. 씨앗을 심은 곳은 따뜻한가요? 심은 씨앗을 보면 나의 기분은 어떤가요?

Q. 화분의 흙은 어떤 상태인가요? 부족한 것이 있을까요?

Q. 나에게 필요한 것들을 소개해 주세요. 이것들이 나에게 필요한 이유도 설명해 주세요.

Q. 화분의 이름은 나에게 어떤 의미인가요?

'나'의 환경 탐구하기

1. 화분에 '나'라는 씨앗을 심어 봅시다. 그리고 '나' 씨앗이 되었다고 생각해 봅니다.
2. 나의 주변 환경을 탐색해 봅니다. 나의 환경에 대해서 잠시 생각해 보고, 화분의 주위 빈 공간에 자유롭게 그려 봅니다. 구체적인 상황과 사물로 표현할 수도 있고, 그리는 것이 어렵다면 글로 적어도 괜찮습니다.
3. 주변 환경 가운데 놓인 화분을 바라봅니다. 그리고 그 속에 심은 씨앗 '나'를 바라봅니다.

Q. '나' 씨앗을 심은 화분은 어떤가요? 그곳은 따뜻한가요? 그곳에서 나의 기분은 어떤가요?

Q. 내가 그린 그림들 중에서 변화시키고 싶은 환경이 있나요? 그것이 변화된다면 씨앗은 어떻게 바뀔 수 있나요?

Q. 환경을 변화시키기 위해서 씨앗은 스스로 어떤 노력을 할 수 있을까요?

집단 작업일 경우

1. 화분에 '나'라는 씨앗을 심어 봅니다.
2. 씨앗을 잘 키우기 위해서 화분 주위의 빈 공간에 필요한 것들을 그려 주세요.
3. '나'라는 씨앗이 잘 자라기 위해서 필요한 것은 어떤 것들이 있는지 이야기해 봅니다.
4. 롤링페이퍼 형식으로 서로의 씨앗이 잘 자랄 수 있도록 격려와 응원의 말을 적어 줍니다. 말풍선 도안을 이용해 오려서 사용해도 좋습니다.
5. 마지막으로 '나'라는 씨앗에게 해 주고 싶은 말과 응원을 아래쪽에 적어 줍니다. 돌아가면서 자신이 받은 응원을 이야기하고, 자신에게 해 주고 싶은 응원을 스스로에게 해 주면서 마무리합니다.

Q. 사람들에게 응원의 메시지를 받은 '나' 씨앗은 지금 어떤 생각을 하고 있나요? 감정은 어떤가요?

Q. 씨앗이 잘 자라기 위해서는 어떤 것들이 필요할까요? 이 중에서 지금 씨앗에게 당장 필요한 것은 무엇인가요?

Q. 이 중에서 특히 '나' 씨앗이 자라나는 동안에 필요하지만 부족했던 것은 무엇인가요?

마인드맵

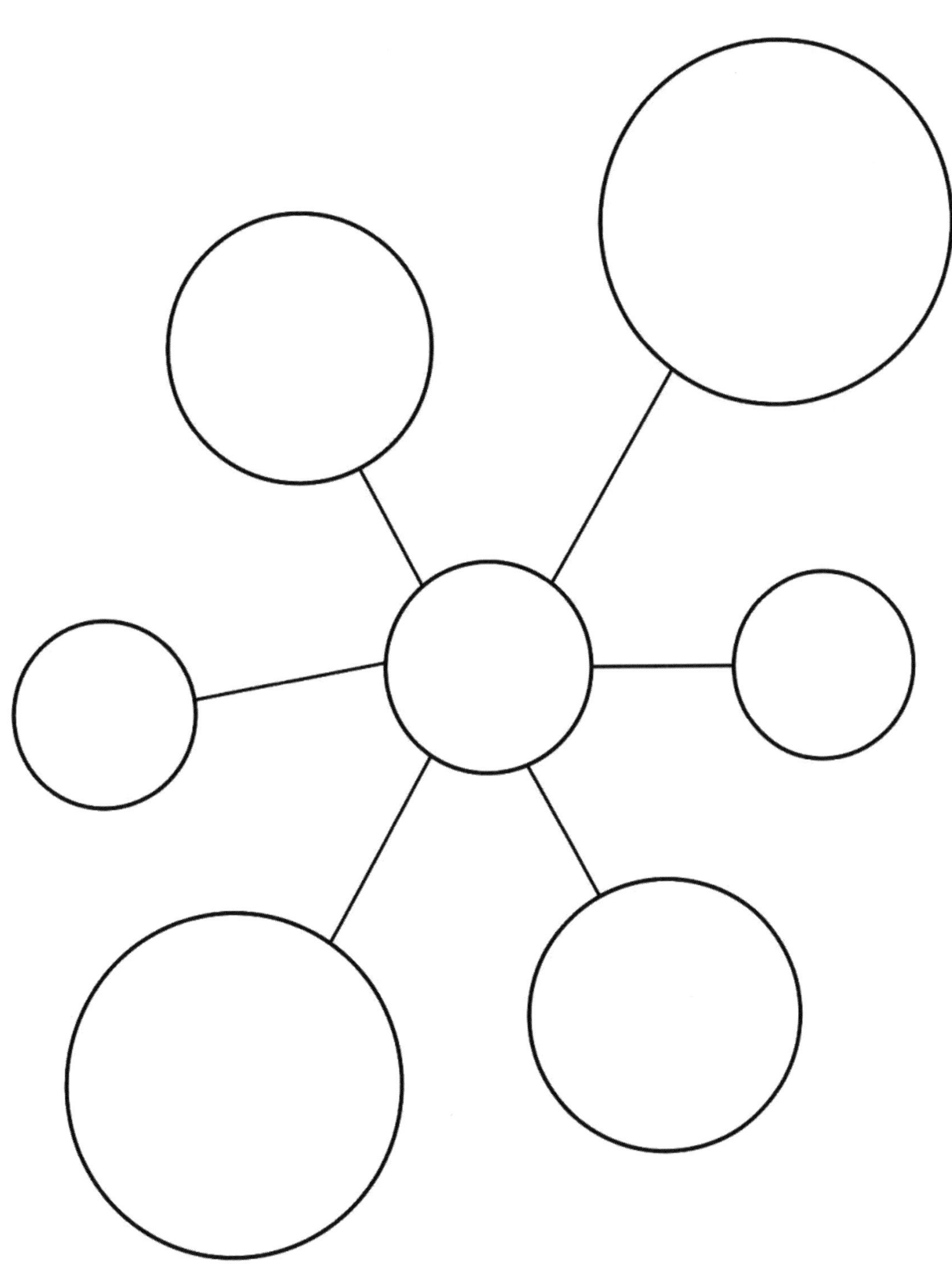

마인드맵

한 가지 주제를 정하고 그것에서 파생되는 생각과 감정들을 탐색할 수 있습니다.

디렉션 & 토론 및 질문

1. 마인드맵은 문자 그대로 '마음의 지도'란 뜻입니다. 내담자에게 적합한 주제를 선정하여 자신의 생각과 감정을 지도를 그리듯이 마인드맵을 완성해 주세요.
2. 다양한 방법으로 활용될 수 있는 도안입니다. 프로그램 참여자와 목적에 따라 활용해 주세요.

주제를 정하여 마인드맵 만들기

1. 주제에 어울리는 키워드(예: 나의 꿈, 나의 증상, 나를 나타내는 상징)를 정해 가운데 큰 동그라미에 표현해 주세요.
2. 이 단어는 나에게 어떤 느낌을 주나요? 이 단어에 관한 감정, 생각, 상황을 주변 작은 동그라미에 표현해 주세요.
3. 동그라미가 완성된 후 줄을 더 그어서 파생되는 감정, 상황 등을 확장하여 그려 주세요.
4. 마인드맵에 표현한 것들을 생각하며 동그라미 안과 밖을 자유롭게 색이나 패턴, 글씨 등으로 채워 주세요.

Q. 그 키워드를 고른 이유는 무엇인가요?

Q. 동그라미를 추가한다면 어떤 것을 표현할 수 있을까요?

Q. 동그라미 중 내 삶에 도움이 될 수 있는 것은 무엇이 있나요?

Q. 내 삶이 나아지기 위해 조절해야 되는 동그라미는 무엇이 있나요?

인간관계에 대한 마인드맵 만들기

1. 가운데 큰 동그라미에 생각나는 사람을 적어 주세요(예: 어머니, 아버지, 친구, 동료, 연인)
2. 그 사람으로 인해서 생각나는 것들을 주변 동그라미에 표현해 주세요.

Q. 가운데 큰 동그라미에 표현한 사람은 나에게 어떤 의미로 다가오나요?

Q. 그 사람에게 어떤 감정들을 가지고 있나요?

Q. 그 사람과 어떤 추억이 있나요?

Q. 그 사람에 대해 생각나는 것들이 더 있을까요?

감정에 대한 마인드맵 만들기

1. 가운데 큰 동그라미에 요즘 가장 자주 느끼는 감정을 적어 주세요(예: 우울, 슬픔, 화, 기쁨, 행복, 그리움)
2. 그 감정으로 인해 생각나는 것들을 주변 동그라미에 표현해 주세요.

Q. 가운데 큰 동그라미에 표현한 감정은 나에게 어떤 의미로 다가오나요?

Q. 그 감정을 최근에 언제 느꼈나요?

Q. 그 감정은 나에게 어떤 영향을 주나요?

Q. 누구로 인해 그 감정이 생겨나나요?

자서전

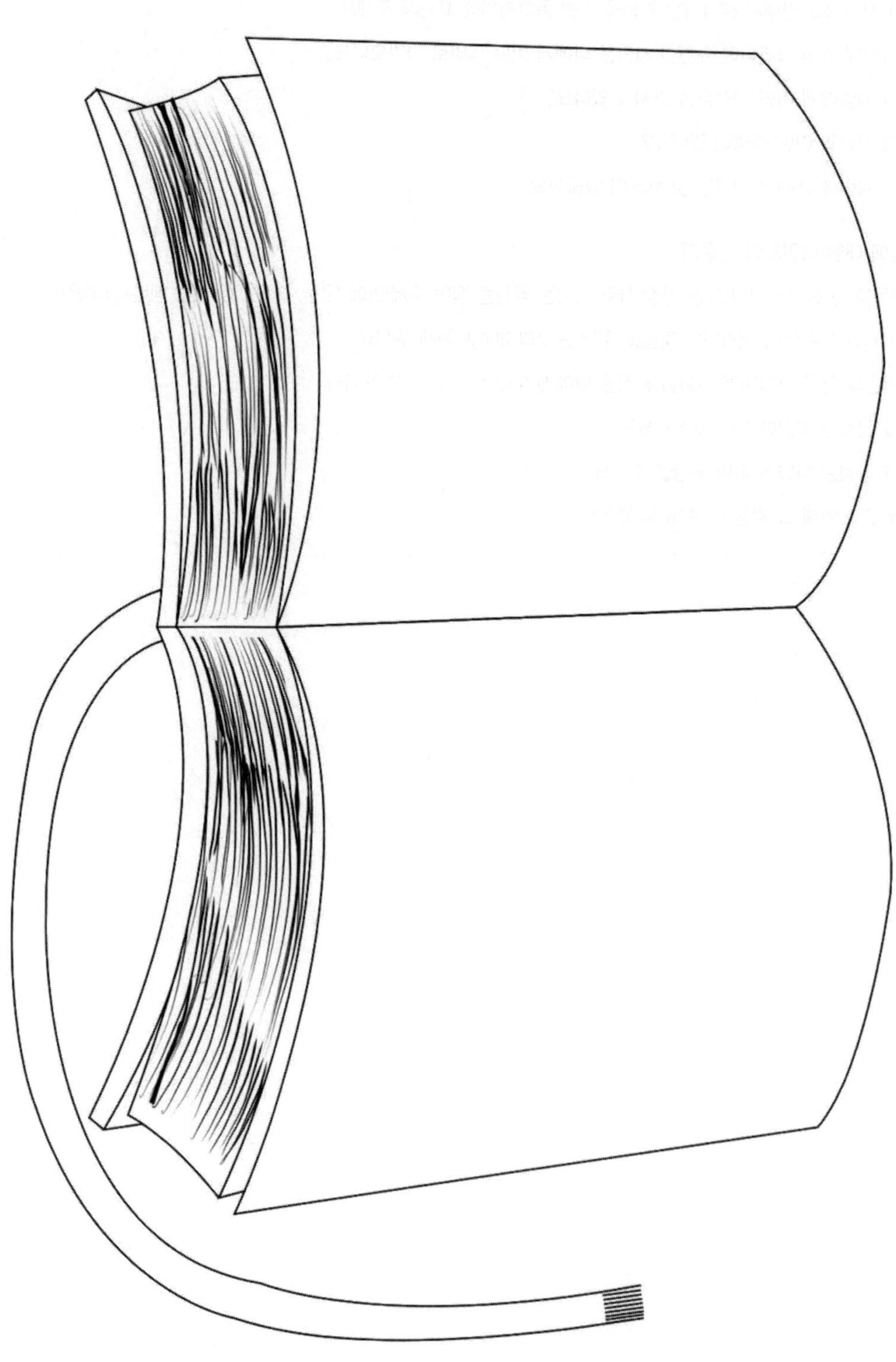

자서전

자신이 이뤄 낸 것들, 앞으로 이루고 싶은 것들을 상기시키며 자신에 대해 집중함으로써 긍정적 자아상을 구축할 수 있습니다.

디렉션 & 토론 및 질문

내 인생을 책에 기록한다면 어떤 장면을 기록하고 싶나요? 나의 자서전이 펼쳐져 있습니다. 어떤 장면을 기록으로 남기고 싶고 또 앞으로 기록 되었으면 하는 나의 목표, 계획은 무엇인가요?

1. 왼쪽 페이지에는 살면서 내가 이뤄 낸 것들 중 기록하는 싶은 것을 쓰고 표현해 주세요(예: 30세의 나는 16세 때의 왕따의 아픔에서 벗어나 드디어 건강한 친구관계를 가졌다).
2. 내가 이뤄 내고 싶은 것들을 자서전의 오른쪽 페이지에 구체적으로 상상하여 쓰고 표현해 주세요(예: 20××년의 나는 우울한 마음을 조절할 힘이 생겼다. 우울한 마음을 막을 수는 없지만 나는 이 감정이 더 나빠지지 않도록 나만의 방법을 찾아냈다).
3. 내가 원하는 미래의 한 장면에는 어떤 것들이 있을까요? 미래의 내 모습과 상황을 표현해도 좋고 상징적인 그림이나 추상적으로 표현할 수 있습니다.

토론 및 질문

- 내가 해낸 것들
  - 나는 어떤 것들을 이뤄 냈나요?
  - 그것은 언제, 어디서, 어떻게 일어난 일인가요?
  - 내가 이룬 것들은 지금 나에게 어떤 영향을 주고 있나요?
  - 내가 이룬 것들은 나에게 어떤 감정을 가져다주나요?

- 이뤄 내고 싶은 것들
  - 무엇을 이루고 싶나요?
  - 지금의 삶과 어떻게 다른가요? 또는 어느 부분이 일치하나요?
  - 가장 빨리 이뤄질 수 있거나 가장 늦게 이뤄질 것 같은 것은 무엇이 있나요? 그 이유는 무엇인가요?
  - 자서전에 표현된 삶을 살면 나는 어떻게 변할까요?
  - 자서전에 기록된 방향이 아닌 다른 삶을 살게 된다면 또 어떤 삶을 살아 보고 싶나요?
- 미래의 페이지
  - 가장 많이 사용된 색은 무엇인가요?
  - 미래의 한 장면에는 누구와 있을까요?
  - 이 장면 속으로 들어간다면 내 감정은 어떻게 변화할까요? 지금의 내 감정과 어떤 차이점이 있나요?
  - 이 장면을 현재로 만들기 위해 누구에게 어떤 도움을 받아야 할까요?

응답하라, 당신

과거 특정 시점의 내담자가 미처 하지 못했던 말과 그때 듣고 싶었던 말을 현재의 자신이 스스로 찾아 건네는 과정을 통해 미해결 과제를 현상학적 관점에서 스스로의 힘으로 해결해 가는 감각을 경험할 수 있습니다.

디렉션 & 토론 및 질문

나는 오래된 삐삐를 발견했습니다. 삐삐는 휴대폰이 상용화되기 전인 1990년대 중후반까지 보편화된 통신수단이었습니다. 전화를 걸어 상대방에게 메시지를 녹음하고, 짧은 숫자나 문자를 남길 수 있었습니다. 메시지를 받은 사람은 남겨진 문자를 기기를 통해 확인한 후, 자신의 사서함에 들어가 메시지를 들을 수 있었습니다. 휴대폰이 대중화되면서 삐삐는 자취를 감췄고, 이제 더 이상 개인에게 서비스를 제공하지 않습니다.

1. 삐삐를 알고 있나요, 혹은 사용했던 경험이 있나요? 삐삐에 대한 경험을 공유해 주세요.
2. 다양한 방법으로 활용될 수 있는 도안입니다. 프로그램 참여자와 목적에 따라 활용해 주세요.

나는 우연히 잃어버렸던 삐삐를 찾았습니다.
과거의 나는 삐삐에 인사말을 녹음해 놨습니다. 이 인사말은 삐삐에 메시지를 남기는 모두가 들을 수 있었습니다.

1. 나의 소개말은 어떤 것이었을까요? 삐삐 위쪽에 적어 주세요.
2. 내 삐삐에 메시지가 와 있습니다. 누구에게서 온 메시지일까요? 삐삐에는 나 그리고 보낸 사람만이 알 수 있는 암호가 적혀 있습니다. 암호를 만들어 그려 주세요.

3. 어떤 메시지가 남겨져 있나요? 메시지를 삐삐 아래쪽에 적어 주세요.

4. 오래된 메시지를 전달한 삐삐는 어떤 모습일까요? 삐삐에 색이나 패턴을 입혀 완성해 주세요.

Q. 삐삐 인사말을 새로 바꿀 기회가 생긴다면 어떻게 바꾸고 싶은가요?

Q. 마지막 메시지를 보관하고 싶다면 어떻게 이 메시지를 보관할 수 있을까요?

Q. 둘만이 아는 암호는 어떤 의미인가요?

나는 불현듯 어떤 사람의 삐삐 번호를 기억해 냈습니다.

1. 그 사람은 어떤 사람일까요? 과거, 현재, 미래 언제의 사람이어도 좋습니다.

2. 그 사람이 메시지를 읽으려면 나인 것을 알게 할 암호가 필요합니다. 그 암호를 만들어 그려 주세요.

3. 하지 못한 말이 남아 있다면, 혹은 지금 꼭 하고 싶은 말이 있다면 메시지를 남기세요. 나는 단 하나의 메시지만을 남길 수 있습니다. 어떤 말을 남길 건가요? 삐삐 주변에 적어 주세요.

4. 오래된 메시지를 전달한 삐삐는 어떤 모습일까요? 삐삐에 색이나 패턴을 입혀 완성해 주세요.

Q. 그 사람에게 남길 마지막 메시지는 어떤 의미를 가지고 있나요? 아직까지 마음에 남아 있는 이유는 무엇일까요?

Q. 메시지를 받은 상대방은 나에게 어떤 대답을 들려줄까요?

저자 소개

김소울(Soul Kim)

미국 플로리다주립대학교에서 한국인 최초로 미국미술치료학 박사학위를 취득했고, 현재는 국민대학교 디자인대학원에서 미술치료 전공 겸임교수로 재직 중이다. 홍익대학교에서 미술을 전공했으며, 가천의과학대학교에서 미술치료 석사학위를 취득했다. 『아이마음을 보는 아이그림』『교사를 위한 미술치료』『미술치료학개론』『미술이 어떻게 마음을 다루는가』『그림으로 그리는 마음일기장』 외 19권의 저 · 역서를 출간했다. 플로리다마음연구소를 운영하고 있으며, 심리미술 강연을 통해 많은 사람에게 미술의 치유적 힘을 알리고 있다.

국민대학교 미술치료연구회

국민대학교 미술치료연구회는 국민대학교 디자인대학원 미술치료 전공 재학생과 졸업생으로 이루어진 연구조직으로, 미술의 치유적 경험을 신뢰하는 미술치료사들로 구성되어 있다. 더 나은 삶을 위한 유용한 도구로서의 미술의 힘을 연구하고 있다.

도안 및 콘텐츠 제작: 강민주 / 김효정 / 박근영 / 임다솔 / 최명인

도안 리터치: 이지은

심리치료에 적용 가능한
미술치료 도안 워크북
Art therapy design workbook

2024년 10월 25일 1판 1쇄 인쇄
2024년 10월 30일 1판 1쇄 발행

지은이 • 김소울 · 국민대학교 미술치료연구회
펴낸이 • 김진환
펴낸곳 • ㈜ 학지사
04031 서울특별시 마포구 양화로 15길 20 마인드월드빌딩
대표전화 • 02-330-5114 팩스 • 02-324-2345
등록번호 • 제313-2006-000265호

홈페이지 • http://www.hakjisa.co.kr
인스타그램 • https://www.instagram.com/hakjisabook

ISBN 978-89-997-3257-7 93180

정가 25,000원

저자와의 협약으로 인지는 생략합니다.
파본은 구입처에서 교환해 드립니다.